마사*Martha*와 더그*Doug*에게,

그들은 내게 부모의 경험을 보는 새로운 창을 주었습니다.

- 샐리 오조 노프*Sally Ozonoff*

남편 조셉*Joseph*과 딸 마가렛*Margaret*에게

- 제랄딘 도슨*Geraldine Dawson*

부모이자 가장 위대한 멘토인 로즈마리*Rosemary*와
짐 맥파틀랜드*Jim McPartland*에게

- 제임스 C. 맥파트랜드*James C. McPartland*

고기능 자폐 스펙트럼 장애 부모 가이드

저자_ 샐리 오조노프, 제랄딘 도슨, 제임스 C. 맥파트랜드
역자_ 조성연

초판 1쇄 발행_ 2019. 05. 13.
초판 4쇄 발행_ 2024. 07. 01.

발행처_ 삶과지식
발행인_ 김미화
편집_ 박시우(Siwoo Park)
디자인_ 다인디자인(E.S. Park)

등록번호_ 제2010-000048호
등록일자_ 2010-08-23

서울시 강서구 강서로47길 108
전화_ 02-2667-7447
이메일_ dove0723@naver.com

ISBN 979-11-85324-45-6 13370

고기능 자폐 스펙트럼 장애 부모 가이드

A Parent's Guide to High-functioning Autism Spectrum Disorder

SECOND EDITION

샐리 오조노프 · 제랄딘 도슨 · 제임스 C. 맥파트랜드 지음

조성연 옮김

목차

PART 2 | 고기능 자폐 스펙트럼 장애와 함께 살기

감사의 말

이 책이 나오기까지는 자신의 이야기와 고통, 희망, 승리를 나와 공유한 부모와 자녀가 있었습니다. 그들이 없었으면, 나는 이 책을 쓰지 못했을 것입니다. 나는 그들에게 내가 돌려준 것보다 훨씬 많은 것을 배웠습니다. 가장 암울한 순간과 기쁨의 시기에 나를 당신 삶의 일부가 되게 해주어 감사합니다. 또 나는 나의 멘토에게 많은 것을 배웠습니다. 자폐의 과학을 알려준 Bruce Pennington과 자폐의 기법을 알려준 Sally Rogers, 내가 자폐 문화에 빠지게 한 Gary Mesibov가 그들입니다. Guilford 출판사의 Kitty Moore와 Christine Benton은 이 책을 쓰는 데 커다란 도움을 주었습니다. 그들은 종종 내가 말하려 하는 것을 나보다 잘 알았습니다. 내가 글쓰기에 열정을 가지도록 한 아버지에게도 감사합니다. 날마다 지지와 격려를 보낸 어머니와 남편에게도 감사합니다. 자폐 스펙트럼 장애(이하 ASD)와 함께 성장하여 스스로 전문가가 된 딸 Grace와 Claire에게도 감사를 보냅니다. 딸 Jesse는 가정 내 자폐증에 관한 모든 것과 실제로 그것이 어떤 것인지를 우리에게 가르쳐주었습니다.

- Sally Ozonoff

나를 가르쳐준 ASD인 어린이와 어른, 또 그들의 가족에게 진심으로 감사합니다. 그들의 경험과 피드백, 창의적 아이디어는 수년에 걸쳐 내 생각과 업무에 커다란 영향을 미쳤습니다. 내게는 그들의 끈기와 열정, 회복력이 끊임없는 영감의 원천입니다. 워싱턴 대학 자폐증 센터의 내 동료와 학생, 특히 Felice Orlich와 Kimberly Ryan, Cathy Brock는 이 책의 초판 출간에 도움을 주었습니다. 또 The Guilford 출판사의 직원, 특히 Seymour Weingarten, Kitty Moore, Christine Benton과 무척 즐겁게 일했습니다. 이 책을 쓰는 데 그들의 지도와 전문성이 커다란 도움이 되었습니다. 남편 Joseph와 자녀인 Chris와 Maggie가 보낸 변함없는 사랑과 지지에 진심으로 감사합니다. 그들의 지지가 없었으면, 나는 이 책을 쓰지 못했을 것입니다.

- Geraldine Dawson

내가 ASD인 많은 훌륭한 사람, 헌신적인 부모와 교류할 수 있었던 건 행운이었습니다. 나는 이 책에 여러분에게 배운 교훈을 모았을 뿐입니다. 여러분이 나와 함께한 것에 감사합니다. Guilford 출판사의 직원, 이 책의 다른 저자와 협력하며 무척 즐거웠습니다. 나에게 자폐증에 관해 알려준 사람들, 특히 Geraldine Dawson과 Felice Orlich, Julie Osterling, Ami Klin, Fred Volkmar에게 감사합니다. Yale Developmental Disabilities Clinic과 McPartland 연구실, 특히 Rachael Tillman과 Emily Levy 팀의 지원은 이 책의 출간에 중요한 역할을 했습니다. 나와 내 일을 믿은 든든한 가족인 Tara와 Norah, Aggie에게 감사합니다.

- James C. McPartland

서문

우리의 과제 가운데 하나는 수년 동안 함께 작업한 가족의 사생활을 보호하는 것이었습니다. 따라서 이 책에서 이해를 도우려고 묘사한 어린이와 부모는 실제로 함께 작업한 사람들의 전형적인 상황과 도전 과제, 문제 해결 방법 등을 혼합한 것이거나, 신분을 철저히 위장한 것입니다.

우리는 독자가 편하게 읽도록 남성 대명사와 여성 대명사를 교대로 사용했습니다. 특별히 밝히지 않았으면, 단수 인칭 대명사를 사용하는 진술은 소년과 소녀 모두(또는 남녀 모두)에게 적용됩니다.

이 책은 자격이 있는 전문 평가나 진단, 치료를 대신하려는 목적으로 출간되지 않았습니다. 이 책 전체에서 우리는 자격을 갖춘 임상의를 찾는 데 필요한 사항을 조언합니다. 또 책 뒷부분 자원들(Resources)에는 ASD인 사람에게 도움을 줄 의료 센터와 진료소 목록이 있습니다.

고기능 자폐
스펙트럼 장애에 대한 이해

A Parent’s Guide to High-Functioning Autism pectrum Disorder

1장

고기능 자폐 스펙트럼 장애란 무엇입니까?

What is high-functioning ASD?

Joseph는 항상 똑똑한 아이처럼 보였습니다. 누나와 형보다 훨씬 빠르게, 돌이 되기도 전에 말을 시작했습니다. 어른처럼 자신을 표현했고 아주 공손했습니다. 예를 들어 엄마가 극장에서 군것질거리를 사주겠다고 했을 때, Joseph는 "아니오, 괜찮습니다. M&M' s(초콜릿 브랜드)는 내가 선호하는 간식 먹는 방식이 아닙니다."라고 말했습니다. 그는 일찍부터 글자에 관심을 보였고, 18개월 때는 알파벳을 모두 외웠습니다. 또 세 돌이 되기 전에 읽는 것을 배웠습니다. Joseph는 공과 자전거 같은 일반적인 장난감에는 별로 관심이 없었습니다. 대신 지리학이나 과학처럼, "어른"의 활동이라고 부모가 그를 자랑스럽게 여기는 것을 좋아했습니다. 그는 두 살부터 거실 바닥에 누워 집에 있는 세계지도책을 보며 몇 시간을 보냈습니다. 다섯 살이 되자 지리적 위치에 대한 설명만 있으면 세계 어느 곳이든 이름을 댈 수 있었습니다("브라질에서 가장 북쪽에 있는 해안 도시는 어디입니까?"). 부모가 생각한 대로 Joseph는 똑똑한 아이입니다. 그는 또한 자폐스펙트럼장애가 있습니다.

아홉 살 Seth는 자기 방에서 비디오 게임을 하고, 엄마는 집에 곧 도착할 손님들을 위해 청소하느라 분주하게 오가고 있었습니다. 엄마가 전구를 바꿔 달려고 거실 사다리에 올라갔을 때, 그녀는 균형을 잃고 뒤로 넘어졌습니다. 그녀가 바닥에 누워 숨을 헐떡이는데, Seth가 간식을 찾아 부엌으로 걸어왔습니다. 그는 엄마를 넘어가며 "안녕, 엄마!"라고 말했습니다. Seth는 자폐스펙트럼장애가 있습니다.

Clint는 곧 서른이 됩니다. 그는 대학을 졸업하고 공학사 학위를 받았고, 도시의 좋은 지역에 있는 아파트에 삽니다. 또 최근에 중고차를 샀고, 영화 보기를 즐깁니다. 하지만 그는 일자리를 찾고 유지하는 데 어려움을 겪습니다. 그는 작업 속도가 느리고 동료와 잘 지내지 못해 어려움을 겪었고, 감독자를 실망시키는 일이 반복되었습니다. Clint는 세부 사항에 막혀 프로젝트를 완수하는 목표를 세우기가 어렵습니다. 스키 리조트에서 호텔 객실을 청소하는 계절직 일자리를 마친 다음에, 고용주가 될지도 모르는 사람에게 자신이 저번 직장에서 "가도록 허락되었다(was let go)"고 말했습니다. 그 말이 대부분 사람에게 "해고되었다(fired)"는 뜻으로 쓰인다는 걸 모르고 말한 것입니다. 그는 몇 개월 동안 일자리를 찾지 못해 직업 상담원을 방문했습니다. 이곳에서 심리 평가를 제안받았는데, 검사 결과 Clint에게 자폐스펙트럼장애가 있다고 밝혀졌습니다. 전에는 그런 진단을 받은 적이 없었습니다.

Lauren은 모델 같은 외모를 가진 십대입니다. 아름다움에도 불구하고 그녀는 친구도 없고, 어떤 것에도 관심이 없는 것처럼 보였습니다. 그녀는 열일곱의 나이에도 여전히 바비 인형을 좋아하며 시장에 나오는 새로운 모델과 인형 옷을 모두 수집합니다. 학교에서 Lauren은 종종 공상에 빠진 것처럼 보입니다. 선생님이 지시사항을 알려줄 때, Lauren은 미소 지으며 때때로 조용히 혼잣말할 뿐 앉아서 반응하지 않습니다. 이렇게 선생님을 주목하지 않는데도, Lauren은 수학과 물리학에 뛰어나고 전 과목이 A 학점인 학생입니다. 다른 아이들이 복도에서 그녀에게 인사할 때, 그녀는 알아차리지 못하거나 재빨리 "안녕"하고 웅얼거리며 외면합니다. 학교 심리사는 Lauren 부모에게 그녀에게 자폐스펙트럼장애가 있을 거라고 말했습니다.

Joseph, Seth, Clint, Lauren에게는 모두 자폐스펙트럼장애 즉, ASD라고 불리는 것이 있습니다. 당신 자녀가 어떤 식으로든 그들과 닮았으면, "고기능 자폐"나 "아스퍼거 증후군", "전반적 발달장애(종종 PDD로 약칭)"라는 말을 들었을 수 있습니다. 이 지점에서 당신에게는 많은 의문이 있을 것입니다.

ASD란 무엇인가? ASD의 원인은 무엇인가? 장점이 많고 독특하고 흥미로운 내 아이에게 어떻게 그런 어려움이 있을 수 있나? 내 자녀와 우리의 미래는 어떻게 될까? 이 책은 이런 질문과 더 많은 것에 답을 줄 것입니다.

이 장에서 우리는 이 책이 당신과 관련이 있는지, 당신 인생에 있는 그 사람의 장점과 어려움이 이 책에 나온 것과 비슷한지를 결정하는 데 도움이 될 몇 가지 중요한 용어를 정의합니다. 또 우리는 이러한 장애를 지닌 사람은 어떤 사람인지, 이 아이와 가족의 미래가 어떻게 될지도 알려줄 것입니다.

자폐증(autism)이라는 단어는 그리스어 autos로 "self"를 뜻합니다. 이 용어는 1943년 볼티모어에 있는 Johns Hopkins University의 소아정신과 의사인 Leo Kanner가 특정한 일련의 행동을 묘사하기 위해 처음으로 사용했습니다. 그의 대표적인 논문에서 Kanner 박사는 다른 사람에게 거의 관심을 보이지 않고, 틀에 박힌 일(routine)을 고집하며, 손을 펄럭거리는 것 같은 비정상적인 신체 움직임을 보이는 아이 11명을 묘사했습니다. "그 가운데 많은 아이가 말할 수 있었습니다. 어떤 아이는 주위에 있는 것의 이름을 댈 수 있었고, 다른 아이는 수를 세거나 알파벳을 말할 수 있었습니다, 또 다른 아이는 책 전체를, 정확히 글자 그대로 외울 수 있었습니다. 그런데 그들은 다른 사람과 소통하기 위해 말하는 일이 드물었습니다. 그 아이들에게는 특이한 행동 말고도 다양한 학습 문제가 있었습니다."

Kanner 박사가 처음으로 묘사한 다음에 수년 동안, 행동의 유형과 심각한 정도가 원래 사례와 아주 비슷했던 어린이들만 자폐증으로 진단되었습니다. 하지만 시간이 지나며 우리는 자폐증에는 다양한 측면이 있고, 지능이 정상이거나 학습 문제가 거의 없고 Kanner가 묘사했던 행동의 가벼운 버전을 보여주는, 의사소통 기술이 좋은 어린이에서도 자폐증이 발견될 수 있다는 것을 알게 되었습니다. 이들이 소위 고기능(high-functioning)인 사람입니다. 이 용어(고기능)는 여러 가지 방법으로 정의되었지만, 보통은 정상 지능과 상당히 유창한 언어 능력을 지닌 것을 뜻합니다. 이제 우리는 자폐증이 좁게 정의되는 상태가 아니라는 것을 압니다. 즉, Leo Kanner가 묘사한 고전적 모습부터 언어와 인지(생각하는) 능력과 관련한 훨씬 가벼운 변이에 이르기까지 심각한 정도가 다양한 스펙트럼이라는 것을 압니다. 따라서 우리는 이제 자폐스펙트럼장애(ASD)라는 용어를 사용합니다. 스펙트럼 가운데 고기능 부분이 이 책의 주제입니다.

언어 능력과 인지 능력이 좋다는 것은 Joseph와 Lauren 같은 많은 ASD 아이가 종종 학교에서 괜찮게 지내고, 어른들과도 잘 지낸다는 뜻입니다. 하지만 다른 면에서 Joseph의 비정상 행동이 인생을 힘들게 만듭니다. Joseph의 강한 관심은 종종 가족 활동을 방해합니다. 그의 부모는 종종 Joseph가 과학 활동을 그만두고 화장실을 사용하거나 저녁 식사에 오도록 설득하는 데 실패합니다. 최근의 디즈니랜드 여행에서는 Joseph가 지구본을 가져가야 한다고 주장해서, 여행 내내 그것을 유모차에 싣고 다녀야 했습니다. Joseph의 교수 같은 말투는 또래 가운데 그를 튀게 만듭니다. 그들은 Joseph를 놀리는 것을 즐기고, 놀러 오라는 Joseph의 초대를 잘 받아들이지 않습니다. Joseph는 자신에 대해 부정적 언급("아무도 나를 안 좋아해.")을 하기 시작했으며, 부모는 그의 우울증을 걱정했습니니다. 반면에 Lauren은 친구가 거의 없는 것을 괘념치 않는 것으로 보입니다. 하지만 부모는 Lauren의 사회적 고립과 Lauren이 놓치는 사회생활을 걱정했습니다. 어떤 소년이 Lauren을 졸업 무도회에 초대했고 엄마가 드레스를 사 주었지만, Lauren은 가지 않겠다고 했습니다. 엄마는 딸이 친구를 사귈 수 있을지 걱정하며 무도회 날 저녁을 보냈습니다. Clint는 분명히 성공할 수 있는 지능을 지녔습니다. 하지만 그의 사회적 어색함과 동료에게 생각 없이 내뱉는 말("네가 남자 친구와 헤어진 것은 애석하지만, 우리는 여기 일하러 온 거지 이야기하러 온 게 아니야.")은 Clint가 몇 주 이상 직업을 유지한 적이 없는 것을 설명합니다. 그는 또한 자신의 자격보다 낮은 수준의 직장을 가집니다. 공학사 학위가 있는데도 Clint는 다양한 육체노동과 가게 점원 일을 했습니다.

Seth는 일부 고기능 ASD에게 있는 또 다른 문제를 보여줍니다. 그것은 다른 사람의 감정을 읽는 데 어려움을 겪고, 그 결과 공감을 이해하지 못하는 것입니다. Seth가 ASD 진단을 받을 때까지 그의 엄마는 자신의 잘못 때문에 아들이 다른 사람과 그들의 감정에 적절히 반응하지 못한다고 생각했습니다. 어린 시절에 Seth는 음식점에서 큰 소리로 말하고, 비정상인 행동(예를 들어, 다른 손님의 접시에서 마음에 드는 음식을 가져옴)을 보여 나가 달라는 요청을 받기도 했습니다. Seth의 엄마는 휠체어에 의지하는 딸이 있는 이웃의 자식이 가족에게 제약을 준다는 말에 동감했던 것을 아직도 기억합니다. 그 이웃은 함께 하이킹하기 같은 가족이 함께할 수 없는 몇 가지 일을 나열했습니다. 그리고나서 놀라워하며 물었습니다. "당신들은 뭘 할 수 없죠?" Seth의 엄마는 당황하며 말했습니다, "우리는 어떤 것도 할 수 없어요! Seth는 공공장소에서 지나치게 활동적이라 우리를 힘들게 해요. 하지만 Seth는 정상으로 보이죠, 따라서 모든 사람이 우리를 고약하게 바라봅니다. 우리는 그것이 무척 괴롭습니다. 특히 Seth의 형제들이요." 이러한 ASD 상태는 당사자뿐 아니라 가족에게도 스트레스를 줄 수 있습니다.

과학자들이 자폐증이 스펙트럼 장애라는 것을 깨닫기 시작할 무렵에, 런던의 정신 의학 연구소의 저명한 영국 연구원인 Lorna Wing 박사는 아스퍼거 증후군이라고 불리는 것이 영어권 세계의 주목을 받도록 했습니다. 1944년에 오스트리아 소아청소년과 의사인 Hans Asperger 박사는 Leo Kanner의 연구를 모르는 상태에서 어떤 어린이의 상태를 묘사했습니다. Asperger의 논문은 제2차 세계 대전 중에 독일어로 출간되었기에 널리 읽히지 않았습니다. 1981년에 Lorna Wing 박사의 논문이 출간될 때까지 미국 등 비 독일어권 국가에서는 거의 알려지지 않았습니다. Wing은 논문에서 Asperger의 논문을 요약하며 아스퍼거 증후군과 자폐증의 유사점을 지적했습니다. 그녀는 오늘날까지도 우리에게 남겨진 질문을 처음으로 제기했습니다. "아스퍼거 증후군과 고기능 자폐증은 같은 병일까요? 아니면 다른 병일까요?"

아스퍼거 증후군은 1994년에 정신의학적 진단을 위한 의사용 매뉴얼인 정신 질환의 진단 및 통계 편람(DSM)에 처음으로 포함되었습니다. 그 결과 아스퍼거 증후군이라는 진단이 시작되었습니다. 아스퍼거 증후군은 언어와 인지 능력이 좋은 가벼운 ASD를 가진 사람들을 묘사하는 대중적 진단이 되었습니다. 하지만 자폐증과 어떻게 다른지에 대한 의문은 남아 있었으며, 많은 연구자가 이 의문에 답하려고 여러 연구를 했습니다. 20년 동안 수십 건의 조사가 진행되었고, 아스퍼거 증후군과 고기능 자폐증 사이에는 신뢰할 만한 차이가 없다는 증거가 쌓였습니다. 두 질환을 지닌 사람들은 학습 프로파일에서 같은 어려움과 장점을 공유했습니다. 그들은 같은 치료법이 필요했고, 그러한 개입에 똑같이 반응하며 비슷한 치료 결과를 나타냈습니다. 뇌 영상 연구에서도 그들의 두뇌는 비슷합니다. 아스퍼거 증후군과 자폐증은 원인이 같은 것으로 보입니다. 그 스펙트럼에 있는 두 명의 자녀 가운데 한 명은 아스퍼거 증후군이고, 다른 한 명은 자폐증인 경우가 흔합니다. 심지어 유전자 프로파일이 똑같은 일란성 쌍둥이조차 한 명은 아스퍼거 증후군으로, 다른 한 명은 자폐증으로 진단받는 일이 있습니다. 이러자 고기능 자폐증과 아스퍼거 증후군이 같은 상태에 대한 두 가지 이름이라고 생각하는 연구자와 임상의가 점점 많아졌습니다. 그 결과 2013년에 모든 정신과 의사와 심리사가 임상 진단에 사용하는 진단 매뉴얼이 개정되며(DSM-5로 약칭), 아스퍼거 증후군과 고기능 자폐증을 자폐스펙트럼장애(ASD)라는 단일 진단으로 결정했습니다. 과거에 아스퍼거 증후군이나 고기능 자폐증의 진단 기준을 충족한 어린이는 이제 ASD 진단 기준을 충족할 것입니다. 2장에서는 진단 절차나 DSM의 최근 변경 사항, 그것이 자녀와 부모에게 미치는 영향을 자세히 설명합니다. 부모가 알아야 할 중요한 것은, 이런 상태가 무엇(고기능 자폐증, 아스퍼거 증후군, ASD 또는 더 광범위한 용어인 전반적 발달장애, 즉 PDD)으로 불리든, 그들은 같은 어려움과 장점을 나타낼 것이며 비슷한 치료를 받을 거라는 것입니다. 이 책의 실용적인 안내는 이러한 진단을 받은 사람에게 도움이 될 것입니다. 우리는 이 책에서 이러한 모든 상태를 포함하는 용어로 고기능 자폐스펙트럼장애(또는 간단히 ASD)를 사용합니다.

1.1 고기능 자폐 스펙트럼 장애는 어떻게 보입니까?

WHAT DOES HIGH-FUNCTIONING ASD LOOK LIKE?

ASD의 모든 특징을 나타내는 사람은 없을 것입니다. 또 어떤 사람은 다른 사람보다 적은 특징을 보일 것입니다. ASD가 아닌 사람도 마찬가지입니다. 일란성 쌍둥이도 절대로 똑같지 않습니다. 마찬가지로 ASD가 있는 두 사람도 정확히 같은 방식으로 행동하지 않습니다. 하지만 ASD가 있는 사람은 사회적으로 상호 작용하며 다른 사람과 의사소통하는 데 어느 정도 어려움을 겪고, 이상하거나 반복적인 행동을 보입니다.

1.1.1 사회적 상호 작용과 의사소통 문제

Problems with Social Interaction and Communication

ASD의 핵심 특징은 다른 사람과 사회적으로 상호작용하고 의사소통하는 어려움입니다. 이 영역은 넓은 범위의 어려움이 있습니다. 사회적 고립과 타인 회피 같은 고전적 자폐증이 지닌 뚜렷한 사회적 손상은 이 책의 초점인 고기능 어린이에서는 거의 나타나지 않습니다. 하지만 그런데도 많은 어려움이 있습니다. Lauren과 같은 어린이는 일부러 다른 사람과 대화나 의사소통을 시작하지는 않지만, 다른 사람이 접근해 오면 응답합니다. 어떤 ASD인 사람은 사람들에게 관심을 보이고, 함께 있는 것을 좋아하기도 합니다. 그들은 심지어 그룹에 가입하고 친구를 사귈 수도 있습니다. 하지만 이것을 성공적으로 하는 능력은 제한되는데, 사회적 상황에서 무엇을 하거나 말할지 아는 것에 어려움을 겪기 때문입니다. 그들은 상호작용하는 동안 어색해하고 자신이 없습니다. 그들은 사회적 상호 작용의 "규칙"을 잘 따르지 않습니다. 따라서 그들과 이야기하는 사람에게 관심이 없다는 인상을 줄 수 있습니다. 우리 대부분은 주의를 기울인다는 것을 자연스럽게 나타내기 위해 함께 이야기하는 사람을 보고, 미소 짓거나 때때로 고개를 끄덕여야 한다는 것을 압니다. 하지만 ASD인 사람은 이런 서면화되지 않은 사회 참여 규칙을 잘 인정하지 못하는 것 같습니다. 이렇게 사회적으로 미묘한 사항을 지키지 못하는데다, 이들이 지나치게 개인적 질문을 삼가거나, 자기만의 생각을 혼자 간직해야 하는 분명한 사회적 관례를 위반할 때, 공공장소에서의 그들의 행동은 부적절하고 당혹스럽게 보일 수 있습니다. 이웃의 팔이 "뚱뚱한 소시지"처럼 보이는 것이 사실일 수도 있지만, 이것은 마음속으로만 가져야 하는 정보입니다.

ASD인 사람은 종종 다른 사람의 감정이나 관점을 이해하지 못하여, 사회적 상호 작용이 더욱 어려워집니다. 이러한 능력이 보통 사람에게는 자연스러운 것이지만, ASD 어린이는 나이가 들어도 발달이 늦고 완전하지 못합니다. 공감 능력은 보통 아기 때 나타나기 시작합니다. 어린아이는 다른 사람의 감정에 관심을 두고, 이것을 고려합니다. 주간 보호센터에서 한 아이가 울면 옆에 있는 아기가 동정적으로 함께 울음을 터뜨립니다. 또 또래를 달래려고 우는 아이에게 장난감을 가져다주거나 어른을 데려가는 걸음마기 아이도 많습니다. 미취학 어린이는 다른 사람의 기분에 관심이 커 종종 화났거나 슬퍼하는 친구 이야기를 합니다. 어린아이들은 흉내 놀이에서 등장인물이 아프거나 화난 장면을 연기할 때, 그러한 상태와 그때의 반응을 이해하려고 고심합니다.

반대로 많은 ASD 어린이는 다른 사람의 감정을 인식하는 데 기본적인 어려움이 있습니다. Seth 엄마의 증언처럼 (모두는 아니지만) 일부 ASD 어린이는 부모나 형제, 친구가 다치거나 아프거나 슬플 때를 알아차리지 못합니다. 알아차리더라도 위로하는 일이 드뭅니다. 한편 다른 사람의 감정을 끔찍하게 오해할 수도 있습니다. 어떤 소년은 아버지가 계단에서 넘어져 발목 인대가 찢어지자 웃음을 터뜨렸습니다. 소름이 돋은 엄마가 왜 웃는지 묻자 "아빠가 펄쩍 뛰고는 광대처럼 웃기는 표정을 했어요."라고 말했습니다. Clint는 자신이 농담한 다음에 "이상한 표정"을 지었던 동료와의 상호 작용을 설명했습니다. Clint는 나중에 똑같은 표정을 한 여성의 사진을 볼 때까지 그것에 관해 별로 생각하지 않았습니다. 그는 엄마에게 그 사진을 보여주며, 사진의 여자가 어떻게 느끼는지 물었습니다. 엄마는 "내 생각에는 그녀가 기분이 상했어."라고 말했습니다. 이런 다음에 비로소 Clint는 동료를 모욕하는 것이 나쁘다고 느끼게 되었습니다. 하지만 "누군가 직설적이 아니라 표정이나 몸짓으로 넌지시 표현한다면, 나는 도저히 그것을 파악할 수 없어요."라고 말했습니다.

ASD 어린이 대부분은 부모나 형제, 이해심 있는 어른과 따뜻하고 사랑스러운 관계와 안정적인 유대를 맺습니다. 하지만 나이가 비슷한 또래와 관계하는 데 어려움을 겪습니다. 놀림이나 괴롭힘을 당하는 아이도 있고, 무시당하는 아이도 있고, Lauren처럼 친구가 없는 것에 만족하는 듯이 보이는 아이도 있습니다. 어떤 아이는 (비디오 게임 같은) 공동 관심사를 중심으로 우정을 발전시키기도 합니다. 많은 ASD 어린이가 또래와 겪는 어려움 때문에 외로움과 사회적 고립감을 느낀다고 보고합니다. 이들은 놀림에 상처를 입지만, 그러한 상황에 일조하는 자신의 특이한 행동이나 사회적 반응을 인식하지 못합니다. 후기 아동기나 청소년기에, 그들은 자신이 다른 사람과 다르다는 것과 다른 사람이 자연스럽게 성취하는 상호 작용의 기초를 자신이 이해하지 못한다는 것을 고통스럽게 깨닫게 될 수도 있습니다. 어떤 ASD인 십대는 "나는 사람들의 눈을 똑바로 보아야 한다는 것을 압니다. 부모님이 저에게 이것을 끊임없이 말했습니다. 하지만 이것은 내가 사람들을 이해하는 데 도움이 안 됩니다. 그래서 나는 그렇게 하지 않습니다." 이런 행동은 낮은 자존감과 낮은 자기 확신으로 이어지며, 악순환을 거듭하며 문제가 영원히 계속되게 합니다. 어린이가 사회적 성공에 대한 희망을 잃으면 다른 사람과 상호 작용하려는 노력을 포기합니다. 이러면 사회적 고립이 커져 사회적 행동의 어색함이나 기이함이 더 커집니다. 극단적인 경우에 이런 악순환은 치료가 필요할 정도로 심각한 우울증으로 이어집니다. 다행히 이 책의 후반에 ASD 어린이가 사회적으로 상호 작용하고, 심지어 다른 사람의 감정을 해석하는 방법을 배울 수 있다는 이야기가 나옵니다. "사회 기술 훈련"으로 (모두는 아니더라도) ASD 어린이 대부분에서 의미 있는 개선이 이루어집니다. 많은 어린이가 또래와 보람 있고 성공적인 관계를 맺게 됩니다.

ASD는 의사소통의 문제와도 관련이 있습니다. 사람들이 생각하는 고전적 자폐증의 특징은 이야기할 능력이 없거나, 심각할 정도로 더디게 말하는 것입니다. 고기능 자폐 스펙트럼에서 겪는 의사소통의 어려움을 다른 사람들은 잘 인식하지 못합니다. 이것이 이러한 병의 진단을 내리기가 모호한 까닭 가운데 하나입니다. 따라서 아이가 어릴 때는 종종 오진이 일어납니다. 당신 자녀도 인생 어느 시점에서 자폐증일지도 모른다는 말을 들었을 수 있습니다. 하지만 자녀가 말을 너무 잘해서 자폐증을 "진단에서 배제"하거나, 자폐증일 리 없다는 말을 듣습니다. 그런데 이제는 그 스펙트럼에 있는 일부 어린이는 언어 기술이 훌륭하다는 것이 밝혀졌습니다. 어떤 아이들은 처음에는 언어 발달이 늦고 말을 늦게 시작하지만, 곧 따라잡아 나중에는 유창하고 조리 있게 말합니다. 많지는 않지만 그 수를 무시할 수 없는 아이들이 발달상 제때 말하거나, 일찍 말합니다. 따라서 부모는 처음에 자녀가 조숙한 언어 기술에 기초한 재능이 있다고 믿습니다. 하지만 언어를 사용하는 방식(특히 사회적 맥락에서)에 실제로 차이가 있고, 그것이 문제를 일으킬 수 있습니다. ASD 어린이와 청소년, 성인은 다른 사람에게 말할 기회를 주지 않고, 이야기를 계속하며 대화를 장악할 수 있습니다. 현학적이거나 과도하게 격식을 차린 말하기 방식은 ASD에서 흔한 일입니다. Joseph도 그랬습니다. 그는 일곱 살부터 교수가 말하는 것 같은 방식으로 말을 많이 하기 시작했는데, "사실상(actually)…"이나 "나는 확신을 가지고 …라고 믿습니다(I do believe…)"라고 말했습니다. 그는 어휘량이 방대했고, 특이한 단어를 쓰는 것을 좋아했습니다. 가장 좋아하는 색깔을 물었을 때, 그는 노란 풍선을 가리키고 미소 지으며 "chartreuse(연노랑)"라고 말했습니다. Clint는 정의할 필요가 없는 용어를 분명하게 설명합니다. 그는 자신이 자폐적이라는 사실을 사람들에게 기꺼이 이야기하며, "autistic(자폐적)은 명사 autism(자폐증)의 형용사입니다."라고 재빨리 덧붙입니다. 이 설명이 없으면 상대방이 단어의 뜻을 모를 것처럼. 이렇게 공식적으로 표현하는 것에는 기술적으로 잘못된 것은 없습니다. 하지만 이것은 Clint와 Joseph을 튀게 만들어, 동료에게 놀림을 받게 합니다. Joseph의 엄마는 그가 말하는 패턴을 영어를 제2 언어로 사용하는 사람으로 비유합니다. 이런 방식은 (그가 뭘 말하려는지 다른 사람은 알 수 있지만) 그가 간단한 말을 하더라도 영어가 모국어가 아닌 것처럼 보이게 합니다.

ASD 어린이에서 또 다른 의사소통의 문제는 말을 문자 그대로 해석하는 것입니다. (우리 모두 알 듯이) 종종 우리가 말하는 문자 그대로가 말하려는 바가 아닐 때가 있습니다. 방을 청소하라는 요청을 무시하는 Seth

에게 엄마가 "정말 잘하고 있네…"라고 비꼬아 이야기했습니다. 그러자 Seth는 고개를 끄덕이며 비디오 게임을 계속했습니다. 그는 목소리 톤과 표정에 수반한 엄마의 좌절감을 인정하지 않았고, 엄마의 말과 맥락 사이의 불일치를 알아차리지 못했습니다. 어떤 소년은 누군가 전화를 걸어와 엄마가 집에 있는지 물었을 때 "예"라고 대답하고 전화를 끊었습니다. 그는 질문을 엄마와 말하기를 요청하는 정중하고 간접적인 방식이라고 이해하지 않고 문자 그대로 받아들였습니다. ASD인 사람들이 보여주는 더 흔한 의사소통의 차이는 말하는 방식입니다. ASD 어린이는 지나치게 크거나 겨우 들릴 정도로 무척 작게 이야기할 수 있습니다. 또 잘못된 속도로 재생되는 녹음기처럼 맹렬한 속도로 말이 쏟아지거나, 말이 살금살금 기어 나옵니다. 또 그들의 말하기에는 특이한 리듬이 있습니다. 문장에서 잘못된 단어에 강조를 두거나, 결론(conclusion)부터 결론을 위한 전제(statement)로 톤을 높이거나, 질문처럼 들리게 하거나, 굴곡이 거의 없이 억양 없는 톤의 목소리를 냅니다. 대화에서 나타나는 자연스러운 잠시 멈춤이 보통 사람보다 적어 계속 말하게 됩니다. 또 그들은 말하는 동안에 특이한 지점, 단어나 문장의 중간 같은 곳에서 숨을 쉬기도 합니다. ASD 어린이는 자신이 말하는 것이 다른 사람과 어떻게 다른지를 인식하지 않습니다. 사회적 어려움과 마찬가지로, 의사소통의 어려움은 대화 기술에 초점을 맞춘 개입으로 다룰 수 있습니다.

1.1.2 특이한 관심사와 반복적이거나 의례적인 행동

Unusual Interests and Repetitive or Ritualized Behaviors

고기능 ASD인 사람이 보통 사람과 다른 두 번째 영역은 반복적이거나 의례적인 행동 측면입니다. ASD 어린이 부모라면 자녀의 활동 범위가 비교적 집중되고, 똑같은 일을 지루해하지 않고 반복할 수 있다는 걸 알아챘을 것입니다. 그에게는 강박사고에 가까울 정도로 굉장히 구체적인 관심사가 있을지도 모릅니다. 이 아이들에게는 컴퓨터나 비디오 게임, 공룡, 천문학과 같은 많은 아이들이 좋아하는 취미가 있습니다. 하지만 이들은 다른 모든 것을 배제하고 그것만을 추구합니다. 많은 부모가 자녀가 몇 시간 동안 컴퓨터 앞에 머무르면서, 화장실에 가거나 먹거나 잠자기 위해서도 멈추지 않는다고 보고합니다. 또 압박을 가해야 멈추거나 심지어 압박에 심하게 저항한다고 보고합니다. 이런 강한 관심은 다른 사람에게 이상하게 보일 수 있으며, 사회적 고립에 이바지할 수도 있습니다. 아이의 관심 분야 선택도 마찬가지입니다. 자폐 스펙트럼에 속하지 않는 어린이(또는 성인)는 주식 시장이나 천문학, 스프링클러 시스템, 식물 분류의 복잡함을 거의 좋아하지 않습니다. 하지만 ASD 어린이는 이런 것을 좋아합니다. 그들의 관심은 종종 사실과 정보를 많이 축적할 수 있는 주제를 중심으로 이루어집니다. 때로는 이들이 특이한 것을 모으기도 합니다. 어떤 ASD인 십대 소녀는 자기가 먹었던 모든 바나나와 사과에서 작은 스티커를 모았습니다. 그녀는 그것을 스크랩북에 넣어 어디든 가지고 다녔습니다. 보통 사람이 이런 ASD 어린이를 이해하지 못하는 것은 이들이 관심 분야에 많은 시간을 보내는데도, 해당 주제에 대한 상식적인 지식을 가지지 못한다는 것입니다. 그들은 자세한 것에만 초점을 맞추고, 종종 "큰 그림"을 보지 못합니다. 한 ASD 청년은 진공청소기에 관심이 많았습니다. 그는 진공청소기의 모든 것을 알았습니다. 가격, 색상, 수리 기록, 시장에 나온 모든 브랜드의 부착물 수와 종류 등. 그는 내(Sally Ozonoff) 집에 있는 진공청소기를 호스 같은 부착물과 브러시가 있는 부착물을 가진 "초콜릿 브라운 테두리를 가진 황갈색"으로 정확하게 특징지었습니다. 또 그는 내부 부품 대부분이 금속이 아닌 플라스틱이라 수리를 많이 하게 된다고 설명했습니다(실제로 청소기가 잘 작동하지 않는 것 같았습니다). 하지만 내가 더 좋은 진공청소기로 대체하는 것에 관한 조언을 구했을 때, 그는 안절부절못했습니다. 결국 그는 내게 Royal(청소기 브랜드)을 구매할 것을 제안했으며, 그는 그것에 푸른 봉지가 있다고 설명함으로써 이 선택을 해명했습니다. ASD인 많은 사람과 마찬가지로 그는 중요한 내용과 상관없는 내용을 구별하지 못하고, 암기한 여러 세부 사항들의 경중을 따지지 못하는 것으로 보였습니다. 당신 자녀가 ASD라면, 당신은 전반적으로 자녀가 위와 같은 사고 문제가 있다는 걸 알 것입니다. 즉, 사실에 대한 기억력은 뛰어나지만 추상적 개념을 이해하고 상식을 사용하는 데 어려움을 나타냅니다. 자녀에게 규칙을 주면, 자녀가 이것을 조금 다른 상황으로 일반화하는 데 어려움을 겪을 수 있습니다. 자녀는 항상 똑같은 방식으로 문제를 해결하기 원할 것입니다. 이때 새로운 해결책이나 다르게 하는 방식을 보도록 도와주려고 하면, 자녀가 크게 좌절할 수 있습니다. 7장에서 논의하겠지만, 여러 정보 조각들의 관계를 보고, 핵심 패턴이나 주제를 식별하고, 상황이 뜻하는 것을 파악하는 데 어려움을 겪는 것은 ASD 어린이에게 학습을 어렵게 할 수 있습니다.

많은 ASD 어린이는 반복적 행동뿐 아니라 반복적 언어도 사용합니다. 예를 들어 어떤 어린이는 다른 사람이 말하는 것(또는 동영상이나 책에서 본 문장이나 대화)을 외워서 자신의 말에 포함합니다. 이런 암기된 말하기를 지연된 반향어(delayed echolalia)라고 합니다. 특이하지만 이것은 어린이가 잘 발달한 언어 기억을 가졌다는 뜻입니다. Joseph가 아끼는 지도에 우유를 엎지른 다음에 "오, 안 돼, 이건 내 최악의 악몽이야!(디즈니 영화의 대사)"라고 외치는 것처럼, 때로는 반향된 문장이 적절한 상황에서 사용되고 의미가 있습니다. 하지만 문장과 맥락 사이의 연결이 분명하지 않을 때가 많습니다. Seth의 엄마는 그가 작은 아이였을 때 모자를 쓰거나 벗을 때마다 "바로 저기 있는 그는 행복한 사람입니다(He' s a happy man right there)."라고 말했다고 했습니다. 수년 동안 Seth의 부모는 이 말의 출처나 의미를 전혀 몰랐습니다. 어느 날 그들은 몇 년 전에 촬영한 오래된 골프 비디오를 보게 되었습니다. 골퍼 가운데 한 사람이 홀인원을 하고 나서 관객에게 모자를 벗어들며 인사할 때, 아나운서가 "바로 저기 있는 그는 행복한 사람입니다."라고 말했습니다. 이 문장이 다른 사람에게는 별 의미가 없었고, Seth가 바라는 것과 요구를 전하는 데 도움이 되지도 않았지만, Seth는 이 문장을 모자와 관련지었습니다. 그 둘이 Seth의 마음속에서 연결되어 남아있었던 것입니다.

1.1.3 어려움과 동반하는 장점

The Strengths That Accompany the Challenges

ASD에는 어려움뿐 아니라 장점도 함께 합니다. 이 책에서 우리는 ASD의 양쪽 측면에 초점을 두고 부모가 자녀의 장점을 활용하여 어려움을 최소화하는 방법을 배우도록 돕습니다. 이렇게 하면 ASD인 사람도 보람 있고 의미 있는 삶을 누리는 행복하고 성공적인 사회구성원이 될 수 있습니다. ASD는 어려움과 함께하는, 자녀를 특별하고 독특하고 흥미로운 사람으로 만드는 천부적인 재능이나 편향과 관련이 있습니다. 많은 ASD 어린이와 십대가 뛰어난 기억력을 지니고 있습니다. 이들은 가족 여행 노선이나 도시 주변 노선, 철자 목록 등을 쉽게 기억합니다. 또 읽기 능력이 탁월한 사람도 많습니다. 그들은 Joseph처럼 어릴 때 읽기를 스스로 배웁니다. 나중에는 큰 소리로 단어를 읽고, 또래보다 철자를 잘 말합니다. 어떤 사람은 시공간 인지 능력이 뛰어나서 복잡한 직소 퍼즐 맞추기, 지도 읽기, 전자 장비 작동시키기 등을 또래보다 훨씬 잘합니다. 우리는 앞으로 당신 자녀의 "실제 세상"에 대한 특별한 관심을 이용하는 방법을 설명할 것입니다. 주제에 몰두하며 오랜 시간을 보내고, 집중하고 암기하는 믿기 어려운 능력은 소중한 장점이 됩니다. 당신은 콜로라도 주립대학 동물과학 교수인 Temple Grandin 박사를 들은 적이 있을 것입니다. 그녀는 ASD가 있지만, 동물에 대한 강한 관심과 뛰어난 시공간 인지 능력을 결합하여 동물 도축장을 혁신적으로 디자인했습니다. 그녀는 도축장을 인간적일 뿐 아니라 효율적으로 만들었습니다. 그녀는 이 주제에 국제적 전문가가 되어 전 세계에서 강의했습니다. 도서관 행정이나 공학, 컴퓨터 과학처럼 세부적인 성향에 의존하는 직업에서는 ASD가 자산일 수 있습니다. 당신 자녀는 남과 다르지만 열등하지 않은 방식으로 생각하고, 세상을 바라보고, 정보를 처리하는, 어떤 성격 스타일을 가지고 있습니다. 커다란 장점에는 어려움이 따릅니다. 우리의 도전은 이러한 장점을 활용하여 방해가 되는 장애물을 극복하는 것입니다. 5장에서는 이러한 어려움에 대한 실질적인 대안을 제시합니다.

1.2 앞으로 어떻게 될까요? WHAT LIES AHEAD?

ASD 어린이에게는 재능과 어려움이 함께 있어 많은 부모가 두려움에 떨게 됩니다. 자녀의 결핍과 장점 가운데 어떤 것이 우세할까요? 자녀가 심한 자폐증만큼 증상이 심하지 않아 도움받을 기회를 놓치게 될 수도 있습니다. 그렇지 않게 하려면, 당신이 무엇을 해야 할까요? 자녀는 대학에 가고, 좋은 직장을 얻고, 결혼할 기회를 맞이하게 될까요? 자녀에게 어려움과 장점이 혼합되어 나타날 때, 미래 상황을 예측하는 것은 어려운 일입니다. 물론 앞에 놓인 것이 무엇일지는 부모가 묻는 첫 번째 질문 가운데 하나입니다.

우리는 ASD인 사람이 나이를 먹으며 엄청난 변동성을 나타내는 것을 봅니다. 이들 가운데 일부는 대학에 진학하고, 성공적으로 직업을 개발하고, 지속해서 우정을 쌓습니다. 다른 사람은 계속 가족과 함께 살며, 자신의 지능과 특별한 능력을 활용하지 않는 직업에서 자기 능력 이하의 일을 합니다. Temple Grandin과 Liane Willey와 같은 ASD 성인은 초기 도전 극복과 성공적인 사회적응을 실감나게 설명한 책을 썼습니다. 하지만 많은 ASD 성인이 다양한 사회적 어려움과 소통의 어려움을 지니고 삽니다. 이들의 독립적 생활과 정규직, 지원 없는 고용의 비율은 우리가 원하는 것보다 낮습니다.

ASD 어린이의 미래를 예측하는 우리의 능력은 여전히 제한적입니다.

우리가 폭넓은 가능성을 이해하기 시작했지만, 특정한 초기 특성을 나중의 결과와 어떻게 연결할지는 아직 모릅니다. 과거 연구는 우리가 희망하는 것만큼 도움이 되지 않습니다. 연구에 참여한 사람이 유년기에 고전적 자폐증으로 진단되었거나, 나이가 들어 ASD로 진단되었기 때문입니다(최근까지는 고기능 ASD를 일반적으로 인정하지 않았습니다). 따라서 그들은 지금 우리가 도움이 된다고 생각하는 치료를 받지 못했습니다. Kanner 박사는 (한때 예후가 좋지 않았던 양극성 장애와 다른 질환의 치료처럼) 미래에 자폐증을 더 알게 되고, 더 나은 치료법이 개발되면 자폐증 환자의 치료 결과도 개선될 것으로 예측했습니다. 최근의 연구 결과에서는 요즘들어 시설에 입소해야 하는 것 같은 나쁜 결과가 나오는 일이 드물다고 합니다. ASD가 일찍 진단되고, 첨단 치료법을 제공함에 따라 만족스러운 직업과 독립적 생활을 포함하는 최상의 치료 결과가 나오는 비율이 계속 늘어날 것으로 기대합니다. 다음은 ASD가 어떻게 전개되고 성인기에 어떤 일이 일어날지에 관해 지금까지 알려진 내용을 간략하게 설명합니다. 9장에서 이 주제에 관한 많은 사항을 살펴볼 것입니다.

어릴 때부터 시작하는 다른 조건과 마찬가지로 ASD의 어려움과 극복도 평생에 걸쳐 변화합니다. 보통 증상은 유아기에 시작하여 몇 년 동안 늘어납니다. 유치원 기간에 최고조에 달하며, 학령기에서는 단계적으로 감소하기 시작합니다. 실제로 ASD인 사람은 모두 시간이 지나고 나이를 먹으며 개선이 이루어집니다. 시간이 지나며 아이들은 언어로 자신을 표현하고, 언어를 더 잘 이해하는 법을 배웁니다. 그들은 점점 더 사회 접촉에 관심을 갖게 되고, 대화하고 시선 접촉을 적절하게 사용하는 것 같은 기술을 습득합니다. 그런데 대부분 어린이가 십대나 성인이 되어서도 ASD로 진단받을 만한 특성은 계속될 것입니다. 최근의 한 조사는 사람들이 ASD에서 얼마나 "회복"되었는지를 조사했습니다(즉, 삶의 한 지점에서 ASD 진단 기준을 충족했지만, 나이가 들며 진단 기준을 충족하지 않게 된 사람들입니다). 많은 연구에서 3~25%의 어린이가 나중에 진단 기준에 맞지 않게 되었고, 나이가 들수록 인지 기술과 적응 기술, 사회 기술이 정상 범위에 들어섰다고 보고했습니다. 대부분 사람이 ASD 기준을 계속 충족했지만, 이들 가운데 많은 수가 시간이 지나며 사회적 행동과 의사소통 기술에서 상당한 개선을 나타냈습니다. 하지만 많은 고기능 ASD 성인은 다른 사람과 대화하고 상호 작용할 때 여전히 조금 어색하고 자신에게 확신이 없다고 느낍니다. 그들의 말하기는 여전히 아주 격식적입니다. 또 얼마나 많이 말해야 하는지, 언제 말하는 것을 멈춰야 하는지를 아는 데 여전히 어려움을 겪습니다. ASD 성인의 삶 결과에 많은 글을 쓴 영국의 심리사 Patricia Howlin은 ASD인 사람 가운데 일부는 성인으로서 성공할 수 있지만, 그러한 성과는 개인의 성격과 능력 뿐아니라 도움을 주는 지원 시스템(부모, 개입 프로그램, 교육적 편의(accommodation))에 달렸다고 결론지었습니다. Patricia Howlin은 가치가 아주 다른 문화에 맞추라는 압력이 어떻게 스트레스나 불안, 우울증을 포함한 고비용을 치르게 하는지를 설명합니다. ASD 성인은 대학을 졸업하고 경력을 쌓는 것처럼 중요한 이정표를 성취하더라도, 때로는 독립적 생활에 어려움을 겪습니다. Seth의 엄마는 "나는 Seth가 천체 물리학자가 될 것을 확신하지만, 나는 그에게 옷을 입혀야 하고, 직장에 차로 데려가야 할 것입니다."라고 말하며 그녀의 희망과 두려움을 요약했습니다.

1.3 당신 스스로 사회적 지지 찾기
FINDING SOCIAL SUPPORT FOR YOURSELF

자녀가 왜, 어떻게 남과 다른지에 관한 답을 찾으며 당신은 혼자라고 느낄지 모릅니다. 당신은 세상에 당신 자녀와 똑같은 아이가 없다고 느끼며 수년을 보냈을 것입니다. 실제로 의사나 다른 사람이 문제를 제기하기 전까지 당신은 ASD에 관해 들어본 적이 없을 수도 있습니다. 하지만 실제로는 당신이 지금 느끼는 것처럼 혼자가 아닙니다. 2014년에 질병통제예방센터(CDC)에서 발표한 최근 유병률에서는, 미국 어린이 68명 가운데 1명(인구의 1.5%)이 ASD로 진단받았습니다. 또 그 수가 지난 수십 년 동안 계속 늘고 있습니다. 30년 전에는 만 명 가운데 2~4명이 자폐증 관련 증상이 있다고 추정했습니다. 심지어 10년 전까지도 250명 가운데 1명이라고 발표했습니다. CDC의 2014년 연구에서 ASD 환자의 약 1/3만이 고전적인 자폐증으로서 지적 장애와 학습 장애를 지녔습니다. 나머지 2/3는 지적 장애가 없는 고기능 자폐 스펙트럼이었습니다. 이것은 실제로 당신 아이가 고전적 자폐증을 지닌 아이보다 흔한 경우라는 뜻입니다.

ASD가 10년이나 20년 전보다 훨씬 흔하다고 생각하면, 자연스럽게 다음과 같은 의문이 생깁니다. 자폐증의 빈도가 높아졌는가? 과거보다 흔하거나 유병률이 높아졌다는 것은 단순히 진단 기술이 나아져 가벼운 상태를 더 잘 인식한 탓일까? 결론은 아직 나지 않았습니다. 당연히 수년 동안 진단 기준이 계속 바뀌어 가벼운 ASD를 포함하게 되었고, 전문가들이 정확한 진단을 내리도록 잘 훈련받은 것이 유병률을 높이는 데 기여했을 것입니다. 한편 지난 30년 동안 미국과 다른 지역에서 일어난 ASD 환자 서비스 향상도 이것에 영향을 미쳤습니다. 유병률을 계산할 때 서비스 기관의 기록을 사용하기 때문입니다. 드물게는 직접 지역 사회에 들어가 모든 어린이를 평가하여 ASD 환자가 얼마나 되는지 파악하기도 하지만, 일반적인 유병률 연구(CDC에서 실시한 것 같은 연구)는 ASD인 사람에게 서비스를 제공하는 학교나 지역 사회 기관의 기록을 검토합니다. 따라서 우리가 ASD인 사람에게 제공하는 치료를 더 잘하면, 더 많은 사람이 서비스 기관에 기록될 것이며 유병률이 높아질 것입니다. 이 설명에 덧붙여 일부 과학자는 환경 요인이 ASD 발생 위험을 높이고 유병률 증가에 기여한다고 의심합니다. 전 세계의 많은 연구소가 지금 이것을 활발히 연구합니다. 3장에서 이러한 연구와 연구 결과를 살펴볼 것입니다.

모든 자폐 스펙트럼 장애는 남성이 여성보다 훨씬 많습니다. Leo

Kanner와 Hans Asperger가 이런 사실을 말했는데, 이후 수많은 연구에서 검증되었습니다. 2014년 CDC 보고서는 남성은 42명 가운데 1명(2% 이상)이 ASD로 진단받았고, 여성은 189명 가운데 1명(약 0.5%)이 진단받았다고 했습니다. 다른 연구는 소년(4명 가운데 1명)보다 소녀(10명 가운데 1명)에서 재발률(ASD인 자녀가 있는 가정에서 둘째가 ASD가 될 확률)이 낮다고 보고했습니다. 실제로 소년은 모든 발달장애와 행동 장애, 학습 장애에서 소녀보다 발병 위험이 높습니다.

소년보다 소녀가 덜 영향을 받는 까닭은 아직 명확하지 않습니다. 3장에서 나오지만 ASD에는 여러 원인이 있는 것으로 보이며, 장애가 나타나려면 하나 이상의 요소가 있어야 할 수도 있습니다. ASD와 다른 발달 문제에서 여성을 "보호"하는, 여성이 되게 하는 어떤 것(아마도 출생 전의 다른 호르몬 환경이나 성에 관련한 뇌 조직화의 패턴)이 관여하는 것으로 추측됩니다. 이러한 보호 요인이 있으면, 소년보다 소녀에서 장애가 생길 위험이 적고, 장애가 생기려면 더 많은 요인이 필요할 수 있습니다.

첫 번째 장에서 우리는 고기능 ASD와 그것이 어떻게 당사자와 가족의 삶에 영향을 미치는지를 설명했습니다. 이제 우리의 목표는 ASD 진단이 당신이 걱정하는 사람과 관련이 있는지와 이 책이 당신의 답을 찾는 데 도움이 될지를 결정하도록 돕는 것입니다. 다음 장에서는 현재 전문가가 진단을 내리는 방법과 ASD와 혼동할 수 있는 상태, 최근의 진단 기술 변화가 어떻게 당신과 자녀에게 영향을 줄지를 설명합니다. 당신이 진단 과정을 더 알수록, 자녀가 더 정확한 진단을 받도록 도울 수 있습니다.

진단 과정
The Diagnostic Process

ASD일지도 모른다는 학교 심리사의 걱정을 들은 다음에 Lauren의 부모는 ASD에 관해 손에 잡히는 대로 읽기 시작했습니다. 이 레이블(ASD)은 여러 면에서 Lauren과 맞는 것처럼 보였습니다. 특히 친구가 없다는 것과 시선 접촉에 어려움을 겪는 것이 그랬습니다. 하지만 지나치게 격식적인 언어를 사용한다는 것이나 동작이 어설프고 서투르다는 등의 다른 특징은 딸에게 해당하지 않는 것 같았습니다. 학교 심리사는 ASD 진단 기준이 Lauren의 어려움을 설명하며, 이런 진단을 받으면 Lauren이 필요한 서비스를 얻는 데 도움이 된다고 생각했습니다. 하지만 Lauren의 부모에게 다른 사람의 진단도 받으라고 제안하며, 경험 많은 지역 소아정신과 의사를 추천했습니다. 정신과 의사의 요청으로 Lauren의 부모는 소아청소년과 의사에게 의료기록 사본을 얻었습니다. Lauren이 세 살 때 받은 건강검진 보고서에는 다음과 같이 적혀있었습니다. "예정일보다 일찍 태어난 이 소녀는 잘 자라고 있습니다. 부모는 수줍음이 아주 많고, 걱정이 많다고 했지만, 신체적으로 잘 발달하였고 민첩하고 행복해합니다. 우리는 발달을 평가하려고 한동안 시간을 가졌는데, 그녀는 병원에 방문한 내내 혼자 놀았고 어른들을 거의 쳐다보지 않았습니다. 그녀는 과제에 집중하는데 어려움이 있습니다...중략...Lauren의 대인 관계는 나이에 비하면 괜찮지만, Lauren은 분명히 상호 작용에 어느 정도 어려움이 있습니다."

Lauren의 부모는 과거에 소아청소년과 의사가 딸의 혼자 지냄을 언급했다는 것을 보고 깜짝 놀랐습니다. 또 그런 결론에 혼란스러웠고 좌절했습니다. 왜 더 빨리 알아내지 못했을까요?

두 살 때 Seth는 아직 말을 시작하지 않았고, 부모와 형제에게 무관심했습니다. 사람들이 그의 이름을 부르거나 그에게 말하면, 그는 그 말을 듣지 않는 것처럼 보였습니다. 부모는 그가 차고 문이 열릴 때마다, 멀리 있어도 귀를 쫑긋 세웠기에 청각 장애가 아니라고 확신했습니다. 하지만 신중을 기하기 위해 부모는 그에게 청력 검사를 받게 했습니다. 청력 검사 결과는 정상이었지만, 청능사(audiologist)는 아이에게 자폐증이 있는지를 물었습니다. 이 진단은 세 살 때 아동심리사에 의해 확진되었습니다. 부모는 즉시 Seth를 자폐아를 위한 특수 교육 어린이집에 등록했습니다. 그는 곧 말하기 시작했고, 모든 분야에서 빠른 진전을 이루었습니다. 그는 보조 교사(aide)에게 최소한의 도움만 받으며 유치원의 정규 학급에 들어갈 수 있었습니다. 학교에 들어간 다음에 부모는 Seth가 자폐증이 아니라 아스퍼거 증후군이라는 말을 들었습니다. 몇 년이 지난 다음에 Seth와 작업하는 심리사는 진단 체계에 "커다란 변화"가 있다고 말했고, 이제는 그가 ASD 진단 기준을 충족한다고 말했습니다. 누구 말이 맞을까요? 또 왜 병명이 계속 변할까요?

진단에 이르는 미로에는 많은 경로가 있습니다. 어떤 것은 곧바로, 어떤 것은 막다른 골목을 찾아가며 결국 도착점에 이릅니다. 이 장에서 우리는 ASD와 관련 상태에 대한 구체적 진단 기준을 설명하여 당신이 길을 찾도록 도울 것입니다. 진단 평가가 어떻게 수행되는지와 자녀에 대한 진단 결정이 어떻게 이루어져야 하는지를 말할 것입니다. 때때로 ASD와 혼동할 수 있는 상태에 관해서도 논의할 것입니다.

2.1 진단의 바이블: DSM

THE DIAGNOSTIC BIBLE: THE DSM

진단 과정은 기관마다, 전문가마다 다릅니다. 일부 평가는 포괄적이며 시간이 걸리고, 다른 평가는 상대적으로 빠릅니다. 일부 전문가는 특수 검사를 사용하고, 다른 전문가는 당신과 이야기하며 겉으로 보기에 아이와 격식 없이 놀 것입니다. 하지만 모든 전문가는 당신 자녀의 초기 발달에 관한 구체적 정보와 ASD 관련 영역에서 현재의 장점과 단점을 수집할 것입니다. 1장에서 설명한 것처럼 이 영역은 자녀의 사회적 상호 작용과 의사소통 기술뿐 아니라 특별한 관심사나 비정상적인 행동에 관한 것입니다. 일단 이러한 정보가 수집되면, 전문가는 자녀가 ASD 기준을 충족하는지를 결정합니다. 이때 미국정신의학회의 정신질환의 진단 및 통계편람(Diagnostic and Statistical Manual of Mental Disorders, 즉 DSM)을 사용합니다. 이것은 모든 정서적, 행동적, 정신적 상태와 관련한 특정 행동 및 문제를 설명합니다. DSM은 현재 2013년 5월에 출간한 DSM-5로 알려진, 5판이 있습니다. DSM은 정신 건강에 관해 임상의와 연구자가 축적한 새로운 지식을 반영하여 10년이나 20년마다 개정판이 나옵니다. 당신 자녀가 얼마 전에 진단을 받았으면, 1994년에 나와 2013년까지 사용되었던 DSM-IV(4판)인 과거 버전을 썼을 수도 있습니다. 또 미국 밖에 산다면 DSM 대신 국제 질병 분류(ICD)를 썼을 수도 있습니다.

Seth의 부모가 들은 것처럼 DSM의 네 번째 버전과 다섯 번째 버전 사이에는 ASD를 생각하고 진단하는 방식에 커다란 변화가 있었습니다. 처음에는 많은 사람이 이러한 변화에 혼란스러워했고, 변화가 왜 일어났는지 이해하지 못했습니다. 부모들은 자녀가 진단 기준을 채우지 못해 도움이 되었던 서비스를 받지 못할까 봐 걱정했습니다. 우리는 현재 체계인 DSM-5를 설명하기 전에, DSM-IV와 왜 변화가 있었는지를 설명할 것입니다. 그러면 당신이 그동안의 논란과 이것이 자녀에게 미치는 영향을 이해할 수 있을 것입니다.

2.2 DSM-IV

DSM-IV에서는 자폐 스펙트럼 장애를 포함하는 카테고리를 "전반적 발달 장애"라고 불렀습니다. DSM의 저자는 자폐 스펙트럼 상태를 학습 장애와 같은 더 구체적인 발달장애와 구별하려고 이런 포괄적인 용어를 사용했습니다. 전반적 발달장애가 있는 어린이는 여러 발달 영역(사회성, 의사소통, 행동, 인지, 때로는 운동 기술)에서 어려움을 겪습니다. 반대로 난독증처럼 특정한 발달장애가 있는 어린이는 특정 분야(예를 들어, 읽기)에만 문제가 있고, 사회성이나 운동 기술 같은 다른 영역에서는 잘 기능합니다.

DSM-IV의 전반적 발달장애 즉, PDD 카테고리에는 자폐장애와 아스퍼거 장애, 레트장애, 소아기 붕괴성 장애, 상세 불명의 전반적 발달장애(PDD-NOS)라는 다섯 가지 특정 상태가 포함되었습니다. 레트장애와 소아기 붕괴성 장애는 항상 심각한 인지 장애와 관련이 있고, 자폐 스펙트럼의 고기능 부분으로 간주하지 않으므로 이 책에서는 자세히 설명하지 않습니다. 다른 세 가지 DSM-IV 상태인 자폐장애와 아스퍼거 장애, 상세 불명의 전반적 발달장애(PDD-NOS)는 모두 사회적 상호 작용과 의사소통의 문제, 반복적 행동의 어려움을 공유합니다. 하지만 증상의 구체적인 수와 패턴은 다릅니다. 자폐장애(자폐증에 대한 DSM-IV 용어)는 사회적 상호 작용과 의사소통, 반복 행동의 12가지 목록 가운데 적어도 여섯 가지 어려움(즉, 증상)이 있어야 합니다. "고기능 자폐증"은 자폐장애 기준을 만족하면서 비교적 정상적인 사고력과 학습 및 언어 기술을 지닌 사람들을 위해 사용하는 용어입니다. 아스퍼거 장애(아스퍼거 증후군에 대한 DSM-IV 용어) 어린이는 여섯 가지 증상을 다 나타내지 않아야 하고, 평가할 때뿐 아니라 전체 삶에서 언어 기술이 일반인 수준이어야 합니다.

즉, 말이 늦지 않았어야 합니다. 마지막으로 상세 불명의 전반적 발달장애(PDD-NOS)는 자폐장애나 아스퍼거 장애에 대한 기준에 미치지 못하는 어린이에게 사용된 용어입니다. 즉, 증상이 경하거나 증상의 패턴이 다른 경우입니다. 예를 들어 어린이가 네 가지 증상(자폐장애로 진단하기에는 증상이 너무 적음)을 보이고 언어가 지연되면(아스퍼거 장애가 배제됨), 상세 불명의 전반적 발달장애(PDD-NOS)라는 진단을 내렸습니다.

2.3 새로운 연구가 DSM에 커다란 변화를 가져왔습니다
NEW RESEARCH BRINGS MAJOR CHANGES TO THE DSM

DSM이 현재 5판에서 계속 변화하는 것은 진행 중인 과학 연구에서 빠르게 나오는 새로운 지식에 진단 체계가 보조를 맞출 것을 의사들이 원하기 때문입니다. 1952년에 출간한 DSM 초판은 자폐증이나 이와 비슷한 것을 포함하지 않았습니다. 이것은 1968년에 출간한 2판에도 포함되지 않았습니다. 진단이 꼭 필요하다면, 자폐적 형태의 행동이 있는 어린이는 "정신분열병, 아동기 유형"으로 이름 붙여졌습니다. 자폐증은 1980년, 3판 DSM에 추가되었습니다. 1970년대 연구에서 자폐증이 아동기 정신분열병과 분명히 다르다는 것을 알았기 때문입니다. 당시의 진단 기준 재배치는 현재의 변화만큼 큰 것이었습니다. DSM이 개정되지 않고 여전히 60년 전 과학에 기초한 기준을 사용한다고 상상해봅시다. 어떤 사람도 ASD로 진단되지 않을 것입니다. 이것이 새로운 연구를 기반으로 DSM을 업데이트하는 게 필요한 까닭입니다.

DSM-5로 이끈 최근의 과학적 발견은 무엇일까요? Lorna Wing 박사는 1980년대에 아스퍼거 증후군을 영어권 세계의 주목을 받게 했습니다. 연구자와 임상의들은 이것이 고기능 자폐증과 비슷하다는 것을 발견하고, 두 상태가 어떻게 다른지 궁금해했습니다. 몇 가지 다른 점이 제시되었습니다. 예를 들어 아스퍼거 증후군 어린이는 자폐증 어린이보다 동작이 서투를 수 있습니다. 또 일부 연구자와 임상가는 아스퍼거 증후군 어린이가 자폐증 어린이보다 특별한 관심사(프랑스 혁명에 관한 사실을 암기하는 것 같은)를 가질 확률이 높다고 생각했습니다. 또 아스퍼거 증후군 어린이가 고기능 자폐아보다 더 격식적으로("꼬마 교수"처럼) 말하는 것 같았습니다. 지난 20년 동안 수십 가지 연구가 이런 가설 등을 증명하며 자폐증과 아스퍼거 증후군을 구별하려고 행해졌습니다. 이러한 조사는 둘 사이에 차이를 거의 발견하지 못했습니다. 고기능 자폐증과 아스퍼거 증후군의 유일한 차이는 증상의 수(6가지 이상 또는 미만)와 2~3세의 (지연되거나 그렇지 않은) 언어 발달 정도였습니다. 대부분 전문가는 이것이 사소한 차이라는 것에 동의할 것입니다. 일부는 아스퍼거 증후군으로 진단받고, 다른 일부는 고기능 자폐증으로 진단받은 청소년 그룹을 관찰하면서 부모와 전문가는 모두 어떤 어린이가 어떤 상태에 있는지 파악하기 어려웠습니다. 이런 상태는 많은 가족에게 여러 의사에게 다른 진단을 받는 흔하지만 불행한 경험을 하게 합니다. 어떤 전문가는 아스퍼거 증후군이라고 진단하고, 다른 전문가는 고기능 자폐증이라고 진단합니다(즉, Seth처럼 나이가 들며 진단명이 바뀝니다).

Catherine Lord 박사와 미국 전역의 임상 연구자 그룹이 2012년에 실시한 한 연구는 센터마다 자폐장애와 아스퍼거 장애, 상세 불명의 전반적 발달장애(PDD-NOS)라는 진단을 어떻게 내리는지 보여주었습니다. 어떤 클리닉에서는 거의 모든 어린이에게 자폐장애라는 진단을 내렸고, 다른 두 진단은 거의 사용하지 않았습니다. 어떤 클리닉에서는 상세 불명의 전반적 발달장애(PDD-NOS)가 가장 흔했고, 어떤 센터에서는 아스퍼거 장애가 표본의 절반을 차지했습니다. 같은 나라에서 지역이 다르다고 세 가지 상태의 비율이 실제로 그렇게 다를까요? 이 연구는 장소가 달라도 어린이들은 비슷하다는 것을 분명히 보여주었습니다. 언어와 지능, 자폐증 행동의 심각도가 비슷한 수준이었습니다. 지역마다 아이들의 자폐장애와 아스퍼거 장애, 상세 불명의 전반적 발달장애(PDD-NOS) 비율이 다르다는 것은 사실이 아닙니다. 한 센터와 다른 센터의 차이는 주로 임상의가 라벨을 어떻게 적용했는지, 센터마다 선호하는 진단이 있는지에 달려있었습니다. DSM-IV를 사용한 20년 동안 세계 곳곳에서 이런 현상이 일어났을 것입니다.

이러한 일은 가족에게 혼동을 줄 뿐 아니라, 자녀를 보살피는 데 부정적 결과를 가져왔습니다. 미국 일부나 다른 국가에서 아스퍼거 증후군 진단을 받은 사람은 자폐증 환자보다 제도적으로 훨씬 적은 서비스를 받아야 했습니다. 두 질환이 같은 상태이고, 같은 장애를 공유하는데, 어떤 사람에게는 모든 범위의 개입을 제공하고 다른 사람에게는 서비스를 허락하지 않는 것은 불공평합니다. 전문가들은 DSM-5가 이러한 불평등을 해결하기를 희망합니다.

2.4 DSM-5

새로운 연구 결과와 앞에서 말한 진단명 사용의 문제로 DSM-5가 개발되었습니다. 4년의 개발 과정에 부모나 지역 단체에서 ASD인 사람을 지지하는 사람들과 함께 여러 분야의 과학자와 임상가가 참여했습니다. 이들은 정기적으로 만나 새로운 연구가 제시한 변화를 논의하고 새로운 진단 기준을 개발한 다음, 데이터를 검토하여 새로운 진단 규칙이 얼마나 잘 작동하는지 확인했습니다. 이들은 "해로움이 혜택보다 클 것 같으면 하지 말라(do no harm)"는 지침을 받았습니다. 변화로 어떤 진단이나 서비스를 받을 자격이 있는 사람이 적어지는 등, 환자와 가족의 상황이 나빠지지 않게 하려는 뜻이었습니다. DSM-5는 2013년 5월에 출간되어 미국과 기타 지역에서 널리 사용되고 있습니다. 이러한 변화가 어린이와 가족에게 미칠 영향을 아직은 모두 알지 못하지만, 긍정적이라는 연구 결과가 나오고 있습니다. 우리는 DSM-5 기준이 무엇인지 정확하게 말한 다음에 이 주제로 돌아가겠습니다.

DSM-5에서 당신 자녀 같은 사람은 자폐 스펙트럼 장애(ASD) 진단에 속합니다. DSM-IV에는 전반적 발달장애(PDD)와 다섯 가지 특정 진단의 범주가 있었지만, DSM-5는 단일 진단인 ASD를 사용합니다. DSM-IV는 12가지 증상 목록이 있으며, 다섯 가지 PDD 진단에 서로 다른 패턴이 필요했습니다. 따라서 2,688가지의 다른 방식이 있게 됩니다! 이것은 사람마다 엄청난 다양성이 있고, 진단명이 같은 두 사람이 단 하나의 증상도 공유하지 않을 수 있다는 뜻입니다. DSM-5에서는 증상 목록이 일곱 개로 간소화되었습니다. ASD 진단을 받으려면 이 가운데 적어도 다섯 개 증상을 나타내야 합니다. 즉, DSM-IV와는 달리 어린이가 보여줄 수 있는 패턴은 여섯 가지뿐입니다. 이러면 임상의에게 진단 과정이 훨씬 수월할 것이고, 신뢰도도 높아질 것입니다. 이제는 진단명이 하나뿐이라 DSM-IV를 적용할 때보다 두 명의 의사에게 같은 진단을 받을 확률이 훨씬 커졌습니다. 가족들은 Seth의 부모가 한 질문(한 의사는 자폐증이라고 하고, 다른 의사는 아스퍼거 증후군이라고 하는 까닭)에 직면할 필요가 없습니다.

ASD에 대한 DSM-5 기준을 충족하려면 제한된 반복적 행동뿐만 아니라 사회적 의사소통과 상호 작용에 어려움을 보여야 합니다. 사회성 영역에서 DSM-5에는 세 가지 증상이 있습니다. (1) 사회적 상호성의 어려움, 예를 들어 다른 사람과 관계를 맺거나, 이야기를 나누거나, 느낌을 공유하는 데 어려움이 있음. (2) 시선 접촉, 표정, 몸짓 등 비언어적 의사소통의 어려움이 있음. (3) 연령 수준에 맞는 적절한 관계를 발전시키는 데 어려움이 있음.

제한적이고 반복적인 행동 영역에서 DSM-5는 다음과 같은 네 가지 증상을 포함합니다. (1) 반복적이고 특이한 움직임이나 물건의 사용. 말하기. (2) 틀에 박히고 똑같은 일상(이하 루틴)에 대한 비합리적인 고집. (3) 초점이 좁고 지나치게 강하거나 특이한 관심사. (4) 감각 경험에 과도

하거나 미온적인 반응. 1장에 이러한 행동에 대한 자세한 묘사가 있으니 참고하십시오. 대부분 증상이 DSM-IV에 있는 것과 비슷하지만, DSM-5에는 새로운 증상이 추가되었습니다. 감각 문제와 민감성은 DSM-IV에는 없었지만, 조사 연구에서 자폐 스펙트럼 어린이에게 흔한 것으로 나타나 DSM-5에 추가되었습니다.

ASD 기준을 충족하려면 DSM-5에 나열한 일곱 가지 증상 가운데 다섯 가지 이상을 나타내야 합니다. 사회적 상호 작용 영역의 세 가지는 모두 나타나야 하고, 제한/반복적 행동 영역의 네 가지 가운데 두 가지 이상이 나타나야 합니다. 각 증상을 나타내는 방법은 여러 가지입니다. 예를 들어 사회적 상호성의 영역에서 한 어린이는 대화를 주고받는 것에 어려움이 있을 수 있지만, 다른 어린이는 다른 사람을 무시하고 피할 수 있습니다. 둘 다 사회적 상호성에 문제가 있지만, 증상의 양상은 어린이가 어떻게 병에 걸려있는지에 따라 다릅니다. 이것이 DSM-5의 새로운 혁신입니다. 저자들은 걸음마기에서 성인까지, 언어가 유창한 경우에서 비언어적인 것까지, 가벼운 상태에서 심한 상태까지 모든 사람에게 증상을 적용할 수 있게 했습니다. DSM-IV와는 달리 DSM-5에서는 증상을 특정 행동이 "그 기능 능력이 결핍(lack of)"된 것으로 보다는 "그 양이나 질이 부족(deficit in)"한 것으로 봅니다. 따라서 고기능 어린이에 쉽게 적용할 수 있게 되었습니다. 임상의들은 DSM-IV에서 DSM-5로 바뀌며 그들의 예상과 반대로 많은 경우에서 어린이의 진단이 쉬워진 것에 놀랐습니다.

ASD 진단의 부가적 요건은 초기 발달 기간에 증상이 있어야 한다는 것입니다. 발병 연령이 정해지지는 않았지만, 대부분 부모는 다섯 살 이전 자녀에서 이러한 차이 가운데 일부를 알아차렸을 것입니다. 때로 자녀가 학교에 들어가기 전에는, 행동에 대한 사회적 요구와 기대가 커지고 다른 아이와의 차이가 훨씬 분명해지기 전까지는 부모가 문제를 알아차리지 못할 수도 있습니다. 자녀가 이러한 진단 기준(증상의 수, 두 영역에 걸친 증상의 패턴, 차이가 처음으로 나타난 시기)을 충족하면 ASD 진단이 내려집니다.

DSM-5 진단 과정의 일부로 자녀의 의사(doctor)가 ASD와 함께 지능 저하(인지 능력이나 학습 능력 저하)나 언어 장애, 유전적 장애(예를 들면 다운증후군이나 fragile(취약) X 증후군)가 있는지를 말할 것입니다. 또 완전한 진단 과정을 거쳤으면 우울증이나 불안장애 같은 다른 병이 있는지도 확실히 할 것입니다. 우리는 이 장의 뒷부분에서 이 주제에 관해 더 많은 것을 제공할 것입니다. 의사는 자녀의 장애가 얼마나 심각한지, 어떤 수준의 지원이 필요한지 등급을 매기는데, 등급은 다음과 같습니다. Level 1: "지원이 필요함", Level 2: "상당한 지원이 필요함", Level 3: "아주 상당한 지원이 필요함". 언어가 유창하고 학습 및 사고 능력이 보통 수준인 고기능 ASD 어린이는 대부분 Level 1이나 Level 2에 해당합니다. 심각도 Level은 어린이가 나이를 먹으며 내려갈 수 있습니다. DSM-5는 심각도 Level을 "서비스의 적격성이나 서비스 제공 여부를 결정하는 데 쓰면 안 된다."고 조심스럽게 말합니다.

2.5 DSM-5가 우리에게 어떤 영향을 미칩니까?
HOW WILL DSM-5 AFFECT US?

DSM-5가 도입되며 부모들은 걱정을 많이 했습니다. 주로 자녀가 여전히 진단 기준을 충족하는지, 정부 지원 치료나 교육 서비스, 보험 혜택을 받을 자격이 유지되는지였습니다. 여러분은 교육과 의료 시스템이 주(State)나 국가마다 상당히 다를 수 있다는 것을 알아야 합니다. 특수 교육 서비스를 받을 자격을 심사하는 지역의 교육 부서는 종종 DSM을 사용하는 의료계와는 다른 나름의 장애 기준과 정의가 있습니다. 따라서 DSM 기준을 바탕으로 특수 교육을 받을 자격을 정하지 않는 지역에 산다면, 자녀가 받는 학교 서비스는 DSM 변경에 영향을 받지 않을 것입니다.

주나 국가가 DSM 기준을 바탕으로 특수 교육을 받을 자격을 정하더라도 새로운 기준이 부정적인 영향을 주면 안 됩니다. 앞에서 말했듯이 DSM-5 작업 집단의 목표는 "해를 끼치지 않는 것(do no harm)"입니다. 새로운 기준의 목적은 과거 DSM 버전 기준을 충족하는 사람들을 포함하는 것입니다. 실제로 DSM-5에는 "자폐증이나 아스퍼거 장애, 상세 불명의 전반적 발달장애에 대한 DSM-IV 진단이 잘 확립된 사람들에게는 자폐 스펙트럼 장애 진단이 주어져야 합니다."라는 구체적인 문장이 있습니다. 이것은 당신 자녀가 DSM-IV의 진단 기준을 충족했으면 DSM-5의 진단 기준도 충족할 것이고, 단순히 지금 진단명 대신 새로운 이름인 ASD를 진단받으려고 새로 진단을 받지 않아도 된다는 뜻입니다. 따라서 의사나 교육 시스템이 다른 말을 하지 않으면(별도로 공지하지 않으면) 자녀가 여전히 기준을 충족하는지 확인하려고 평가 일정을 잡지 않아도 됩니다.

한편 어떤 상황에서는 재평가가 필요할 수 있고, 자녀가 진단 기준을 충족하지 못할 수도 있습니다. 왜 이런 일이 생길까요? DSM-IV에서는 두 가지 증상만 있으면 상세 불명의 전반적 발달장애(PDD-NOS) 진단을 내릴 수 있었습니다. 또 그 가운데 하나는 사회적 영역에 있어야 했습니다. 어린이가 어떤 반복 행동을 보여야 한다는 조건이 없었습니다. 하지만 DSM-5에서 이런 진단을 내리려면 반복 행동 영역에서 적어도 두 개의 증상을 보여야 합니다.

Chad는 말이 늦은 아이였습니다. 지금은 아홉 살인데, 언어 능력은 많이 향상되었습니다. 하지만 대화하는 것과 사람들을 쳐다보는 데 여전히 어려움이 있습니다. 그는 ASD의 다른 분명한 증상들은 보이지 않습니다. 친한 친구도 몇몇 있고, 상상력이 풍부하며, 특이한 관심사도 없고, 다른 이상하거나 반복적인 행동을 하지 않습니다.

DSM-IV에서는 Chad가 자폐 스펙트럼과 관련한 어려움을 보였지만, 고기능 자폐증이나 아스퍼거 증후군 진단에 필요한 증상의 수나 패턴을 보여주지 못해 상세 불명의 전반적 발달장애(PDD-NOS)로 진단받았습니다. 고기능 자폐증이나 아스퍼거 증후군 진단을 받으려면 상호적(reciprocal) 사회적 상호 작용(interaction)에서 적어도 두 가지 결핍이 있어야 했지만, Chad는 오직 하나의 증상(시선 접촉이 어려움)만 보였습니다. 또 DSM-IV 자폐장애 진단을 받으려면 적어도 여섯 가지 증상이 필요한데, Chad는 단지 세 가지 증상만 보였습니다.

DSM-5가 출간되었을 때, Chad의 부모는 선한 의도를 지닌(하지만 잘못 생각한) 가족 구성원에게 "재검사를 받는 것이 낫다."라는 말을 들었습니다. 그들은 Chad가 ASD 기준을 충족하지 못한다는 사실에 충격을 받았습니다. 심리사는 Chad의 어려움을 더 잘 설명하는 것으로 보이는, 사회적(실용적) 의사소통장애(social(pragmatic) communication disorder)라는 새로운 진단 범주가 있다고 말했습니다. 심리사는 ASD 어린이는 Chad보다 반복적이고 정형화된 행동을 훨씬 더 보인다고 설명했습니다. Chad의 어려움은 사회적 목적으로 언어를 사용하는 데 있었는데, 대화에서 적절한 자기 차례를 찾는 것, 이야기할 때 상대방의 관점을 가지는 것, 모호한 말을 이해하는 것 등입니다. Chad의 부모에게는 이런 말들이 익숙하게 들렸습니다. 실제로 Chad가 자신의 일상을 부모에게 이야기하려 할 때, 부모는 이야기 내용을 따라잡기가 어려웠습니다. Chad는 자주 분명하지 않았고, 충분한 배경을 제공하지 않았습니다. 따라서 부모는 Chad가 말하는 내용을 따라잡을 수 없었습니다. 예를 들어 어느 날 그가 학교에서 돌아와 화를 내며 "오늘 그녀는 너무 비열했어요."라고 말했는데, 그는 "그녀"가 누구인지 말하지 않고 이 말만 반복했습니다. "선생님이니?, 함께 수업을 듣는 다른 아이?, 버스 운전사?, 그녀가 정확히 뭘 했니?" 부모는 Chad의 이야기를 따라잡기 위해 수많은 질문을 해야 했습니다. 또 부모가 보기에 Chad는 문자 그대로(literal) 받아들였습니다. 그는 자주 농담이나 은유를 받아들이지 못했고, 부모는 Chad에게 문자 그대로를 의미하지 않는 것(비꼬는 것이나 반어법)은 말하면 안 된다는 것을 깨달았습니다. 그 심리사는 이런 문제를 다루는 치료를 실용적 언어 치료(pragmatic language therapy)라고 하는데, 그 지역의 몇몇 언어 치료사(speech language therapists)가 이런 치료를 한다고 말했습니다. 또 Chad의 부모에게 몇 곳을 소개했습니다.

사회적(실용적) 의사소통장애의 증상은 사회적 맥락에서 언어적이고 비언어적 의사소통 방법을 사용하는 데 지속적인 어려움을 겪는 것입니다. 다음과 같은 네 가지 사항에서 어려움을 나타냅니다. (1) 사회적 목적을 위해 의사소통 방법을 사용하기, (2) 의사소통 방법을 맥락에 맞추거나 상대의 요구에 맞게 바꾸기, (3) 대화와 이야기하기의 규칙을 따르기, (4) 문자 그대로가 아닌 언어를 사용하고 이해하기(유머, 비유, 비꼬기 등을 이해하기). 이러한 것의 결함은 ASD의 증상과 겹칩니다(실제로 ASD 어린이 대부분이 이런 증상 가운데 많은 것을 나타냅니다). 하지만 어린이가 ASD 진단 기준을 충족하면, 사회적(실용적) 의사소통장애는 배제됩니다. Chad가 사회적 의사소통 문제에 덧붙여 반복적 행동을 보였으면, 사회 의사소통장애 대신에 ASD로 진단되었을 것입니다.

DSM에 새로운 진단 기준이 통합될 때마다 그것이 도움이 될지 알려면, 추가 연구가 필요합니다. 아스퍼거 증후군이 DSM-IV에 포함되었을 때도 처음에는 과거에 진단되지 않았던 어린이를 찾아내는 데 도움이 될 것 같았습니다. 하지만 20년이 넘는 연구 끝에 그 진단명의 문제가 분명해졌습니다. 증상이 자폐증과 전혀 다르지 않았고, 원인이 같은 것 같았고, 같은 치료가 필요했습니다. 사회적(실용적) 의사소통장애가 ASD와 증상, 원인, 치료에서 정말로 다른지를 확실히 알려면 앞으로 10년 동안 마찬가지 연구가 필요할 것입니다. 아스퍼거 증후군에서처럼 같은 것에 두 가지 이름을 사용하지 않으려는 뜻입니다.

2.6 DSM-5로 개정된 것이 어떤 도움이 되나요?
DSM-5: A HELPFUL REVISION?

DSM-IV에서 DSM-5로 바뀌며 얼마나 많은 어린이가 진단에서 탈락할지는 아직 모릅니다. 하지만 몇몇 조기 연구에 기초하여 우리는 이런 어린이가 많지는 않을 것이라고 기대합니다. 만약 진단에서 탈락하는 일이 일어나면, 그 어린이들은 그들의 장점과 어려움, 치료적 필요에 더 들어맞는 다른 장애의 범주에 포함될 것입니다. DSM은 새 버전을 출간하기 전에 지역 사회에서 새 기준이 잘 작동하는지를 시험하는데, (DSM 작업 그룹에 속한 전문가뿐 아니라) 지역 임상의가 "현장 시험(field trial)"을 수행합니다. 다른 연구들은 새 범주를 시험하려고 다른 방법을 사용합니다. 과거 범주보다 새 범주가 같거나 낫게 작동하는지를 보는 엄격한 방법 가운데 하나는, 같은 어린이를 대상으로 두 명의 임상의가 독립적으로 (한 의사는 DSM-IV를 사용하고, 다른 의사는 DSM-5를 사용하여) 평가하는 것입니다. 현장 시험에서 이 과정은 여러 다른 클리닉과 장소에서, 많은 임상의를 활용하여 여러 가지 다른 문제와 진단이 있는 많은 어린이에서 반복됩니다. 그런 다음에 현장 시험 연구는 DSM의 두 가지 버전을 사용하는 두 명의 임상의가 해당 어린이가 자폐 스펙트럼에 있다는 것에 동의한 빈도를 계산합니다. 예를 들어 DSM-IV에서 자폐장애나 아스퍼거 장애, 상세 불명의 전반적 발달장애(PDD-NOS) 기준을 충족한 어린이 가운데 DSM-5에서 ASD 기준을 충족한 어린이의 비율이 얼마나 될까요?

이런 방법으로 DSM-5를 출간하기 전에 대규모로 현장 시험을 했습니다. DSM-IV 자폐장애로 진단받은 사람의 89%가 DSM-5 ASD로 진단받았습니다. 우리는 DSM-IV보다 DSM-5에서 이 스펙트럼으로 진단된 사람이 실제로 많다는 사실에 안도했습니다. 이것은 DSM-IV 기준을 충족하지 못했지만 실제로 DSM-5 기준을 충족한 어린이가 많기에, 두 DSM 버전 사이에 불일치가 있다는 뜻입니다. 이것은 많은 사람을 놀라게 했습니다. 그리고 DSM-IV에서 지원받던 아이들이 DSM-5에서도 계속 지원받는다는 보장을 원하는 사람에게는 좋은 소식이었습니다. Pittsburgh 대학의 Carla Mazefsky 박사와 연구원은 (많은 사람이 DSM-5에서는 진단이 덜 될 것으로 걱정했던) 정상 지능인 성인을 대상으로 연구를 했습니다. 이 연구에서 가벼운 자폐 증상이 있는 사람의 93%가 DSM-IV와 DSM-5 기준을 모두 충족하는 것으로 나타났습니다.

때때로 인터넷이나 언론은 DSM-IV보다 DSM-5에서 훨씬 적은 어린이가 진단된다고 말하는 연구를 인용합니다. 하지만 이 연구들은 현장 시험에 앞에서 말한 엄격한 방법을 적용하지 않았습니다. 덜 엄격한 연구 방법을 사용하는 것이 DSM-5에서 진단 비율이 낮은 원인일 것입니다. 또 어떤 사람들은 새로운 기준이 자폐 스펙트럼이 있을지 모르는 걸음마기를 비롯한 나이가 아주 적은 어린이에게 사용하기 어려울 거라고 걱정합니다, 실제로 여러 연구팀이 이 문제를 연구하고 있습니다. 앞으로 더 많은 연구가 이루어질 것이고, DSM-5가 얼마나 잘 작동하는지에 더 분명한 답을 얻을 것입니다. 하지만 첫 출간된 현장 시험 결과에 기반한 지금 시점에서, 우리는 낙관적입니다.

방금 읽은 것처럼 특정한 증상이 나타나는 방식은 많습니다. 즉, ASD에 대한 설명에는 당신 자녀에 해당하지 않는 것이 많습니다. 당신은 당신 아들과 아주 다른 ASD인 이웃 소년을 만날 수 있습니다. 당신은 모든 ASD 어린이가 애정이 없다고 들었을지 모르지만, 당신 자녀는 안고 키스하고 무릎에 앉아 껴안는 것을 좋아합니다. Lauren의 부모가 경험했듯이 몇 가지 진단 기준은 당신 자녀에게 맞겠지만, 다른 항목은 그렇지 않을 수 있습니다. 이렇다고 반드시 당신 자녀를 잘못 진단했다는 뜻은 아닙니다. 하지만 당신이 어떻게 알 수 있을까요?

2.7 진단은 정확한가요?
IS THE DIAGNOSIS ACCURATE?

앞 내용을 읽었으면 당신은 자녀가 정확하게 진단될 확률이 얼마인지 궁금할 것입니다. 또 Seth와 Chad의 부모처럼 다른 진단명을 얻었을 수도 있습니다. 이러면 어느 것이 맞는지 알아내는 방법을 알고 싶을 것입니다. 또 당신이 얻은 진단이 자녀의 문제를 과장하거나 최소화한다고 생각할 수도 있습니다. 당신은 무엇을 할 수 있을까요? 자녀가 받은 진단을 믿지 못하겠으면, 당신이 자녀를 얼마나 잘 아는지와 당신이 ASD에 관해 무엇을 아는지의 맥락에서, 당신이 듣는 것을 이해할 때까지 다른 의사(두 번째 또는 심지어 세 번째 의사)에게 진단을 받는 것이 때때로 도움이 됩니다. 불행하게도 이것은 많은 부모에게 감당하기 어려운 시간과 비용이 소요되는 과정입니다. 다음은 ASD 진단을 들은 부모가 흔히 제기하는 질문에 대한 간결한 최선의 답변입니다.

2.7.1 한 전문가는 우리 아이를 자폐 스펙트럼 장애라고 하고, 다른 전문가는 정상이라고 하면 어떻게 해야 합니까?*What If One Professional Says My Child Has ASD and Another Says He's Normal?*

이 책의 첫 두 장에서 우리가 강조한 것처럼, 자폐증 같은 행동은 연속선상에 있습니다. 증상이 얼마나 자주 나타나는지, 증상이 얼마나 심각한지, 증상이 여러 다른 환경에서 얼마나 만연한지, 증상이 얼마나 기능을 방해하는지, 증상이 얼마나 많은 고통을 일으키는지, 이 모든 것이 자녀가 스펙트럼의 어디에 해당할지와 자녀가 "정상"이라고 여겨지는 것에 얼마나 가까울지를 결정하는 요인이 됩니다. 우리 모두에게 있는 사소하고 별난 점(quirks)과 괴상한 점(eccentricities)을 ASD 진단과 구별하는 것은 중요합니다. ASD의 대부분 증상은 ASD가 없는 사람에게서도 발견될 수 있습니다. 하지만 대개는 아주 가벼운 형태로 나타납니다. 기차 모델이나 컴퓨터 같은 한 가지 주제에 집착하지만, 다른 점에서는 완전히 정상이고 전혀 자폐적이지 않은 사람이 당신 주변에도 있을 것입니다. 나(Sally Ozonoff)의 이웃은 다른 것은 모두 정상인데, 하루에 수십 번씩 스마트폰 날씨 앱을 점검합니다. 또 그는 전 세계 몇몇 도시(주로 그가 아내와 함께 여행했던 장소)에서 태양이 뜨고 지는 시간을 적는 것을 즐깁니다. 하지만 ASD 환자와는 달리 그는 다른 사람에게 자신의 관심사를 말하지 않습니다. 언젠가 내가 그의 집에서 펜을 찾다 우연히 이 목록을 발견했을 때, 그는 조금 당황스러워했습니다. 한편 당신 주변에 사회적 상황에서 무슨 말을 해야 할지 모르고, 아주 불안해하는 사람이 있을지도 모릅니다. 또 극도로 자세하고 장황하게 말하며, 결코 요점을 말하지 않는 것 같은 사람이 있을지도 모릅니다. 또는 아주 질서정연하고, 계획이 바뀌면 불안해하는 사람이 있을지도 모릅니다. 우리의 동료 가운데 한 사람은 아주 친절하고 사교적인 여성인데, 미리 하루 계획을 세우는 것을 좋아합니다. 누군가 예기치 않은 회의를 소집하거나 갑자기 점심을 함께 먹자고 권하면, 그녀는 아주 불안정해지고 되도록 일정 변경을 피하려고 합니다. 그렇지 않으면 그녀는 진심으로 그 날 일상이 파탄이 났다고 불평합니다. 이와 같이 설명한 한 가지 행동 이외에 ASD의 다른 특징적인 증상들이 나타나면, 이 사람들은 모두 ASD로 진단할 수 있습니다. 하지만 이렇게 행동의 "별난 점(quirks)"이 단독으로 일어나고 그 밖에는 정상적 사회관계를 맺고 소통하는 맥락이라면, 단순한 성격의 변형으로 간주합니다. 이것이 뜻하는 것은 ASD의 많은 부분이 "정상"의 연속선상에 있다는 것입니다(우리는 여기서 "정상"의 의미를 논하지는 않습니다). ASD인 사람의 행동은 ASD가 아닌 나머지 세상이 때때로 경험하거나 나머지 사람이 "정상"이라고 느낄지도 모르는 것입니다. ASD인 사람과 ASD가 아닌 사람의 차이는 자폐 같은 행동의 수와 이런 별난 점이 기능과 일상생활을 얼마나 방해하는지라는 폐해의 심각도에 있습니다.

2.7.2 우리 아이가 ADHD나 강박장애 또는 다른 장애가 아니라 자폐 스펙트럼 장애인지 어떻게 확신할 수 있습니까?*How Can We Be Sure Our Child Has ASD and Not ADHD... or OCD ... or Something Else?*

지난 30년 동안 ASD의 유병률은 급격히 증가했습니다. 1장에서 말한 것처럼 왜 이렇게 늘었는지는 아직 확실치 않습니다. 하지만 전문가와 일반 대중이 ASD에 친숙해지며 진단된 어린이가 급증한 것은 분명한 사실입니다. 진단이 많이 이루어지면 오진이 생길 확률도 높아집니다. 전문가의 적절한 평가로 ASD 진단은 잘못된 것이고, 어린이의 문제가 주의력 결핍이나 우울증 같은 ASD 이외의 영역에 있다고 밝혀지는 일이 드물지 않았습니다. 특정 장애의 증상들이 겉으로는 ASD 증상과 비슷한 것은 오진이 일어나는 원인 가운데 하나입니다. 예를 들어 강박장애(OCD)는 생각이나 아이디어가 끊임없이 계속되어, 자신의 머릿속에서 벗어나는 데 어려움을 겪는 상태입니다. 그들은 특정 행동이나 절차를 수행해야 한다는 강렬한 충동을 느낍니다. 그들은 상황이 "반드시 그대로"이기를 원하며, 상황이 익숙하거나 기대하는 방식이 아니면 불안해하거나 속상해합니다. OCD가 있는 열두 살 Chris는 좋아하는 숫자가 4였고, 행동을 네 번 하거나, 들은 말을 네 번 반복하고 싶은 충동을 느꼈습니다. 이렇게 하지 않으면 그는 심한 긴장에 빠졌습니다. Chris가 불안감을 사라지게 하는 유일한 방법은 손등으로 마룻바닥을 빠르게 훑는 것이었습니다. 이러한 특이한 의식절차(ritual)는 자폐 스펙트럼의 비기능적 의식절차를 연상하게 합니다. 예를 들어 Mark라는 ASD인 소년은 가족들이 자동차 문을 닫은 다음에 운전자를 시작으로 시계 방향으로 안전벨트를 착용하지 않으면 비명을 질렀습니다. 그는 모든 사람이 차에서 내린 다음에 다시 "올바른" 순서로 그 과정을 반복해야 한다고 주장했습니다. 가족들은 Mark가 심하게 스트레스받는 걸 피하려고 이 작업을 기꺼이 수행했습니다. Mark의 의식절차는 다른 사람에게는 이해되지 않습니다. Chris의 의식절차처럼 어떤 식으로든 기능적이지 않은 것으로 보입니다. 두 소년은 모두 사물을 원하는 방식대로 처리하지 않을 때 커다란 불안을 느낍니다. 하지만 한 소년은 OCD 진단을 받았고, 다른 소년은 ASD 진단을 받았습니다. 차이가 무엇일까요? 대답은 믿기지 않게 간단합니다. 자동차 문 의식절차가 Mark의 유일한 문제라면, OCD 진단이 당연할 것입니다. 하지만 시선 접촉을 피하고, 바이러스에 관해 이야기하고, 친구에게 관심을 보이지 않는 등 여러 가지 다른 어려움이 함께 있기에 Mark에게는 ASD가 더 완벽한 진단입니다. OCD 진단은 Mark의 문제를 부분적으로만 설명합니다. OCD인 사람은 사회적 상호 작용에 어려움을 겪지 않으며, 다른 사람과 자연스럽게 대화할 수 있습니다. 그들은 강박 관념과 강박 행동 말고는 특이한 행동을 거의 보이지 않습니다. 예를 들어 어떤 것에 특히 중점을 둔 관심사를 갖는 것은 OCD의 특징이 아닙니다(가장 널리 잘못 알려진 것으로, 많은 오진이 이 탓입니다). 혼동하기 쉬운 다른 여러 상태와 ASD를 구별하는 것은 사회적 상호성의 부족과 특이한 의사소통 스타일입니다. 이런 증상들이 있으면, OCD나 다른 상태가 아니라 ASD일 확률이 높습니다.

전문가는 자녀가 OCD인지를 어떻게 결정할까요? OCD인 많은 사람이 자신의 행동을 특이하고, 거슬리고, 어리석은 것으로 느낍니다. OCD인 사람 대부분은 다른 사람이 자신의 의식절차를 기괴하다고 생각하는 것을 깨닫고, 자신의 의식절차를 비밀스럽게 생각합니다. 실제로 OCD인 사람은 스스로 의식절차가 기괴하다는 것을 알고, 이것이 사라지는 것을 간절히 원합니다. 하지만 아무리 참으려고 애를 써도, 행동을 멈출 수 없습니다. 이것은 대부분의 ASD 어린이나 청소년과 다른 점입니다. ASD인 사람은 보통 자신의 특이한 행동에 통찰이 거의 없습니다. 특이하거나 별나다고 여기지 않고, 감추려고 하지도 않습니다. 한편 모든 OCD인 사람이 자신의 의식절차가 특이하다는 것을 통찰하는 것은 아닌데, 특히 어린이가 그렇습니다. 따라서 어린이가 ASD만 있는지, ASD와 OCD가 모두 있는지를 판단할 때 두 번째로 중요한 고려사항은 진단이 단순한 것입니다. 대부분 전문가는 한 사람에게 되도록 적은 진단명을 사용하라고 교육

받습니다. 이렇게 하는 것이 합리적이라면 우리는 서너 가지 상태를 나열하기보다 하나의 진단으로 어려움을 요약하려 합니다. 이러한 관행은 때때로 "절약의 법칙"이나 "오컴의 면도날 법칙"으로 불립니다. 14세기 영국 철학자인 William Occam은 "모르는 현상을 가장 단순한 방식으로 설명하려고 처음 시도하는 것이 과학의 목표가 되어야 한다."라고 했습니다. 이것을 의학 진단에 적용할 때, 의사는 종종 "말발굽 소리가 들리면 얼룩말이 아닌 말을 생각하세요."라고 말합니다. 분명히 ASD와 OCD가 모두 있거나 하나의 진단명으로 설명할 수 없는 경우가 아니면, 절약의 법칙에 따라 대부분 의사는 두 질환을 함께 진단하지 않습니다.

여러 장애가 ASD와 교차합니다. 실제로 OCD는 오진이나 불완전한 진단 가운데 가장 흔한 것이 아닙니다. ASD 어린이 가운데 일부는 과거에 주의력 결핍 과잉행동장애(ADHD)로 진단받은 적이 있습니다. 진단명에서 알 수 있듯이 이러한 상태의 전형적인 특징은 주의를 기울이고 행동과 활동 수준을 조절하는 데 어려움을 겪는 것입니다. ADHD 어린이는 말을 듣지 않고 지시를 따르지 않는 것처럼 보이거나, 지루하거나 노력이 필요한 과제에 참여하지 않으려 하거나, 쉽게 산만해지고 꼼지락거리거나, 앉아있어야 할 때 돌아다니거나, 자기 차례를 기다리기 어려워하거나, 다른 사람을 방해하거나, 말을 지나치게 많이 할 수 있습니다. 분명히 ASD와 비슷한 점이 많을 것입니다. 많은 ASD 어린이가 이러한 문제를 보여줍니다. 하지만 ASD 어린이는 다음과 같은 까닭으로 ADHD 어린이와는 다릅니다. ASD 어린이는 사회성 부족과 언어처리 문제 때문에 듣지 않는 것처럼 보이고, 지시를 따르지 않을 수 있습니다. 그는 사람 목소리의 중심적 역할과 중요성을 이해하지 못하기에 자연스럽게 그것에 향하지 못할 수 있습니다. 또 사회 상황을 읽고 특정 상황에서 받아들여지는 행동이 무엇인지 아는 데 어려움이 있어 다른 사람을 방해할 수 있고, 자기 차례를 지키지 못하고, 말을 지나치게 많이 할 수 있습니다. ASD 어린이는 학교 과제를 싫어하거나, 자리에 앉아있는 데 어려움을 겪을 수 있습니다. 하지만 그것은 과제가 어려워서가 아니라 과제에 관심이 없기 때문입니다. 선생님이나 부모의 칭찬과 높은 성적은 ASD 어린이에게는 인센티브가 아닐 수 있습니다. ASD 어린이에게는 보통 어린이와는 다른 동기 강화 체계가 있습니다. ASD 어린이가 산만해질 수 있지만, 보통 산만해 지는 것은 ADHD 어린이를 산만하게 하는 소음이나 다른 벌어지는 일 때문이 아닙니다. ASD 어린이는 자신만의 내부 세계와 생각, 관심사에 의해 산만해집니다. 실제로 ASD 어린이가 처음에 자주 ADHD로 진단받는 것은 두 상태의 증상에는 겹쳐지는 부분이 많은 탓입니다. 두 번째는 ADHD가 흔한 질병이고, 임상의가 ADHD를 더 의식하고, ASD 진단보다 ADHD 진단을 하는 훈련을 많이 받았기 때문입니다. 세 번째는 ADHD의 문제(예를 들면 앉아있지 못하고, 차례를 기다리지 않고, 지시를 따르지 않는 등)가 교사와 부모를 더 괴롭힐 수 있습니다. 따라서 이런 것이 사회적 어색함이나 특별한 관심사보다 전문가의 주의를 더 끕니다.

OCD만 있는 어린이처럼 ADHD만 있는 어린이는 ASD 어린이와는 달리 시선 접촉이나 대화, 관심사의 범위, 상상력에 문제가 없습니다. 동일한 접근법이 ASD를 ADHD나 표 1에 나열한 다른 진단들과 구분하기 위해 취해져야 합니다. 어린이에게 ASD의 특징적인 어려움이 있으면, ASD 진단을 내려야 합니다. 또 다른 질병의 진단 기준을 충족하고, ASD 진단만으로 이러한 특징을 설명할 수 없는 경우에만 복수의 진단을 내려야 합니다. 표 1에는 ASD와 혼동할 수 있는 몇 가지 진단명이 있습니다.

〈표 1〉 과거 진단, 불완전 진단 또는 오진으로 가능한 진단명들과 특징

주의력 결핍 과잉행동장애	• 부주의 • 과잉행동 • 충동성
청력 결손 / 난청	• 여러 주파수의 소리를 듣는 능력의 감소 또는 결핍

학습 장애	• 읽기나 철자, 산수, 글쓰기에 어려움이 있고, 그 정도가 주어진 연령과 교육, 지능에서 예상되는 정도보다 심함
지적 장애	• 지능 점수 70점 미만 • 느린 학습 속도 • 해당 연령에 예상되는 수준으로 독립적으로 일상생활을 수행하는 것(예: 식사, 옷 입기, 화장실 이용, 의사소통, 일하기, 놀기)에 어려움이 있음
비언어적 학습 장애	• IQ보다 상당히 낮은 수준의 수학 기술 • 비언어성 IQ가 언어성 IQ보다 상당히 낮음 • 공간 처리의 어려움(퍼즐, 맵) • 글씨체가 안 좋음 • 운동 기술이 서투름
강박장애	• 지속적이고 반복적인 생각이나 행동, 의식절차 • 행동이 허락되지 않으면 심한 불안을 느낌 • 해당 행동이 어리석다는 것을 이해함
반항 장애	• 권위 인물에 대한 부정적, 적대적, 반항적 또는 불복종 행동
반응성 애착장애	• 사회 관계성이 현저하게 떨어짐. • 심각한 학대나 방치되었던 과거력
분열성 인격 장애	• 사회적 관계에 별 관심이 없음 • 감정적 반응이 없거나 강한 감정 반응이 거의 없음
조현병 또는 정신병적 장애	• 기괴하고 고정된 신념(망상) • 특이한 지각 경험(환각) • 혼란스러운(disorganized) 말이나 행동
선택적 함구증	• 다른 상황(예: 가정)에서는 말하지만, 사회적 상황(예: 학교)에서 말하지 못하는 상태가 계속됨
사회 불안 장애(사회 공포증)	• 사회적 상황에 대한 뚜렷하고 계속되는 두려움 • 두려움이 지나치고 부당하다고 인지함
언어 장애	• 해당 연령에 예상되는 수준으로 발음이나 어휘, 문법(예: 시제, 복수형)을 사용하지 못함. 더 짧고 덜 복잡한 문장을 사용함 • 언어를 이해하고, 구두 지시 사항을 처리하는 데 어려움이 있음
뚜렛 증후군	• 틱(갑작스럽고, 빠르게 반복되는 움직임이나 소리를 냄)
불안 장애	• 지나친 걱정 • 두려움으로 특정한 상황이나 대상을 회피함

우울증	• 슬픔 및 / 또는 자극 과민성 • 과거에 즐거웠던 활동에 대한 관심을 상실함 • 식사와 수면 패턴의 변화 • 피로와 에너지 상실 • 무가치함, 절망감 • 자살 생각이나 행동

오진의 결과는 심각할 수 있습니다. 자녀에게 최선인 것이 무엇인지 알려면, 자녀의 어려움이 무엇인지 알아야 합니다. 또 자녀에게 적절한 서비스를 지원하기 위해서도 정확한 진단이 필요합니다. 특정 치료법은 ASD 환자가 성인이 되었을 때 최선의 결과를 나타내도록 특별히 고안되었습니다(이 주제는 4장에서 자세히 다룹니다). 이러한 지원을 얻으려면 반드시 정확한 진단이 필요합니다. 효과가 없고 심한 부작용으로 해를 끼칠 수 있는 약물과 엉뚱한 문제에 초점을 맞추거나 자녀가 행동하는 까닭에 잘못된 가정을 하는 행동 치료 같은 개입을 피하려면 올바른 진단이 필요합니다.

2.7.3 우리 아이가 자폐 스펙트럼 장애와 함께 다른 진단명을 가질 수 있습니까?*Is It Possible That My Child Has Something Else in Addition to ASD?*

우리는 진단의 단순함(simplicity)을 달성하려고 노력합니다. 하지만 어린이를 ASD만으로 진단하는 것이 늘 가능하거나 정확한 것은 아닙니다. 여러 정신과적 질병이 있는 경우를 "동반 질환 상태(comorbidity)"라고 합니다. 이것을 알아차려야 하는데, 다른 문제가 치료되지 않으면 자녀의 기능이 전반적으로 나빠질 수 있기 때문입니다. 많은 연구가 ASD 환자에게 표 2에 있는 질환이 나타날 확률이 보통 사람보다 높다고 말합니다. 몇몇 연구는 ASD인 어린이와 성인의 절반 이상이 이런 동반 질환을 하나 이상 지녔다는 것을 보여주었습니다. 아직 그 원인이 분명히 밝혀지지는 않았습니다.

〈표 2〉 ASD와 함께 자주 나타나는 장애와 특징

불안 장애	• 과도한 걱정 • 두려움으로 어떤 상황이나 사물을 피함
주의력 결핍 / 과잉행동장애	• 부주의 • 과다 활동 • 충동성
우울증	• 슬픔 및 과민 반응 • 과거의 즐거운 활동에 관심을 잃음. • 식사 및 수면 패턴의 변화 • 피로와 에너지 상실 • 무가치함, 절망감 • 자살 생각이나 행동
뚜렛 증후군	• 틱(갑작스럽고, 빠르게 반복되는 움직임이나 소리를 냄)

ASD일지 모르는 어린이를 평가하고 치료하는 전문가는 많은 질환을 과잉 진단하는 것과 동반 질환을 잡아내지 못하는 것 사이에서 아슬아슬하게 줄타기해야 합니다. 보통 ASD 어린이는 동반 질환을 진단하는 데 도움을 주지 못합니다. 자기인식이 제한되고, 자기감정에 대한 통찰이 부족하고, 자신과 다른 사람의 정신 상태를 읽는 데 어려움이 있고, 추상적 개념으로 이야기하는 능력이 부족하기 때문입니다. 따라서 자녀를 잘 아는 부모와 전문가가 관여해야 합니다. 부모는 동반 질환이 있을 가능성을 나타내는, 자녀의 행동이나 생각에 관한 어떤 변화라도 알아채고 보고해야 합니다. ASD가 기분이 나쁜 상태의 원인이 아니므로 과거에 행복했던 아이가 몇 주 동안 계속 자극 과민이나 긴장과 같은 기분이라면, 정신과 의사나 심리사에게 데려가 우울증이나 불안증이 ASD에 합병되는지를 살펴볼 수 있습니다. 마찬가지로 자해하거나 다른 사람에게 공격적으로 되는 등 자녀에게 갑자기 새로운 행동이 생기면, 정신과 의사를 방문해 ASD 외에 다른 상태가 나타나는지 알아볼 것을 심각하게 고려해야 합니다. 또 자녀가 치료 개입에 당신과 의사가 예상한 것처럼 반응하지 않으면, ASD

외에도 어떤 일이 벌어지고 있는지 조사해야 합니다. 자녀의 행동이 전형적인 ASD 프로파일에 맞지 않고 어떤 일이 더 일어난다고 의심하면, 첫 평가에서 동반 질환이 있는지 의심해야 합니다.

2.8 평가 과정
THE ASSESSMENT PROCESS

평가 과정의 순서는 평가하는 사람과 장소에 따라 다양할 것입니다. 하지만 당신이나 교사, 당신 자녀를 자세히 관찰한 사람이 당신 자녀에게 발달 문제가 있을 것을 걱정하며 평가에 의뢰했다고 가정하며 시작해봅시다.

2.8.1 자폐 스펙트럼 장애를 진단할 자격이 있는 사람은 누구입니까?
Who Is Qualified to Diagnose ASD?

ASD 진단을 가장 자주 내리는 전문가는 심리사와 소아정신과 의사, 소아청소년과 의사입니다. 신경과 의사와 일반 의사("가정의학과 의사"라고도 함) 같은 다른 유형의 의사도 진단적 평가를 내릴 수 있습니다. 사회복지사도 진단 과정과 DSM-5 사용법을 훈련받았기에 진단할 자격이 있습니다. 교사나 언어 치료사, 작업 치료사 같은 다른 전문가는 ASD에 관해 어느 정도 지식이 있을 수 있고, 자녀가 ASD일 수 있다고 당신에게 먼저 알려준 사람일 수도 있습니다. 하지만 이들은 일반적으로 진단 과정을 훈련받지는 않았습니다. 교사와 치료사는 공식적 진단을 내릴 수는 없지만, 당신 자녀 같은 아이를 자주 경험했습니다. 따라서 그들의 걱정과 전문가에게 의뢰하라는 요청에 귀를 기울여야 합니다. 일부 기관과 진료소에서는 심리학과 정신과, 소아청소년과, 교육, 사회사업 및 언어 치료를 포함한 다양한 분야의 전문가팀이 당신 자녀를 돌봅니다. 당신과 당신 자녀는 그들에게 커다란 도움을 받을 것입니다. 한편 전문가 한 명이 혼자 진단하는 기관이나 진료소도 있습니다. 그 의사가 적절한 전문 지식을 가졌으면 이것도 괜찮습니다(팀 평가만큼 좋을 수도 있습니다).

당신은 제대로 된 진단을 얻도록 돕는 전문가를 구하고 있습니까?

많은 유형의 전문가가 ASD를 진단할 자격이 있습니다. 우리 경험으로는 철저하고 정확한 진단에는 자격증보다 ASD 분야에 대한 전문 지식이 중요합니다. 따라서 진단 과정을 마칠 때까지 자녀를 평가하는 데 적합한 사람을 찾았는지를 알기 어려울 것입니다. 다음은 평가가 진행될 때 자신에게 물어볼 질문입니다. 어떤 것이라도 "아니오"라는 대답이 나오면, 해당 전문가에게 설명이나 추가 정보, 추가 평가를 요청해야 합니다. 설명이 만족스럽지 않거나 여러 사항에서 "아니오"라는 대답이 나오면, 평가가 끝난 다음에 다른 전문가에게 다시 의견을 구하는 것이 좋습니다.

- 의사가 자녀의 초기 과거력에 관해 당신과 이야기했습니까?
- 의사가 적어도 30분 이상 자녀의 행동을 관찰했습니까?
- 의사가 당신을 만나 평가 결과를 설명하고, 질문에 대답했습니까?
- 의사의 피드백 의견이 자녀에게 맞는 것 같습니까? 당신이 평가를 요청하게 된, 당신 자녀가 겪는 문제를 의사가 이해했습니까?
- 의사가 당신 자녀에게 해당 진단이 가장 잘 맞는 까닭을 설명했습니까?
- 의사가 당신의 지역 사회와 특정 의뢰기관에서 이용할 수 있는 치료 옵션(전화번호 등)을 제공했습니까?
- 의사가 자녀의 검사 결과를 요약한 보고서를 제공했거나 제공하기로 약속했습니까?

전문가가 어떤 자격을 지녔든 가장 중요한 것은 ASD에 대한 지식과 경험입니다. 이러한 훈련이 없는 전문가는 (심지어 적절한 학위를 소지한 전문가조차) 드물지 않게 고기능 ASD를 다른 질병으로 오진합니다. 당신이 처음 "자폐증"이라는 말을 들었을 때는 빙글빙글 도는 물체에 집착하는, 아주 동떨어지고, 말하지 않는 아이를 생각했을 것입니다. 마찬가지로 적절한 훈련을 받지 않은, 많은 전문가가 말을 잘하고, 똑똑한, 손을 펄럭거리지 않는 어린이가 자폐증과 관련이 있다고 생각하지 못합니다.

Lauren과 Clint의 진단이 늦어진 것은 이 때문입니다. 진단 평가를 하려고 약속을 잡을 때는 검사자나 팀이 전문성이 있는지 또는 (적어도) 고기능 ASD를 경험한 적이 있는지를 반드시 물어야 합니다.

2.8.2 발달력 *Developmental History*

진단 평가에서의 필수 요소는 자녀 관찰하기와 발달력과 말하기와 걷기 같은 이정표를 언제 달성했는지에 관한 질문을 포함한 철저한 부모 면담입니다. 관찰하는 시간에는 자녀의 장점과 어려움 가운데 일부가 분명하게 드러나지 않을 수 있습니다. 따라서 부모인 당신이 집에서는 어땠는지를 전문가에게 자세히 알려주어야 합니다. ASD에는 두 가지 다른 증상이 있습니다. 첫째는 발달에 실패하는 보통 행동(예: 공감하기, 친한 친구 관계, 흉내 내기 놀이, 시선 접촉)이고, 둘째는 다른 어린이에게는 나타나지 않는 특이한 행동(예: 비디오를 따라 말하기, 집착적 관심사, 의례절차의 변화에 극심한 불안을 나타냄)입니다. 평가자가 현재 그들이 어떤지와 5세 이전에는 어땠는지에 관하여 구체적인 질문을 할 것입니다.

2.8.3 당신 자녀를 관찰함 *Observation of Your Child*

전문가는 당신 자녀를 관찰하고, 한동안 상호 작용하며, 인터뷰에서 당신에게 물어본 것과 같은 유형의 증상을 기록할 것입니다. 특정한 증상이 있으면, 관찰하는 동안 드러나도록 특정 상황을 설정할 수도 있습니다. 예를 들어 시선 접촉은 ASD 어린이에게 자주 부족한 것입니다. 단지 수줍음이나 기회 부족 탓이 아니라 ASD 때문에 시선 접촉이 제한된다는 것을 확실히 하려고 검사자가 시선 접촉을 노골적으로 부추기는 시나리오를 설정할 수 있습니다. 예를 들면 어린이가 도움이나 예상치 못한 어떤 일을 검사자에게 요청하도록 고장난 장난감을 주는 것 같은 설정을 합니다. 이러한 상황에서 보통 아이들은 거의 항상 눈을 마주칩니다. 비슷하게 검사자가 어린이에게 친숙한 이야기를 하라고 요청할 수도 있습니다. 보통 아이들은 자기가 말하는 것에 검사자가 관심이 있는지, 검사자가 자신의 이야기를 따라가는지 확인하려고 주기적으로 눈을 맞춥니다. 숙련된 평가자라면 상호성 범주를 정확히 조사하려고 어린이가 검사자를 공감해야 하는 특별한 기회를 만들 수도 있습니다. 어린이가 다른 사람에게 반응하거나 위로나 지지를 제공하는 능력을 측정하려고 검사자가 자신의 발가락을 찧은 척하거나 최근에 검사자에게 일어났던 슬픈 일(예: 아끼는 애완동물을 잃은 것 등)을 언급할 수도 있습니다.

대부분 경우에 부모와의 면담과 자녀를 직접 관찰하는 것만으로도 검사자가 자폐 스펙트럼을 진단하거나 배제할 수 있습니다. 이미 알겠지만 의학적 검사로 ASD를 진단할 수는 없습니다. 혈액을 채취하거나 염색체나 특정 화학 물질의 수준을 관찰하여 ASD가 있는지 알 수는 없습니다. 우리가 어린이의 뇌 사진(예: 자기공명촬영(MRI))을 찍을 수 있지만, 그것이 우리에게 어린이의 진단명을 알려주지는 않습니다. 3장에 나오지만 우리는 일부 ASD인 사람에서 몇 가지 뇌 이상을 발견했습니다. 하지만 모든(심지어 대부분) ASD인 사람에게 공통으로 나타나는 뇌 이상은 없었습니다. 나타난 뇌 이상 대부분은 ASD가 없는 사람에서도 발견될 수 있는 것이었습니다. 지금까지 ASD를 특정하는 생물학적 검사는 없습니다. 전문가는 이 장에서 설명한 특정한 행동들이 있는지를 보고 ASD를 진단합니다. 얼핏 들으면 이것이 문제처럼 느끼겠지만, 이것은 문제가 되지는 않습니다. DSM-5의 모든 장애는 (생물학보다는) 행동에 기초하여 진단되며, ASD는 이러한 장애에서 진단 신뢰도가 가장 높은 것 가운데 하나입니다. 즉, 여러 전문가가 같은 ASD 어린이를 보았을 때, ADHD와 같은 다른 병이 있는 어린이를 볼 때보다 일치된 진단이 나올 확률이 높습니다.

2.8.4 의학적 검사: 도움이 되지만 보통은 진단적이지 않습니다

Medical Tests: Informative But Not Usually Diagnostic

당신에게는 "실제로 진단하는 데 필요한 것이 아니라도, 특정 의학적 검사가 자녀의 평가에 도움이 될 수 있을까?"라는 의문이 있을 것입니다. 이 질문에 대한 답은 어린이마다 다양합니다. 어떤 어린이는 과거력상 위험 요인이나 사건이 있어 완전한 의학적 검사가 필요합니다. 예를 들어 ASD 어린이의 약 25%에는 간질이 있는데, 증상은 잠깐 집중을 놓치거나 멍하게 있는 것에서 온몸에 심한 경련이 일어나는 것까지 다양합니다. 간질은 ASD가 심한 어린이에게 더 흔하지만, ASD가 가벼운 사람에서도 일어날 수 있습니다. 간질을 시작하는 가장 흔한 시기는 학령전기와 청소년기입니다. 자녀가 간질일 수 있는 행동을 한 적이 있으면, 의사가 뇌파 검사(EEG)나 MRI(자기공명촬영) 같은 신경과적 검사를 지시할 것입니다. 당신 자녀가 이미 통과했던 발달 단계의 기술을 잃어버리는 경우(예: 말하기를 배웠는데, 나중에 말하는 능력을 상실함)에는 신경과적 검사를 하는 것이 맞을 것입니다. ASD인 사람 가운데 아주 일부는 fragile X 증후군 같은 확인할 수 있는 유전적 상태와 관련이 있습니다. 따라서 모든 어린이는 유전자 검사를 받아야 합니다. 자녀가 얼굴이나 손, 발, 피부에 특이한 것이 조금이라도 있으면, 의사에게 보여야 합니다. 예를 들어 피부에 갈색이나 흰색 출생 점이 여러 개 있거나, 귀가 크거나 특이하게 생겼거나, 외모에 다른 사소한 차이가 있으면, 추가적인 의학적 치료나 유전 상담이 필요한 유전적 상태가 자폐증의 원인일 수 있습니다. 당신의 형제나 조카, 조카딸, 다른 자녀를 포함하여 가계의 구성원에서 발달이 느리거나 특이한 경우가 있으면, 유전적 검사나 유전 상담을 하는 것이 옳을 것입니다.

2.8.5 심리검사 *Psychological Tests*

진단적이지는 않지만 도움이 되는 의학적 검사가 있는 것처럼, 진단에는 필요하지 않지만 어린이의 장점과 단점, 치료적 요구를 완전히 이해하는 데 크게 도움을 주는 행동검사나 심리검사가 있습니다. 진단 평가 가운데 가장 흔한 추가 심리 검사는 지능(즉, IQ) 검사입니다.

2.8.5.1 지능검사 Intelligence Tests

말할 수 있는 다섯 살 이상 어린이에게는 어린이를 위한 Wechsler Intelligence Scale(WISC, "whisk"라고 발음함)을 가장 많이 사용합니다. 이것은 세 개의 IQ 점수를 사용하는데, 첫 번째는 언어 지능을 측정한 것이고, 두 번째는 비언어 지능을 측정한 것이고, 세 번째는 둘을 결합한 것입니다. WISC는 DSM처럼 안정성을 높이고, 표준 점수를 업데이트하려는 목적으로 주기적으로 개정됩니다. 지금 것은 제4판이고, WISC-IV("whisk-four")라고 합니다. 당신 자녀가 열일곱 살 이상이면, 성인용 버전인 Wechsler Adult Intelligence Scale, Fourth Edition(WAIS-IV, "wace-four"라고 발음함)으로 검사받을 수 있습니다. 자녀가 여섯 살 미만이면, 초기 학습의 Mullen Scales of Early Learning, Stanford-Binet Intelligence Scale, Leiter International Performance Scale이나 다른 다양한 검사가 사용될 수 있습니다. 자녀가 학교에서 이런 검사 가운데 하나를 받은 지 일 년이 지나지 않았으면, 평가자가 재검사 대신 이미 한 검사의 점수를 다시 검토할 수도 있습니다(학교를 통한 검사는 무료이지만 그렇지 않은 검사는 돈이 듭니다). 의사가 과거 점수를 사용할 수 있도록, 의사를 만날 때면 되도록 과거 검사 기록을 가져가십시오.

자녀의 지능이 속하는 넓은 범위를 알면 가장 적절한 교육 개입을 계획할 수 있습니다. 따라서 자녀의 IQ 점수를 주의 깊게 보아야 합니다. ASD 어린이는 종종 검사 진행에 영향을 미치는 주의력과 동기 부여의 문제가 있어, IQ 검사에서 실제 능력보다 낮은 점수를 받기 쉽습니다. 또 IQ 점수는 모든 하위 검사의 "평균"을 반영하는데, ASD 어린이는 종종 하위 검사마다 능력 수준에 커다란 차이를 나타냅니다. 따라서 자녀의 능력을 진정하게 반영한다는 측면에서는 평균 점수의 의미가 크지 않을 수 있습니다. IQ 점수는 검사받는 시간에 일어난 어린이의 행동을 고려하여 해석해야 합니다. 어린이가 나이가 들고 검사를 더 잘 받게 되면, 점수도 바뀔 수 있습니다. IQ에는 세 가지 다른 점수가 있는데, 당신은 이것이 무엇인지 알아야 합니다. 각각의 언어나 비언어적 IQ 점수를 자녀 지능 잠재력의 절대 지표로 보면 안 됩니다. 종합된 전체 점수도 일상에서의 자녀 행동과 성취라는 넓은 맥락에서 고려해야 합니다. 이 맥락도 지능의 측정 기준입니다. ASD 어린이의 IQ 검사는 의사소통과 다른 사람과의 관계에 어려움이 없는 보통 어린이의 IQ 검사보다 정확도가 훨씬 떨어질 수 있습니다. 예를 들어 사회적 어려움이 있는 당신 자녀는 검사자의 강화("너는 열심히 하는구나!")에 신경 쓰지 않기에, IQ 검사에 최선을 다하도록 동기 부여가 잘 안 됩니다. 또 자녀의 특이한 말하기 스타일은 특정 검사에 걸림돌이 될 수 있습니다. 예를 들어 '장갑(glove)'이라는 단어를 정의하라는 요청을 받았을 때, ASD 어린이는 "추운 계절이 아니면, 유행이 아닌 손을 덮는 것"이라고 대답할 수 있습니다. 일반적인 대답은 "추울 때 손에 끼는 어떤 것"입니다. 첫 번째 정의는 IQ 검사 매뉴얼의 정답 옵션에 없는 것이라서 인정을 받지 못할 것입니다. 이러한 까닭으로 우리는 모든 부모에게, 특히 ASD 어린이의 부모에게 특정한 점수 숫자보다는 어린이의 점수가 속한 기능의 범위에 관심을 기울이라고 충고합니다. 예를 들면 당신 자녀는 "평균" 범위나 "우수" 범위, "경계선" 범위에서 기능한다는 말을 들을 것입니다. 모든 IQ 검사의 평균 점수는 100입니다. 점수가 70점 미만인 아이들은 지능적으로 장애가 있다고 간주합니다. 점수가 70에서 80 미만은 "경계선" 범위이고, 80에서 90 미만은 "평균 이하" 범위이고, 90에서 110 미만은 "평균" 범위이고, 110에서 120 미만은 "평균 이상" 범위이고, 120에서 130 미만은 "우수" 범위이고, 130 이상은 "최우수" 범위입니다. 자녀가 평균보다 아래에 있으면 학교에서 추가 도움이 필요할 수 있습니다(7장에서 이 주제를 자세히 다룹니다). 어떤 IQ 패턴은 학습 장애가 있거나 추가 검사가 필요할 수 있습니다.

앞에서 말한 것처럼 검사자는 결과를 해석하여 적어도 세 가지 IQ 점수를 전달하는데, 모두 같은 척도(평균 100)로 기술됩니다. 언어성 IQ 점수는 언어가 필요한 과제(예: 단어의 뜻을 정의하기, 일련의 숫자를 기억하기, 두 사물이 어떤 관계가 있는지 설명하기 등)를 얼마나 잘 수행했는지를 나타냅니다. 동작성 IQ 점수는 언어가 필요하지 않고 시공간 기술에 의존하는 과제(예: 퍼즐 맞추기, 미로에서 길 찾기, 논리 정연한 이야기를 하려고 카드를 배열하기 등)를 얼마나 잘 수행했는지를 나타냅니다. 또 이 두 점수를 합친 것이 전체 척도 IQ 점수인데, 이것은 언어와 비언어적 과제 모두에서의 전반적인 기능을 나타냅니다. 세 가지 점수가 비슷해, 언어와 비언어적 과제에서 잘하는 정도가 똑같을 수도 있습니다. 하지만 한 검사에서는 높은 수행 능력을 보이지만, 다른 검사에서는 낮은 수행 능력을 보일 수도 있습니다. 이럴 때는 전체 척도점수가 두 극단 사이 어딘가에 있을 것입니다.

2.8.6 추가 검사 *Additional Tests*

당신 자녀의 평가에는 (1) 자녀가 얼마나 잘 읽고, 철자를 잘 쓰며, 수학 계산을 잘하고, 글을 잘 쓰는지 등을 검사하는 학습능력검사, (2) 말하기와 언어 검사, (3) 기억과 공간 처리 능력 등을 보는 신경심리검사, (4) 운동과 감각 문제에 관한 작업 치료 평가 등이 포함될 수 있습니다. 평가를 수행하는 팀이 얼마나 포괄적인지에 따라 많은 다른 것이 포함됩니다. 이 모든 것은 자녀의 완전한 모습을 나타내는 데 어느 정도 관심이 있는 영역입니다. 하지만 부모와 전문가는 재정 상태와 같은 현실적 제약과 포괄적 검사를 하고 싶은 욕구 사이에서 저울질해야 합니다. 전문가가 적절하게 훈련받았으면 부모를 면담하고 자녀를 관찰하는 것만으로도, 이러한 부가적인 검사가 없는 빠른 평가만으로 정확히 진단할 수 있습니다. 추가 검사가 없어도, 올바른 질문을 하고 행동의 여러 측면을 제대로 주목하는 경험 많은 전문가는 ASD의 징후를 쉽게 구별할 수 있습니다. 당신 자녀를 평가할 의사나 팀을 만나면 ASD 어린이를 얼마나 많이 진료했는지 꼭 물어보십시오. 또는 당신이 사는 주(state) 자폐 협회에 연락하여 경험 있는 전문가를 소개받으십시오. 인터넷에 주(state)별로 자격을 갖춘 의사 목록이 있는 웹 사이트가 있습니다.

2.9 진단 후
AFTER THE DIAGNOSIS

자녀가 처음 ASD 진단을 받으면, 부모는 충격이나 슬픔, 부인(denial)이라는 한쪽 극단에서 안도감과 심지어 행복함이라는 다른 쪽 극단까지 폭넓은 반응을 경험합니다. 더 흔하게는 부정적 감정과 긍정적 감정이 섞여 나타납니다. 많은 부모가 오랫동안 자녀에게 다른 점이 있다는 것을 알았고, 이것에 관한 설명을 적극적으로 찾았습니다. 하지만 그들은 실제로 잘못된 것이 없고, 부모의 두려움은 근거가 없는 것으로 판명되기를 희망합니다. 부모는 진단명(label)이라는 낙인과 자녀의 미래, 독립적으로 살고 행복해질 자녀의 능력을 걱정합니다. 부모는 자녀에 대한 기대를 바꾸거나 자녀를 다르게 대해야 하는지를 궁금해합니다. 하지만 진단을 받아야 개입과 지원의 가능성이 생깁니다. 어떤 상태가 이름이 있을 만큼 흔하다면, 알려진 치료 방법이 있을 겁니다. 또 틀림없이 이런 상태인 다른 사람도 있을 것입니다! 당신이 가정에서 겪는 일을 정확히 알고, ASD와 함께 살며 즐거워할 방법에 관해 훌륭한 아이디어가 있는 다른 부모를 만날 것입니다. 당신은 자녀가 왜 그렇게 하는지, 무엇이 자녀에게 동기 부여를 하는지, 무엇이 자녀를 재미있게 하는지, 자녀에게는 무엇이 어려운지 또 왜 어려운지를 이해하게 될 것입니다. 진단을 받으면 당신은 자녀의 관점을 공유할 수 있고, 특별한 자녀의 눈으로 세상을 볼 능력이 어느 정도 생깁니다. 다음은 두 부모가 나눈 이야기입니다.

"다른 부모처럼 우리도 아들 Clark에게 큰 희망을 품었습니다. 첫 두 아이는 잘 자랐고, Clark도 자연스럽게 그들의 발자취를 따라갈 거로 생각했습니다. 하지만 18개월이 지나면서 뭔가 빠졌다는 것이 분명해졌습니다. Clark는 행복한 아기였지만, 말하거나 걷지 않았습니다. 그 두 가지 발달상의 이정표는 무시하기 어려운 것이었습니다. 그래서 우리는 전문가가 있는 토끼굴 아래로 펼쳐진 모험(역주: 이상한 나라의 앨리스를 비유)을 시작했습니다. 그는 듣는 데 장애가 있을까요? 그는 뇌성마비일까요? 그는 단순히 늦되는 아이일까요? 처음에는 일어날 수 있는 일이 끝없이 많은 것처럼 보였습니다. 하지만 일 년 반을 찾아다닌 끝에 ASD를 알게 되었습니다. 진단명, 즉 연구할 수 있고, 이해할 수 있고, 마침내 받아들일 수 있는 것을 가져서 안심이 되었습니다. 하지만 동시에 우리의 직감이 옳았다는 것, 즉 무언가 '잘못' 되었고, 그것은 슬프고 무서운 것이며, 모든 면에서 평생 간다는 걸 듣는 것은 괴로운 일이었습니다. 시간이 지나며 우리는 Clark의 진단을 받아들이고, 심지어 기꺼이 수용하게 되었습니다. 우리는 기대를 줄이는 방법뿐 아니라 두려움을 통제하는 법을 배웠습니다. 그는 말하거나 걷거나 읽거나 친구를 사귈 수 있을까요? 모두 '예' 로 판명되었습니다. 우리가 기꺼이 택한 길은 아니었지만, 우리는 단지 조금 더 걸려 도달한 이 모든 이정표에 커다란 자부심을 느낍니다."

"ASD를 진단받은 날 Timmy는 일곱 살이 되었습니다. 마침내 우리 아들을 그렇게 다르게(특별하게) 만든 것을 발견하려는 소모적인 탐색이 끝났습니다. 우리는 안도감에 휩싸였습니다. 결국 우리는 답을 찾았습니다. 우리의 오랜 여행에 방향과 목적을 줄 답이었습니다. 이제 우리는 ASD를 배우는 일에 모든 노력을 기울일 수 있을 겁니다. 이제 우리의 의사와 치료자는 똑같은 목표를 가질 것입니다. 우리는 먼 거리를 여행했지만, 실제로 우리는 여정을 막 시작했습니다. 우리는 심지어 기뻤습니다. 의사는 우리가 미쳤다고 생각했습니다."

2.10 내 아이에게 무엇을 말해야 하나요?
WHAT SHOULD I TELL MY CHILD?

부모는 종종 자녀와 이야기를 공유하는 것에 관해 묻습니다. 첫 번째는 대개 "우리가 자녀에게 말해야 합니까?"입니다. 이 질문에 대한 답은 자녀의 나이와 기질, 기타 생활 여건에 따라 다르겠지만, 보통은 "예, 어느 시점에."입니다. 이러면 다음 질문은 "언제?"입니다. 당신 자녀가 ASD에 관해 들을 준비가 되었는지를 아는 가장 좋은 방법은, Joseph가 "아무도 나를 좋아하지 않아요."라고 부모에게 말했을 때처럼, 자녀가 자신이 다른 사람과 다르다는 인식을 표현하는지(특히 우려의 목소리를 내는지) 보는 것입니다. 우리가 진단하는 학령기 어린이는 거의 모두 자신이 다른 사람과 다르다는 것을 잘 인식합니다. 또 일부는 Joseph처럼 이런 사실을 걱정하지만, 다른 어린이는 그렇지 않습니다. 하지만 대부분은 자신이 다른 아이와 다르다는 것을 기꺼이 제대로 말할 수 있습니다. 많은 ASD 어린이가 이것을 지독한 결함이 있기 때문이라고 생각합니다. "저는 안 좋은 뇌를 가졌어요."라고 한 소년이 나(Sally Ozonoff)에게 말했습니다. 이 소년에게는 오랫동안 숨겨왔던 자신에 대한 걱정이 있었습니다. 이 소년에게는 자신이 ASD란 것을 안 것이 엄청난 위안이었습니다. 나는 소년에게 "맞다. 너는 다르지만, 너의 다른 점은 아주 특별하단다."라고 말했습니다. 다른 점에는 그가 정말로 잘하는 것뿐 아니라 잘하지 못하지만 도움을 받을 수 있는 것이 포함됩니다.

이것은 우리에게 세 번째 쟁점을 줍니다. 그 이야기를 어떻게 공유할지입니다. 이것은 당신 자녀뿐 아니라 형제나 조부모, 친구, 이웃에 ASD에 관해 알려주는 것과도 관련이 있습니다(성인기에 진단명을 공개하는 것은 9장에 자세히 나옵니다). 어린이의 장점과 특별한 기술을 강조하며, 진단 결과를 긍정적인 방식으로 표현해야 합니다. ASD의 일부분인 여러 어려움을 다루면서, 우리는 종종 학습 장애와 ASD를 비교하는 것이 도움이 된다는 것을 발견합니다. 당신은 자녀에게, 읽기나 산수, 주의를 기울이고 자리에 앉는 것을 어려워하는 친구를 아느냐고 물을 수 있습니다. 우리 대부분에는 어떤 단점이 있다는 것을 강조하십시오. 어떤 친구는 안경을 쓰고, 어떤 친구는 시각장애인용 흰지팡이를 가지고 걷고, 어떤 친구는 빨리 읽지 못하고, 어떤 친구는 운동장에서 아주 서투릅니다. 하지만 그들이 모든 것을 못하지는 않습니다. 그들이 잘하는 많은 것이 있습니다. 당신은 다음과 같이 말할 수 있습니다. "너의 반에 잘 읽지 못하는 그 여학생은 수학을 괜찮게 할 수 있고, 친구가 많고, 운동을 잘해. ASD가 있는 너도 그래. 너는 친구 사귀기, 다른 사람의 눈을 똑바로 보기, 대화에서 무엇을 말하면 좋을지 알기[자녀가 인식하는 특정한 어려움을 선택하십시오]에서 어려움을 겪어. 하지만 너는 기억력이 뛰어나고, 반에서 철자 맞히기를 가장 잘하고, 컴퓨터를 잘하고, 미국의 대통령과 브라질에 관해 많이 알아." 다양성이란 훌륭한 것이고, 우리에게 남과 "다른" 사람이 있는 것은 아주 바람직한 일이란 걸 자녀가 이해하도록 도와주십시오(Liane Willey의 책 'Pretending to Be Normal(아스퍼거 증후군이 아닌 척하다))' 에는 다른 사람에게 ASD를 설명하고, 자신이 ASD라는 말을 누구와 언제, 어떻게 공유할지를 선택하고, 반응을 다루는 것을 돕는 부록이 있습니다).

당신과 자녀를 위해 ASD의 특성을 기꺼이 받아들이는 과정을 시작하십시오. 이것이 당신 자녀의 있는 그대로 모습이기 때문입니다. ASD의 증상을 제거한다면 당신의 특별하고 사랑스러운 아이가 사라질 것입니다. 맞습니다. 똑같은 문제를 지니지 않을 뿐 아니라, 똑같은 성격과 독특한 특징, 장점을 지니지 않는 어떤 아이로 대체될 것입니다. ASD와 함께 사는 것에는 많은 어려움이 있지만, 당신이 소중히 여길 만한 독특하고 커다란 보람도 있다는 걸 알게 될 것입니다.

자폐 스펙트럼 장애의 원인
Causes of ASD

Seth의 엄마가 그를 임신했을 때 별다른 사건이 없었고, 출산할 때도 별다른 합병증이 없었습니다. Seth의 엄마는 그가 10개월이 될 때까지 아들의 발달을 걱정하지 않았습니다. 10개월 무렵에 그녀는 Seth가 비슷한 나이의 다른 아기처럼 옹알이하지 않는다는 것을 알아차렸습니다. Seth는 영아와 유아일 때 중이염과 기침 감기를 많이 앓았습니다. 엄마는 이것이 Seth의 ASD와 관련이 있는지 늘 궁금했습니다.

Chad는 두 번째 생일 몇 달 전까지만 해도 정상 아기처럼 보였습니다. 그때 Chad는 다른 사람에게 관심을 잃은 것처럼 보였고, 배웠던 몇 단어를 말하는 것도 멈췄습니다. 나중에 가족은 당시에 다른 집으로 이사하며 생긴 스트레스와 ASD 발병이 관련이 있는지 궁금해했습니다. 관련이 있었을까요?

Lauren의 엄마는 임신 기간에 아주 힘들었습니다. 그녀는 고혈압을 앓았고, 6주 동안 침대에서 안정을 취해야(total bed rest) 했습니다. 양수는 적었고, 태아는 거의 움직이지 않았습니다. 의사는 태아가 스트레스받을 것을 걱정하여 Pitocin을 투여하며 한 달 일찍 진통을 유도했습니다. Lauren은 겨우 2.3kg 몸무게로 태어났습니다. Lauren은 태어날 때 심폐소생술을 받았고, 2주 동안 산소 공급을 받으며 입원

했습니다. Lauren에게 이러한 합병증이 일어난 것은 우연일까요? 아니면 Lauren의 어려움과 관련이 있을까요?

앞에 있는 세 가지 사례는 몇 가지 핵심적인 사항을 강조합니다. 첫째, ASD 어린이에게는 고유한 발달력이 있어, 초기 발달 과정의 어떤 특정한 요인이 자폐증에 기여했을지를 아는 것은 어렵습니다. 그런 요인이 있다고 해도 가려내기 어렵습니다. 둘째, 부모가 힘든 임신 과정이나 이사 같은 특정한 사건과 자녀의 ASD 발병을 연결하는 것은 자연스러운 일입니다. 하지만 우리는 비슷한 사건을 경험한 대부분 어린이에서 ASD가 발병하지 않는 것을 압니다. 어린이에게 왜 ASD가 생겼는지 설명할 수 있는 단일 요인을 아는 것은 (불가능하지는 않더라도) 어렵습니다. 하지만 과학 연구는 ASD의 원인에 관해 어느 정도 일반적인 답을 하기 시작했습니다. 이 장에서 이런 지식을 검토할 것입니다. ASD에게는 생물학적 기원이 있으며, 부모와 자녀의 양육 관계나 다른 정신사회적 원인 탓이 아니라고 말하는 분명한 증거가 있습니다. ASD에 단일 원인이 없다는 것도 분명한 사실입니다. ASD는 심각 정도가 다양한 스펙트럼이며, 사람마다 유전과 환경 요인의 조합을 포함하는, 서로 다른 기저 원인이 있습니다.

3.1 자폐 스펙트럼 장애의 뇌
BRAIN DIFFERENCES IN ASD

1943년에 Kanner 박사가 처음 자폐증을 기술했을 때, 그는 장애가 있는 어린이는 사람들과 유대관계를 맺는 데 선천적인 어려움을 지니고 태어난다고 했습니다. 20세기 중반에는 대부분 의사가 정신분석적 전통에서 훈련받았는데, 이 전통은 모든 행동 문제와 정신질환을 초기 아동기의 경험 탓으로 보았습니다. 따라서 자폐증을 생물학보다는 사회 환경에 의한 것으로 의심했습니다. Kanner 박사는 이러한 생각에 영향을 받았습니다. 나중에는 Kanner를 비롯한 여러 사람이 자폐증을 부모 탓으로 돌렸습니다. Kanner 등은 "냉장고 엄마들"이라는 표현을 쓰며 감정적으로 차갑고 거절적이라 자녀들이 안전한 자폐라는 "고치로" 도피한다고 했습니다. 그런데 이러한 견해는 1964년에 Berna Rimland 박사가 '유아기 자폐증: 그 증후군과 그것의 행동 신경이론에서의 의미'를 출간한 다음에 신뢰를 잃기 시작했습니다. 이 책에서 저자는 양육 환경이 원인이라는 이론을 공격하고, 이것을 뒷받침할 연구 자료가 전혀 없다고 지적했습니다. 그는 자폐증은 뇌가 작동하는 방식의 차이로 일어난다는 것을 처음으로 제시했습니다. 이것은 많은 연구가 ASD 환자의 뇌에 나타나는 차이에 초점을 맞추도록 자극했습니다.

지금까지 수집된 정보의 출처를 이해하려면, 뇌를 연구하는 데 사용하는 방법을 알아야 합니다. 자기공명영상(MRI) 같은 구조적 영상은 뇌의 해부학적 사진과 뇌를 연결하는 섬유를 포함한 구조를 보여줍니다. 사후 또는 부검 연구는 죽은 사람의 뇌를 조사합니다. 이런 방법으로 과학자는 뇌를 훨씬 자세하게 볼 수 있습니다. MRI는 수백만 개의 뉴런으로 이루어진 커다란 구조를 볼 수 있지만, 부검 연구로는 개별 뇌세포(뉴런)를 조사할 수 있습니다. 기능적 MRI (fMRI)를 포함한 기능 영상은 뇌가 작동하는 방법을 측정합니다. 예를 들어 사람이 어떤 과제에 참여하는 동안에 일어난 혈류의 패턴을 연구하면, ASD가 없는 사람만큼 ASD인 사람에게서 뇌의 같은 부분이 활동적인지(또 효율적으로, 열심히 작동하는지)를 알 수 있습니다. 그림 1은 뇌의 주요 구조와 그들이 사회 행동에 미치는 영향을 보여줍니다.

3.1.1 부검 연구 *Autopsy Studies*

부검 연구는 ASD 환자의 뇌에서 몇 가지 차이를 밝혀냈습니다. 첫째, 사회 및 정서적 행동(편도체)과 학습(해마)을 지원하는 뇌 부분에 지나치게 많은 뇌세포(뉴런)가 있다는 것을 발견했습니다. 더욱이 이 세포들은 다른 세포보다 작고, 단단히 뭉쳐있습니다. 이것은 그들이 올바른 모양과 공간을 갖지 못한 탓에 다른 뇌세포와 연결되어 충분한 기능을 수행할 수 없다는 뜻입니다. 또 부검 조사는 소뇌라고 불리는 뇌의 다른 부분에 뇌세포가 현저히 적다는 사실을 밝혀냈습니다. 소뇌는 운동 기능의 조화와 인지 활동에서 중요한 역할을 합니다. 이런 발견은 아주 흥미로운 것이었습니다. 하지만 비교적 적은 수의 뇌(약 25개)를 이용한 연구에 기초했고, 조사한 모든 뇌에서 이런 사실이 발견되지도 않았습니다. 따라서 우리는 ASD 환자에서 이러한 두뇌 차이가 얼마나 흔한지 확신할 수 없습니다. 또 연구한 거의 모든 뇌는 자폐증과 지적 장애가 중증인 사람의 것이었고, 간질이 있는 사례도 있었습니다. 따라서 경증인 ASD 어린이와 청소년도 이런 결과와 관련이 있는지는 아직 확실하지 않습니다.

〈그림 1〉 사회적 두뇌 시스템(Robert T. Schultz의 허락을 받고 인용함)

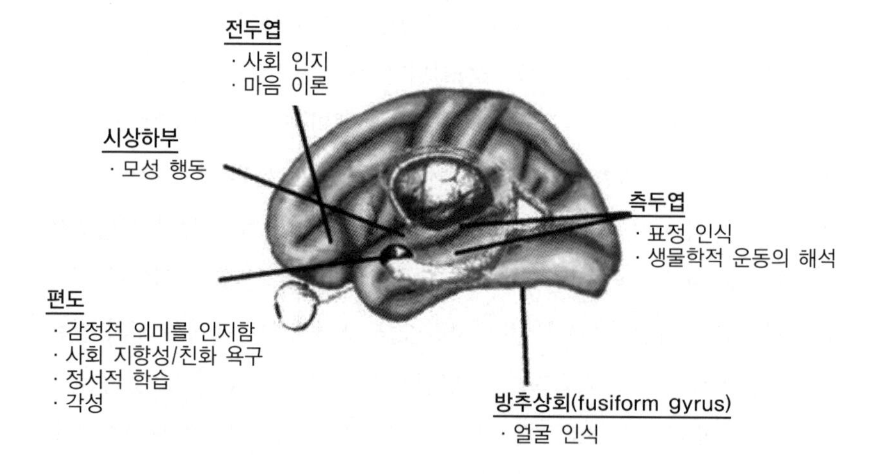

3.1.2 구조적 영상 연구 *Structural Imaging Studies*

이 연구 방법으로 보통 사람과 비교할 때, ASD 환자의 뇌에서 다양한 차이를 발견했습니다. (모든 사람에게서) 발견한 한 가지 차이는 뇌 조직 대신에 액체가 들어 있는 뇌실입니다. 일부 연구는 몇몇 ASD인 사람은 뇌실이 보통 사람보다 커서 뇌실 주변의 뇌 조직이 손실되었다고 밝혔습니다. 하지만 이러한 소견은 ASD에만 국한된 것이 아닙니다. 여러 가지 다른 증후군에서도 발견되었습니다. 뇌실 확장은 ASD 특유의 것이 아니라 뇌가 비정상이라는 표시로 보입니다.

어떤 연구는 ASD 어린이는 뇌가 발달하는 방식에 차이가 있고, 이러한 차이는 삶의 아주 초기에 나타난다고 밝혔습니다. ASD 어린이에서는 대체로 학령전기에 뇌가 커집니다. 특히 전두엽과 측두엽이 그렇습니다. 이러한 뇌 영역은 사회 기능과 언어 기능에 관여하는 것으로 알려져 있습니다. 하지만 초등학교 초반기부터 뇌 성장의 속도가 줄어들기 시작합니다. 성인이 되면 ASD 환자의 뇌 크기가 보통 사람과 다르지 않습니다. 이러한 특이한 두뇌 성장 패턴은 뇌의 개별 세포(뉴런)의 발달과 관련이 있을 수 있습니다. 정상적인 뇌 성장과 발달에도 처음에는 뉴런이 과다하게 생산되고 뉴런 사이에 연결이 이루어지는 기간이 있습니다. 이러면 뇌가 실제로 필요한 것보다 많은 세포를 키우고, 많은 연결을 만듭니다. 나중에는 그런 뉴런 가운데 대부분이 죽고, 사용되지 않는 뉴런의 연결은 도태됩니다. 일부 과학자는 ASD인 사람 가운데 뇌 크기가 큰 경우는 "가지치기(pruning)" 기전이 실패한 것을 나타낸다고 믿습니다. 이것은 뇌에 배경 "소음(또는 잡음)"이 많아 뇌가 효율적으로 기능하는 걸 방해한다는 뜻일 수 있습니다. 지금은 이것이 가설일 뿐입니다. 아직은 우리는 뇌가 커지는 원인이 무엇이고, 이것이 어떻게 ASD 환자의 뇌 기능에 영향을 미치는지를 모릅니다.

최근 연구는 ASD가 진단되기 전에도 뇌 발달의 구조적 차이를 확인할 수 있다고 말합니다. 연구자는 ASD 발생 위험이 있는(ASD인 형제가 있는) 영아 집단을 추적하여, 나중에 ASD로 발달한 6~12개월 아이에서 뇌의 한쪽과 다른 쪽을 연결하는 섬유로(fiber tract, 백질이라고도 함)가 비정형적인 발달을 보인 것을 발견했습니다. 사회적 상호 작용과 언어와 같은 복잡한 행동을 하려면 뇌의 여러 부분이 함께 작동해야 하기에, 이런 연결이 중요합니다. 뇌가 발달하면서 섬유로를 통해 뇌의 여러 부분이 기능적으로 연결됩니다. 이러한 연결이 정상적으로 발달하지 않는다면, 이것이 ASD인 사람이 사회 기술과 언어 기술에 어려움을 겪는 이유를 설명하는 데 도움이 될 수 있습니다.

3.1.3 뇌가 작동하는 방법에 관한 기능적 영상을 비롯한 여러 연구 *Functional Imaging and Other Studies of How the Brain Works*

ASD인 사람과 ASD가 없는 사람에서 뇌의 다음 두 영역이 다르게 작동하는지가 연구의 초점이었습니다.

3.1.3.1 전두엽 Frontal Lobes

ASD는 항상 사회성 결핍이나 반복 행동과 관련이 있습니다. 따라서 이러한 기능을 제어하는 뇌 영역은 신경 영상 연구의 초점이었습니다. 1970년대 후반에 Antonio Damasio와 Ralph Maurer라는 미국 신경과 의사가 자폐증 환자와 전두엽(두뇌 앞의 영역, 눈과 이마 바로 뒷부분) 손상 환자의 행동에는 비슷한 점이 있다는 논문을 발표했습니다. 두 그룹 모두 감정을 조절하는 데 어려움이 있었고, 작은 변화에 크게 화를 냈고, 강박적으로 행동했고(상황이 "꼭 그렇게" 되기를 바라며), 문제를 해결하는 데 융통성이 없었고, 구체적이고(concrete) 흑백 논리적인 방식으로 상황을 보았습니다. 이런 연구로 전두엽이 올바르게 발달하지 않으면 자폐증이 생길 수 있다는 이론이 만들어졌습니다. 이 이론은 오늘날까지도 영향력이 있습니다. 기능적 영상 연구는 ASD 환자의 전두엽에서 보통 사람과 다른 작동을 발견했습니다. 예를 들어 ASD 환자에서는 전두엽의 혈류와 전기 활동(뉴런의 전기 점화)이 적습니다. 이것은 전두엽이 보통 사람만큼 활발하지 않다는 뜻입니다. ASD가 없는 사람이 어떤 요청을 수행하려면 보통 여러 뇌 영역이 필요합니다. 어떤 연구는 ASD인 사람이 과제를 수행할 때 전두엽이 뇌의 다른 부분과 잘 협응하지 않는다는 것을 발견했습니다. 정상인과 전두엽 손상이 있는 사람을 대상으로 한 연구에서는 전두엽이 계획과 융통성, 조직화, 행동 통제, 추론에 중요한 역할을 한다는 것이 밝혀졌습니다. ASD인 사람에게서 전두엽이 제대로 작동하지 않는다면, ASD의 몇 가지 증상을 설명할 수 있을 것입니다.

3.1.3.2 측두엽 Temporal Lobes

ASD에서 두 번째로 중요한 영역은 뇌의 양옆(대충 귀 높이)에 있는 측두엽입니다. 측두엽에서 ASD 발생과 관련이 있는 것으로 보이는 부분은 뇌의 중심에서 가장 가까이 있는 안쪽 가장자리입니다. 이 영역을 내측(또는 중간) 측두엽이라고 합니다. 이 영역의 구조물 가운데 일부는 편도와 해마를 포함합니다. 이곳은 자극의 감정적 의미(예: 성난 표정)를 인지하고, 감정과 표정을 해석하고, 다른 사람이 어느 곳을 보는지 인지하고, 기억하는 데 중요한 역할을 합니다. ASD에 관한 일부 부검 및 구조적 MRI 연구에서는 측두엽의 차이가 나타났습니다(예: 삶의 초기에 측두엽이 정상보다 크거나, 수가 많으며 크기가 작고 빽빽한 뉴런). 우리 가운데 둘(Geraldine Dawson과 James C. McPartland)이 한 연구를 비롯한 여러 연구에서, ASD인 사람은 얼굴 인식과 표정 식별처럼 측두엽이 관여하는 처리 과정을 포함한, 사회 정보의 기본 측면을 처리하는 데 문제가 있는 것으로 나타났습니다. Simon Baron-Cohen 박사팀은 1999년에 발표한 연구에서 ASD가 있는 사람과 없는 사람에게 눈(eyes) 사진을 보여주며 뇌 기능을 측정했습니다(fMRI를 사용). 실험 대상이 할 일은 눈이 어떤 감정을 전달했는지 결정하는 것이었습니다. 연구팀은 ASD가 없는 성인은 주로 편도와 전두엽에 의존하여 작업을 수행한다는 것을 발견했습니다. 즉, 눈으로 전달되는 사회적, 감정적 정보를 처리하는 데 이 두 영역이 중요한 것으로 보였습니다. 하지만 ASD인 성인은 정상인보다 전두엽을 훨씬 적게 사용했고, 눈 사진을 볼 때 편도를 전혀 "켜지" 않았습니다. 대신 정상인에서는 활성화되지 않는 뇌의 다른 부분을 사용했습니다. 예일대학의 Dr. Robert Schultz가 주도한 연구에서는 ASD인 사람은 얼굴을 볼 때, 정상인이 물체를 이해할 때 사용하는 뇌 부분을 썼습니다. Dawson과 그의 동료는 몇몇 아주 어린(3~4살) 자폐 어린이에서 친숙한 얼굴은 인식하지 못하지만, 친숙한 물건은 정상적으로 인식하는 것을 발견했습니다. 이런 연구 결과는 다른 사람의 얼굴 정보를 해석하는 기능을 맡는 뇌 시스템은 생애 초기부터 가동되며, 얼굴 정보 처리 결손은 자폐증에서 두뇌 발달이 비정상적이라는 것을 나타내는 한 가지 초기 지표일 수 있다는 뜻입니다. 이것은 당신 자녀가 당신을 인지하지 못한다는 뜻이 아닙니다. 당신 자녀가 당신을 인지할 때 얼굴 특징보다 다른 단서(예: 터치나 음성)에 의존할 수 있다는 뜻입니다.

이러한 결과는 뇌의 중요한 부위가 정상적으로 작동하지 않아서 ASD인 사람이 눈을 덜 마주치고, 다른 사람의 감정과 생각, 의도를 이해하는 데 어려움을 겪는다는 것을 제시합니다. ASD인 사람은 누군가의 눈이나 얼굴이 무엇을 전달하는지 알아낼 때도 보통 사람과는 다른 방식으로 알아냅니다. 이런 방식은 효율성이 떨어지거나 시간이 더 걸릴 수 있습니다. 그림 1의 두뇌 그림에서 보듯이, 수많은 두뇌 영역이 사회 행동에 관여합니다. 많은 연구자가 ASD인 사람이 사회적 관계를 맺는 데 겪는 어려움을 설명하는, 복잡한 뇌 시스템에서 적절하게 기능하지 못하는 부분을 활발하게 발견하고 있습니다.

3.1.3.3 뇌 영역 연결 방식

Differences in the Connections among Brain Regions

앞에서도 말했지만 구조 영상 연구는 ASD인 사람에게 뇌의 서로 다른 영역을 연결하는 섬유로(즉, 백질)가 정상적으로 발달하지 않았다는 것을 발견했습니다. 기능적 영상을 사용한 연구도 ASD가 뇌 연결의 비정상 패턴과 관련이 있다는 생각을 지지합니다. 연구자들은 뇌에서 전기적 활동을 측정하고 fMRI를 사용하여 ASD인 사람이 언어와 같은 복잡한 과제를 수행할 때, 언어 처리에 필요한 두뇌의 여러 영역이 동기화된 방식으로 기능하지 않는다는 것을 보여주었습니다. 이것은 빠르고 복잡한 언어와 사회 정보를 이해하고 응답하도록 요구받았을 때, 고기능 ASD인 사람조차 제대로 수행하는 것이 어려운 까닭을 설명하는 데 도움이 됩니다. 흥미롭게도 이러한 특이한 뇌 연결 패턴은 ASD인 사람의 특별한 재능과 장점을 설명하는 데도 도움이 됩니다. 시각적 세부 사항을 기억해 내는 능력 같은 이러한 재능과 장점은 뇌의 한 영역에 특화된 전문성과 관련이 있습니다.

3.1.4 요약 *Summary*

한때는 부모의 양육 환경을 ASD의 원인으로 여겼습니다. 하지만 이후로 ASD의 뇌 차이를 연구하는 분야에서 많은 진전이 있었습니다. 반복된 연구로 ASD 환자에서 뇌의 차이를 발견했습니다. 이러한 차이는 생애 초기에 나타나며, 사회적 상호 작용과 같은 복잡한 행동의 결함을 비롯한 ASD와 관련된 어려움과 장점을 설명하는 데 도움을 주었습니다. 영상 도구는 빠른 속도로 정교해졌습니다. 또 앞으로도 더 발전할 것입니다, 방금 말한 연구 대부분은 10년 전 기술을 사용했기에 뇌의 가장 분명한 차이만을 확인할 수 있었습니다. 앞으로 10년 동안에는 발전한 기술을 사용하여 ASD 환자의 뇌 차이와 발병 경로에 더 많은 답을 찾을 것입니다. 이것과는 대조적으로 유전자가 어떻게 ASD 발달에 기여하는지에는 이미 많은 진전이 있었습니다.

3.2 자폐 스펙트럼 장애의 유전
GENETIC INFLUENCES IN ASD

1970년대에 뛰어난 정신과 의사 두 명이 ASD에 미치는 유전적 영향을 연구하는 시대를 열었습니다. Michael Rutter 경은 영국의 유명한 소아정신과 의사로, ASD를 비롯한 아동기 장애 연구에 기여한 공으로 영국 여왕에게 기사 작위를 받았습니다. Dr. Susan Folstein은 미국의 유명한 소아정신과 의사로 자폐증의 유전에 관해 많은 논문을 발표했습니다. 두 과학자는 자폐아의 형제에서 자폐증이 일어난 비율이 낮지만, 일반 인구보다 훨씬 높다는 사실에 주목했습니다. 이것은 자폐증에 대한 유전적 기여 연구라는 새로운 분야의 탄생으로 이어집니다. 지금은 (모두는 아닐지라도) 대부분 가계에서 유전(genetics)이 이런 상태의 발달에 어느 정도 기여한다는 증거가 많습니다. 안타깝게도 자폐증의 유전적 특성을 모두 풀어내기는 쉽지 않습니다. 우리는 이제 수백 가지 유전자가 ASD의 발생 위험을 높이는 데 관여하고, 가계(families)마다 유전자 묶음이 다르다는 것을 압니다. 또 유전자는 단지 ASD 발생에만 관여하는 것이 아니라 폭넓은 영향을 미치는 것으로 보입니다. 언어 지연이나 학습 장애 같은 다양한 다른 상태도 ASD 어린이의 가족력 탓으로 보이며, 모두 같은 유전자가 원인일 수 있습니다. 따라서 ASD는 이러한 유전자가 낳은 몇 가지 가능한 결과 가운데 하나일 뿐입니다.

ASD에 유전적 근거가 있다는 또 다른 증거는 쌍둥이 연구에서 나왔습니다. 연구 결과 유전자 절반만 공유하는 이란성 쌍둥이보다 모든 유전자를 공유하는 일란성 쌍둥이에서 형제 가운데 한 명에 자폐증이 있으면, 다른 한 명에도 자폐증이 있을 확률이 훨씬 높았습니다. 또 연구는 쌍둥이 가운데 한 명에 완전히 진행된(full-blown) ASD가 있으면, 다른 한 명도 ASD 진단 기준에는 못 미치지만 임상적으로 의미가 있는 언어나 인지, 사회적 어려움을 나타낼 확률이 높은 것을 보여주었습니다. 현재 많은 과학자가 관련 유전자가 ASD 자체를 일으키지 않더라도 다양한 언어와 사회적 차이를 일으키며, 이러한 차이의 극단적인 형태가 ASD라고 믿습니다.

알려진 유전 질환을 지닌 일부 어린이에게 ASD가 있다는 것은, ASD에 유전적 기원이 있을 수 있다는 근거를 제공합니다. fragile X 증후군과 결절성 경화증은 유전자 검사로 쉽게 진단할 수 있는 유전적 상태입니다. 이런 상태를 일으키는 DNA의 특정한 돌연변이는 이미 알려진 것입니다. 아이가 태어나기 전에 두 질환을 진단할 수 있고, 이런 유전적 돌연변이가 있는, 임신하려는 부부와 상담할 수도 있습니다. fragile X 증후군과 결절성 경화증을 앓는 어린이 가운데 일정 비율이 자폐증 증상을 보입니다. 따라서 이 질환을 일으키는 유전자가 ASD 발병에도 관여한다고 생각합니다. 현재 일부 사례에서는 ASD 발병에 기여하는 것으로 알려진 단일 유전자를 확인할 수 있습니다. 따라서 미국 소아청소년과 학회는 ASD를 진단받은 모든 사람에게 유전자 검사를 하라고 권합니다. 두 가지 유형의 검사가 있는데, 하나는 미세배열(microarray)분석으로 모든 염색체에서 돌연변이나 결함 유전자가 있는지 조사합니다. 다른 검사 방법은 ASD를 일으키는 가장 흔한 유전자 원인인 fragile X 증후군이 있는지만 조사하는 것입니다.

앞에서 말한 것처럼 ASD 환자의 가계에는 다양한 특성(trait), 특히 언어 및 사회적 능력과 관련한 특성이 있는 것으로 보입니다. 언어 지연과 발음 문제, 학습 장애, 사회적 어려움, 사회 불안의 비율이 다른 장애가 있는 가계보다 높습니다. 여러 연구는 ASD인 사람 형제의 10~20%나 부모에서 증상이 가벼운 어려움이 자주 나타나는 것을 보여줍니다.

ASD인 사람의 장점도 가계에서 유전될 수 있습니다. 부모와 형제에게는 종종 ASD인 사람과 비슷한 재능과 관심이 있습니다. 영국 연구자인 Simon Baron-Cohen은 ASD인 사람이 있는 가계의 구성원은 (기계가 작동하는 방식 같은) 기계와 관련한 주제, 물리적 인과 관계와 기전, (퍼즐 같은) 시공간 문제를 이해하는 데 특히 능숙할 것이라는 이론을 제안했습니다. Simon을 비롯한 연구자들은 ASD의 특징적 어려움뿐 아니라 특징적 장점도 가계에서 유전된다는 이론을 실험했습니다. Baron-Cohen 박사팀은 ASD 어린이의 부모가 다른 부모보다 엔지니어나 물리학자, 수학자일 확률이 높은 것을 발견했습니다(다른 과학자도 ASD 환자의 가계에서 회계와 과학에 경력이 있는 사람의 비율이 높은 것을 발견했습니다). Baron-Cohen 박사팀은 문학과 수학, 물리학, 공학을 전공하는 대학생

천 명을 설문 조사했습니다. 그 결과 수학과 물리학, 공학을 전공하는 학생의 가계에서 문학을 전공한 학생의 가계보다 ASD 비율이 의미 있게 높았습니다. 마지막으로 이 팀은 ASD 어린이의 부모를 직접 만나 사회적 이해력과 시공간 기술을 시험했습니다. 그 결과 ASD 어린이의 부모가 대조군의 부모보다 복잡한 그림에서 숨겨진 모양을 찾고 퍼즐을 푸는 데 능숙하고, 표정을 해석하는 능력이 부족했습니다. 최근에 나온 많은 연구가 ASD인 사람의 가족에서 시공간적, 기계적 능력과 기억력이 뛰어나다는 사실을 뒷받침합니다.

이러한 결과는 모두 하나의 결론에 도달합니다. ASD인 사람의 가계에서 유전적으로 전달되는 것은 ASD 자체가 아니라 장점과 도전을 모두 지니고, 세상에 관해 생각하고, 세상과 관계하고 반응하는 독특한 스타일입니다. 이것은 유전 상담을 하는 능력 측면에서 우리가 미래를 상상하는 데 한계가 있다는 뜻입니다. 어떤 사람에게 어떤 유전자가 있다고, 반드시 그 사람에게서 ASD가 나타나지는 않습니다. ASD는 해당 유전자가 나타내는 극단적인 결과일 수 있지만, 여러 가능성 가운데 하나일 뿐입니다. 또 가능성 가운데 대부분은 장점입니다. 유전 상담이 한계에 부딪히는 또 다른 까닭은 ASD가 나타나기 쉬운 유전자 변형이 항상 부모에서 유전되는 게 아니라는 것입니다. 때때로 이런 돌연변이가 난자나 정자에서 저절로 일어난다는 연구 결과가 있습니다.

3.3 환경적 원인은 어떨까요?

WHAT ABOUT ENVIRONMENTAL CAUSES?

지난 몇 년 동안 유전적 위험 요인과 환경 영향의 조합이 어떻게 ASD 발생 위험을 높일 수 있는지에 관심이 높았습니다. 이곳에서 이러한 결과 가운데 일부를 검토할 것입니다. 명심할 것은 하나의 환경 위험 요인만으로 사람에게서 ASD가 일어날 확률은 아주 낮다는 것입니다. 그보다는 유전적 위험 요인과 합쳐진 여러 환경 요인이 ASD 발병을 설명할 확률이 높습니다. 하나의 환경 위험 요인이 물방울이라면, 이것들에 유전적 위험 요인과 합쳐져 양동이의 물이 되는 셈입니다. 여러 위험 요인이 합쳐지면 (즉, 물방울이 쌓이면), 결국 물이 넘치는 임계점에 도달합니다. 유전적, 환경적 위험 요인의 수가 늘며 ASD를 가져올 임계점에 도달할 확률이 높아집니다. 따라서 어떤 사람에게 ASD가 생기는 까닭을 설명하는 단일 요인을 지적하는 것은 불가능합니다.

ASD가 일어날 위험과 관련이 있는 환경적 요인은 무엇일까요? ASD가 일어날 위험을 줄이는 두 가지 요인이 있습니다. 첫 번째는 여성입니다. 남성은 여성보다 ASD가 생길 확률이 4~5배 높습니다. 여러 연구가 여성에는 ASD의 유전적 위험 요인에 "보호적인" 영향력이 있다고 말합니다. 여성은 ASD가 나타나기 전에 남성보다 많은 유전적 "충격(hits)"을 경험하는 것 같습니다. ASD 발생 위험 감소와 관련한 두 번째 요인은 임신 직전과 임신 도중의 산모 영양입니다. 출산 전에 비타민들, 특히 엽산을 복용하는 것이 ASD 발생률을 낮춥니다.

최근에는 ASD 발생 위험을 높이는 환경 요인에 관한 많은 연구가 있었고, 몇 가지 발견이 나타났습니다. 한 가지 발견은 나이가 많은 부모에게 ASD 아이가 생길 확률이 약간 높다는 것입니다. 정확한 기전은 모르지만, 나이가 들며 염색체에 미세한 결손(deletion)이 축적되고, 이것이 ASD 발생 위험을 높일 확률이 있다고 합니다. 최근 연구는 대기 오염 같은 높은 농도의 독소에 노출되면, ASD 발생 위험이 커진다고 합니다. 한편 특정한 임신과 출산의 합병증도 ASD 발생 위험 증가와 관련이 있다고 합니다. 임신 도중에 고열을 동반한 독감과 같은 심각한 감염에 노출되었거나, 아주 작은 몸무게로 조기에 태어났거나, 뇌에 산소 공급이 제한되는 출산 합병증을 경험한 것 등이 여기에 속합니다. 또 이러한 합병증은 자폐증의 원인이 아니라 그것의 결과라고 합니다. 이 흥미로운 가설은 이미 태아 발달에 문제가 있는 임신에서 산과적 문제들이 일어난다고 추측합니다. 다운증후군 같은 유전 질환이 있는 어린이는 이런 사실에 대한 증거가 됩니다. 다운증후군 자녀를 지닌 산모에서는 임신과 분만의 합병증 발생률이 평균보다 높습니다. 다운증후군은 수정되는 순간 결정됩니다. 따라서 산과적 합병증이 나타나기 훨씬 전부터 성장하는 아기에게는 다른 것이 있습니다. 어떤 과학자는 ASD 어린이의 산모가 임신과 분만 과정에서 어려움을 겪는 비율이 약간 높은 것도 비슷한 시나리오로 설명할 수 있는지 궁금해합니다. 이들은 이 장 앞부분에서 말한 유전적 요인이 태아 발달 초기에 작용하여 임신과 출산 과정이 정상적으로 진행되지 않도록, 어떤 식으로든 태아를 나쁘게 한다고 생각합니다. 즉, 합병증이 ASD로 이끌기보다는, ASD에 합병증이 따르게 됩니다. 앞에서 말한 것처럼 이러한 환경적 요인 가운데 어느 것도 자체로는 특정 어린이의 ASD를 설명할 수 없을 것입니다. 그보다는 환경적 요인이 (특히) 유전적으로 취약한 사람에게서 ASD 발생 위험을 약간 높이는 형태로 나타났습니다.

몇 년 동안 ASD 어린이에게 선천적 면역 체계 결핍이 있어 바이러스나 박테리아 감염에 취약한지에 관심이 높았습니다. 태아나 유아기에는 미생물을 신속하게 제거할 수 없어 감염으로 뇌가 손상될 위험이 크다는 가설이 있습니다. 또 초기 감염이 자가면역 반응을 일으킬 수 있는데, 이러면 면역 체계가 스스로 켜져 자기 몸을 (바이러스 같은) 외부 침입자처럼 공격한다는 가설도 있습니다. 면역계의 "자기인지" 기전의 붕괴로 당뇨병 같은 자가면역 질환이 생기는 것과 같습니다. 당뇨병에서는 감염으로 활성화한 면역 체계가 바이러스나 세균과 싸우는 데 그치지 않고 췌장을 공격하여 인슐린을 만드는 세포를 죽입니다. 인슐린이 부족하면 당뇨병 증상이 나타납니다. ASD 어린이 일부가 이런 자가면역 과정을 겪을 수 있는데, 면역계가 공격하는 대상은 췌장이 아니라 뇌입니다. 일부 ASD 어린이에서 뇌세포를 "이물질"로 "인지"하는 항체(몸이 감염에 대항하려고 생산하는 면역 단백질)를 발견했다는 연구가 있습니다. 자가면역 이론이 맞으려면 ASD 어린이에서 천식이나 알레르기, 관절염, 당뇨병, 다발성 경화증 등과 같은 다른 자가면역 질환의 발생률이 높아야 할 것입니다. 실제로 일부 연구에서는 ASD인 사람과 가족 구성원 모두에서 이러한 어려움 가운데 일부가 보통 사람보다 많았습니다.

앞에서 말한 환경 요인은 임신 기간에 태아 발달에 잠재적으로 영향을 미칠 수 있는 것입니다. 한편 어린이 발달에 영향을 미칠 수 있는 측면에서 많은 논쟁이 있는 것은 백신입니다. 특히 일부 ASD 어린이에서 퇴행이 일어나고 증상이 발달하는 시기에 투여되는 홍역-볼거리-풍진(MMR) 백신입니다. 지금까지의 많은 연구는 이 (백신) 가설을 지지하지 않습니다.

이 장에서는 유전과 환경적 위험 요인을 포함하여, ASD을 일으킬 수 있는 잠재적 원인을 폭넓게 살펴보았습니다. ASD가 발병하는 데는 많은 방식이 있습니다. 원인을 찾았더라도 원인 각각은 단지 적은 수의 어린이 집단에만 적용될 것입니다. 몇 개월마다 새로운 이론이 생겨납니다. 그 가운데 일부는 쓸모 있는 것으로 증명되고, 일부는 교착 상태에 빠집니다. 부모는 종종 새로운 이론이 나타나면, 새로운 검사를 해야 하느냐고 묻습니다. 보통 의사는 기다리라고 합니다. 전 세계의 연구 기관이 그 질문과 씨름하며 ASD를 설명하는 쓸모 있는 이론으로 만드는 데는 시간이 걸리기 때문입니다. 해답을 찾는 것은 부모와 과학자를 포함한 인간의 보편적 욕구입니다. 따라서 원인을 찾는 일이 앞으로도 계속되고 강화될 것입니다.

자폐증 스펙트럼 장애 어린이 가운데 극히 일부가 fragile X 증후군이나 결절성 경화증을 앓습니다. 일부 의사는 이러한 상태를 찾으려고 모든 ASD 어린이에게 선별(screen) 검사를 하지만, 다른 의사는 ASD 어린이에게 2장에서 말한 fragile X 증후군이나 결절성 경화증에서 흔히 나타나는 신체적 특징(피부에 나타나는 갈색이나 흰색 출생 점 등)이 있을 때만 유전적 검사를 제안합니다.

고기능 자폐 스펙트럼 장애의 치료
Treatments of high-functioning ASD

Seth의 부모는 심리사가 "자폐스펙트럼 장애 (autism spectrum disorder)"라고 말하는 것을 들었을 때, 자신과 아들에게 앞으로 어떤 일이 일어날지 걱정했습니다. 심리사는 다음과 같이 말했습니다, "다행히도 Seth에게 있는 종류의 어려움을 치료하는 여러 가지 좋은 프로그램이 있습니다." 그 심리사는 부모에게 전화번호가 적힌 종이를 주고 바로 전화하라고 격려하며, "그들은 Seth를 돕는 데 필요한 수단을 부모인 당신에게 줄 것입니다."라고 말했습니다. Seth는 그해 가을에 ASD 어린이를 도우려고 만든 어린이집(preschool)에 등록했습니다. 그는 유치원에 입학할 때까지 2년 동안, 이 프로그램에 머물렀습니다. 그의 부모는 교사에게 다음에 등록할 프로그램을 물었고, "Seth 같은 아이는 정규 수업에서 잘 기능할 수 있습니다."라는 대답을 들었습니다. 그의 부모는 기뻤지만, 여전히 걱정스러웠습니다. 학교에 가기 전에 Seth는 빠르게 좋아져 이제는 말을 아주 잘합니다. 하지만 여전히 많은 어려움이 있었고, Seth의 부모는 특수한 서비스가 필요 없을 때까지는 아직도 멀었다는 것을 잘 압니다. 따라서 밝고 수다스럽지만 사회성에 어려움이 있는 아들이 삶에서 과정을 헤쳐나가도록 도울 치료와 프로그램, 수업을 오랫동안 찾았습니다.

4.1 그래서 이제는 어떻게 하죠? SO NOW WHAT?

자녀의 평가에서 진단받는 것이 가장 중요한 결과가 아닐 수 있습니다. 진단으로 자녀가 학교와 학교 밖에서 성공적으로 지내며 또래와도 잘 지내는 데 필요한 기술을 개발하는 방법을 알려주는 것이 더 중요합니다. 이 책의 나머지 부분에서는 고기능 ASD와 관련한 장점을 활용하며 ASD와 관련한 특정 문제를 해결하는 방법을 다룹니다. 이 장에서는 지역 사회에서 이용할 수 있는 다양한 치료 옵션과 그것들의 상대적 장점과 위험을 개괄적으로 설명하겠습니다. 1장에서 살펴보았듯이 ASD 청소년과 성인에서 나타나는 결과는 범위가 넓습니다. 모든 어린이는 치료로 진전을 이룹니다. 어떤 사람들은 빠르게 큰 폭으로 좋아지고, 시간이 지나며 그들의 장애는 희미해집니다. 그들은 또래 대학생과 고용주, 룸메이트, 친구, 이웃을 맞아 다양한 역할을 수행하고, 일반적인 상황에서 분명한 장애(impairment)가 거의 없이 잘 기능합니다. 어떤 사람은 계속해서 심각한 도전에 직면하겠지만, 그런데도 어느 정도 지지를 받으며 생산적이고 행복한 삶을 살아갈 수 있습니다. 이 장에서는 현재 이용할 수 있는 치료법이 당신 자녀에게 최상의 결과를 가져올 확률을 높이는 방법을 배울 것입니다. 우리는 더 많은 어린이가 일찍 진단되고 치료받아, 청소년기와 성인기에 훌륭하게 성공하는 것이 쉬워지기를 바랍니다.

많은 지역 사회에서 과거보다 ASD 치료를 많이 이용할 수 있게 되었습니다. 이제 당신은 자녀의 치료법을 찾아내고 결정하는 일을 해야 합니다. 이 장을 읽으며 깨닫겠지만 자녀를 돕는 개입은 상당히 많습니다. 이러한 접근법 가운데 일부는 일부 어린이에게 도움이 될 것입니다. 하지만 모든 어린이에게 도움이 되는 접근법은 (있다고 하더라도) 거의 없습니다. 아스피린이나 항생제처럼 효과가 검증된 치료법조차 모든 사람에게 효과적이지는 않습니다. 어떤 사람에게 해로울 수도 있습니다. ASD의 치료법도 마찬가지입니다. 이 장에서 설명할 여러 치료법을 하나의 기관이나 진료소, 치료사가 한 곳에서 제공하는 경우는 거의 없습니다. 이것은 당신 자녀가 증상이 가벼운 ASD라는 좋은 소식과 이것에 동반하는 나쁜 소식입니다. 중증인 ASD 어린이를 대상으로 하는 프로그램과는 달리, 고기능 어린이가 필요한 모든 것을 제공하는 포괄적인 프로그램은 적습니다. 당신은 자녀의 특정한 기술과 결함을 평가하고 개별화된 치료 계획을 짜는 데 도움을 줄 전문가를 찾아야 합니다. 어떤 어린이가 어떤 치료를 받을 때 치료 결과가 좋을 확률이 높은지를 보여주는 연구가 있습니다. 치료법을 선택하는 것은 평가자의 임상적 권고와 유용성, 당신의 선호에 기초합니다. 또 당신은 치료 경과를 감독하고, 치료 효과가 있는지, 다른 옵션을 탐구해야 하는지 판단해야 합니다. 당신은 자녀의 능력과 장애에 전문가가 되어, 시도할 치료법을 결정하고, 자녀에 관하여 교사나 서비스 제공자, 다른 사람을 교육할 것입니다. 당신은 자녀의 최고 옹호자가 될 것입니다. 당신은 이미 특별한 자녀를 양육하고, 가족을 부양하고, 다른 아이를 키우며 엄청난 스트레스를 받을 겁니다. 따라서 어떤 면에서는 이것이 이상적인 상황이 아닙니다. 하지만 자녀의 남은 생애 동안 하루 24시간, 일주일 내내 이용할 수 있는 교사나 치료자, 기관은 없습니다. 한 교실에서 다른 교실로, 한 개입에서 다른 개입으로, 한 치료자에서 다른 치료자로 바뀔 때마다 당신은 모든 세부 사항을 관리하고, 모든 중요한 사실을 기억하고, 효과가 있는 것과 없는 것을 아는 사람으로 일관성을 유지해야 합니다. 치료자나 교사가 없는 일상 상황에서는 당신이 자녀가 새로운 기술을 배우고 반응하는 방법을 가르치는 데 깊이 관여할 것입니다. 당신은 자녀의 삶에서 대단히 중요한 요소입니다. 이 장의 나머지 부분과 이 책은 당신의 부담을 최소화하며, 당신이 이 역할을 성공적으로 수행할 자원과 기술, 지원을 줄 것입니다.

"Julie가 3살에 ASD로 진단받았을 때, 우리는 ASD를 몰랐고 무엇을 할지 확신이 없었습니다. Julie는 아주 똑똑하고 심지어 조숙했습니다.

따라서 처음에는 우리가 진단이 잘못됐다고 생각했습니다. 하지만 디즈니 비디오에 나온 대사를 계속 반복하고, 다른 사람과 상호 작용에 어려움이 있는 것을 보면 자폐증이 맞습니다. 우리는 숨을 깊게 들이마시고, Julie를 도울 수 있는 것을 모두 하겠다고 맹세했습니다. 처음에는 혼란스러웠고 감당하기 어려웠습니다. 인터넷에는 '기적적' 이고 값비싼 치료법에 관한 정보가 가득했습니다. 처음에는 우리도 얼어붙었습니다. Julie에게 최선인 치료법을 어떻게 알 수 있을까요? 우리의 시간과 돈을 투자할 가치가 있는 치료법은 무엇일까요? 결국 우리는 믿을 만한 사람을 발견했습니다. 그들은 전문가와 다른 부모였습니다. 그들은 이 초기 몇 달 동안 우리를 돕고 안내했습니다. 우리는 딸이 최선의 자신을 만들도록 돕는 데 우리가 할 수 있는 것에 초점을 맞추기로 했습니다. 지금은 우리가 일 년 전에 상상했던 것보다는 장래가 밝게 보입니다. ASD는 항상 Julie 삶의 일부가 될 것입니다. 그것이 반드시 나쁜 것만은 아닙니다. ASD는 Julie를 독특하고 특별한 사람으로 만드는 것의 일부입니다."

4.2 학령전기의 치료 옵션
TREATMENT OPTIONS IN THE PRESCHOOL YEARS

당신 자녀가 최근에 ASD로 진단받은 미취학 어린이라면, 몇 가지 치료 옵션이 있습니다. 이 가운데 일부는 많은 언론의 관심을 받았고, 이미 당신이 알지도 모릅니다. 당신이 잘 모르는 것이 있다면, 그것이 당신의 고기능 자녀에게 적합한지입니다. 연구에서는 기능 수준과 관계없이 자폐 스펙트럼에 속한 모든 아이는 집중적인 조기 개입으로 좋아지는 것으로 나타났습니다. 실제로 인지와 언어 기술이 발달한 ASD 어린이는 조기 개입에 반응하여 빠르게 나아질 확률이 높습니다. 연구는 실제로 조기 중재가 사회적 행동을 담당하는 뇌 영역을 자극하여, 뇌를 재설계(rewiring)하고 재구성(reorganization)하며, 적절한 사회적 행동과 의사소통에 중요한 새로운 신경 연결을 가져올 수 있다는 것을 보여주었습니다. 또 자녀의 발달한 인지와 언어 기술은 자녀가 습득하기 어려운 기술을 보완하는 전략을 개발하는 데 도움이 될 것입니다. 예를 들어 그는 강력한 암기 기술을 사용하여 사회적 상호 작용에 도움이 되는 규칙과 대본을 외울 수 있습니다.

일부 부모와 전문가는 밝고, 말을 잘하고, 사회적 상호 작용에 비교적 관심이 있는 어린이가 집중적인 조기 개입을 받아야 하는지 궁금해합니다. 대부분 경우에 이러한 개입은 최적의 결과를 얻으려는 최선의 선택입니다. 이것은 지역 사회에서 제공하는 서비스에 따라, ASD와 같은 특수 교육이 필요한 어린이를 위해 특별히 고안한, 가정이나 센터 기반의 학령전기 프로그램에 등록하는 것을 뜻할 수도 있습니다. 이렇게 집중적인 조기 개입에 투자하면 나중에 결실을 얻을 것입니다. 당신 자녀는 나이가 들며 덜 제한적이고 덜 특수화된 교실에서 기능할 수 있는 최선의 기회를 얻을 것입니다.

당신 자녀에게는 진보할 수 있는, 덜 제한적인 교육 환경에 있을 권리가 있습니다. 당신은 부모로서 어떤 교실이 최선인지 생각이 있을 겁니다, 또 당신 아이와 작업하는 의사와 생각이 다를 수도 있습니다. 자녀의 치료 프로그램을 선택할 때는 특수화되고 자체로 완비된 프로그램과 정규 교실이라는 두 극단 사이에 여러 가지 중간 옵션이 있다는 것을 알아야 합니다. 예를 들어 일부 부모는 자체로 완비된 특수 교육 프로그램에 자녀를 등록하지만, 정규 학령전기 수업이나 사회적 또는 과외 활동을 위해 이웃 학교에도 자녀를 보냅니다(아마도 보조 교사의 도움을 받을 것입니다). 다른 옵션은 집이나 특수 교육 환경보다는 정규 학령전기(preschool) 교실에서 조기 개입 치료를 받는 것입니다. 정규 교육 교사가 융통성이 있어 교실에 다른 전문가가 참여하도록 허락하거나, 교사 스스로 중재 전략 가운데 일부를 사용한다면, 좋은 옵션이 될 겁니다. 자녀가 유치원(kindergarten)에 가기 전까지, 정규 교육 교실에서 교육받는데 필요한 기술을 확실히 습득하도록, 어릴 때부터 집이나 특수 교육 환경에서 집중적인 조기 개입 프로그램을 시작하면 많은 부모가 편안해질 것입니다. 환경보다 중요한 것은 자녀가 독특한 학습 스타일이나 장점, 어려움에 민감한 수준 높은 개입을 받고, 당신이 선택한 환경에서 자녀가 진전을 보이고, 잘 자라는 것입니다.

사는 곳에 따라 다음 개입 가운데 일부를 더 이용할 수 있습니다. 다음 접근법은 지금 가장 널리 쓰이고, 가장 효과적인 것으로 받아들여지는 학령전기 개입입니다. 각 치료법에 관한 자세한 정보는 이 책 뒷부분에 있는 자원(Resources)을 참고하십시오. 표 3은 여러 개입의 특징을 설명합니다.

〈표 3〉 ASD의 여러 가지 치료법

	나이	어디서 어떻게 받는지	특징	장점과 단점
응용 행동 분석 (ABA)	학령전기	늘 그렇지는 않지만, 보통 집에서 훈련된 전문팀에 의해 일주일에 20~40시간	바람직한 행동에는 긍정적 결과(보상)를 주고, 바람직하지 않은 행동에는 부정적 결과를 주는 행동 원칙을 사용하여, 기본적인 사회 의사소통이나 주의력 및 학습 기술을 일대일로 교육함	보험 적용이 안 되면 비용이 많이 들지만, 2년 동안 치료받으면 대부분 어린이가 특별한 지지 없이도 정규 학교에서 잘 기능함
Early Start Denver 모델 (ESDM)	12개월 영아부터 늦은 학령전기까지	집과 학교에서	ABA 전략을 사용하고 놀이나 긍정적인 사회관계, 아이가 좋아하는 활동, 다른 사람과의 감정 공유를 강조함	연구에서 언어 능력과 IQ, 사회 기술이 좋아지는 효과가 나타남

	나이	어디서 어떻게 받는지	특징	장점과 단점
자폐나 관련 의사소통 장애가 있는 어린이의 치료와 교육(TEACCH)	학령전기에서 성인기까지	주로 학교에서 이루어지고, 가정에서 보충할 수 있음. 교사와 부모가 시행함	언어와 흉내 내기, 사회 및 인지 기술을 가르치려는 목적임. 시각적이고 기계적이며 기억력이라는 장점을 이용하는 학습 자료가 있고, 환경을 시각적으로 구조화하고 조직화함. 일대일 또는 집단으로 교육함	ABA와 ESDM보다 결과에 대한 연구가 덜 이루어짐
사회기술 훈련 집단(Social skill group)	학령전기에서 성인기까지	치료자나 교사가 과정을 이끌고, 치료자의 사무실이나 클리닉 또는 학교에서 이루어짐	대화 기술이나 몸짓 언어, 관점 취하기(perspective taking), 다른 사람의 감정을 읽기, 감정을 조절하기, 놀림이나 따돌림당하는 것을 다루기 같은 사회적 문제 해결 기술을 가르침	기술을 가르치고 또래와의 연습을 제공함. 가정에서 훈련할 수 있도록 변환된 도구를 제공함. 성인기에도 사용할 수 있음
교육 지원(Educational support)	학령전기에서 대학생까지	학교	환경이나 학업 목표를 자녀에 맞게 조절하고(accommodation) 수정함	학교와 협상할 수 있고, 자신에 맞게 변경할 수 있으며, 미국 연방법에 따름
실용적 언어-의사소통 치료(Pragmatic language-communication therapy)	학령전기에서 성인기까지	언어 재활사(speech-language pathologist)가 제공하며, 집단 환경이나 짝(pairs)을 이루어 시행함	언어의 화용론(pragmatics), 사회적 의사소통, 추상적이거나 복잡한 언어 개념을 훈련함	사회 기술 집단을 이용할 수 없거나 자녀에게 의사소통 문제가 많을 때 특히 도움이 됨
기능적 행동 평가(FBA)	학령전기에서 성인기까지	특별한 자격 제한 없이 담당자인 성인이 제공하며, 학교나 집, 기타 환경에서 이루어짐	파탄적 행동이나 문제 행동의 기능을 조사하고, 의사소통을 더 잘할 방법을 제공함	문제 행동을 줄이고, 의사소통 기술을 높임

	나이	어디서 어떻게 받는지	특징	장점과 단점
약물치료	모든 연령	소아청소년과나 소아정신과, 신경과 의사가 처방하고, 날마다 가정에서 부모가 약을 먹임	행동에 영향을 미치는 뇌의 화학 물질 수준을 조절함	주의력이나 활동 수준 문제, 우울, 불안, 분노에는 도움이 되겠지만, ASD의 사회적 또는 의사소통 증상에는 영향을 미치지 못함
감각 통합 요법	학령전기와 아동기	작업 치료사의 사무실에서 이루어지며, 숙제가 제공되면 집에서도 할 수 있음	감각의 민감도를 낮추고, 새로운 감각에 대한 대처 기술이나 내성을 키움	효과를 결정하는 연구가 거의 이루어지지 않았음
개인 정신 치료	청소년기와 성인기 전체	정신 치료자의 사무실에서 이루어지며, 지역 사회에 "현장 체험(trips)"을 할 수 있음	기분과 정서적 상태를 탐구하고, 자기 인식과 자기 수용을 발달시키고, 인지 행동적 접근을 함	통찰력이 좋은 개인에게 가장 적합하고, 그룹 환경에서 일반화할 기회가 없을 것임. 치료는 되도록 지시적(directive)이고 구체적(concrete)이어야 함

Autism Speaks(www.autismspeaks.org)는 다양한 초기 개입 접근법의 포괄적인 목록과 내용을 보여주는 자료를 제공합니다. 당신 자녀에게 가장 적합한 방법을 정할 때 이 사이트가 도움이 될 것입니다. 이런 치료법 가운데 일부는 다른 치료법보다 효과를 뒷받침하는 과학적 증거가 많습니다. 하지만 여러 치료법의 효과를 비교한 연구는 거의 없습니다. 또 이용할 수 있는 조기 개입 모델의 효과를 평가한 모든 연구에서 어떤 어린이는 극적으로 빠르게 반응했고, 어떤 어린이는 다른 어린이보다 느리게 진보했습니다. 즉, "모두에게 적용할 수 있는 한 가지 접근법(one-approach-fits-all)"은 없습니다. 자녀의 장점과 도전 과제, 학습 스타일과 함께 지역 사회에서 이용할 수 있는 치료를(비용도 함께) 고려하여 무

엇이 적합할지 당신 스스로 판단해야 합니다. 그런 다음에 선택한 교실이나 치료 모델에서 당신 자녀가 발전하고 잘 자라는지를 모니터링해야 합니다. 그래야 프로그램의 변경이나 조정이 필요한지를 당신이 알 수 있습니다. 시간이 지나면 자녀에게 필요한 것이 변하므로 이러한 변화와 조정은 피할 수 없습니다.

어떤 아이가 받아야 하는 최적의 치료 시간은 분명하지 않습니다. 하지만 여러 연구는 학령 전 아동기에는 보통 한 주에 최소 25시간의 구조화된 개입을 권합니다. 여기에는 조기 행동 개입 말고도 정규나 특수 학령전기 프로그램에 참여하거나 언어 치료나 작업 치료 같은 다양한 치료에 참여하는 것을 포함합니다. 부모가 집에서 개입 전략을 사용하는 것도 중요합니다. 평범하게 발달하는 보통 아이들은 하루 동안 학습할 기회가 많습니다. ASD 어린이도 학습 기회가 많아야 합니다. 얼마나 많은 학습 시간과 학습 서비스를 제공할지는 아이의 준비 상태나 진보 속도, 치료에 대한 반응, 휴식이 필요한 정도, 기타 가족 활동, 지역 사회의 기준과 이용할 서비스의 범위에 따라 결정됩니다. 프로그램의 강도(intensity) 때문에, 학교 시스템에는 자폐증에 특화된 조기 개입 프로그램이 마련되지 않을 수도 있습니다. 당신과 의사가 조기 집중 행동 개입이 필요하다고 생각하면, 지역 교육청과 협력하여 프로그램을 마련할 수도 있습니다. 다음은 흔히 사용하는 조기 개입 접근법에 관한 설명입니다.

4.2.1 응용 행동 분석 *Applied Behavior Analysis*

Ivar Lovaas 박사를 비롯한 심리학자들은 1960년대에 응용 행동 분석(ABA)이라는 방법을 사용하기 시작했습니다. 그런 다음에 Lovaas 박사는 조기 개입 모델을 개발했습니다. 이 모델은 불연속 개별 시도 훈련(discrete trial training, DTT, 때로는 "Lovaas 방법"이라 함)이라는 교수법을 사용했습니다. Lovaas 또는 ABA 방법은 행동 치료의 일반적인 원칙을 사용하여 언어나 놀이, 자조, 사회, 학업, 주의 집중 기술과 같은 ASD

어린이에게 부족한 기술을 발달시킵니다. 또 이 모델에는 자폐 스펙트럼 장애의 특이하고 반복적인 행동을 최소화하려는 전략이 있습니다.

Lovaas 모델에서는 교육 방법이 개별화된 수준이 높은데, 처음에는 일대일로 교육이 이루어집니다. 또 어린이의 능력과 어려움에 따라 특별한 치료 목표가 정해집니다. 어린이가 기본적인 의사소통 기술과 사회 기술, 주의 기술을 습득하면, 어린이를 차츰 그룹 학습 상황으로 안내합니다. 두 환경 사이에 기술 이전이 쉽게 이루어지도록 처음에는 치료팀의 구성원이 어린이와 함께 교실로 갑니다. 나중에는 이 보조 교사(aide), 즉 "그림자 같은 존재(shadow)"는 수업에서 사라지고, 어린이는 정규 학교 프로그램에 완전히 통합됩니다. 이렇게 되기까지 2년 넘게 걸릴 수도 있습니다. 많은 어린이가 유치원 때에는 일반 교실에 다닐 수 있게 됩니다.

Spencer의 부모는 ASD인 아들이 있는 지인에게 ABA 원칙에 기초한 교육 프로그램 이야기를 들었습니다. 또 그들은 ABA 사용법을 훈련받은 지역 심리사를 소개받았습니다. 그 심리사는 Spencer가 무엇이 필요한지 결정하려고 몇 가지 검사를 했습니다. 심리사는 조기 집중 행동 개입이 Spencer에게 도움이 될 것이라고 결론을 내린 다음에, 12개 목표로 구성된 집에서 하는 프로그램을 권했습니다. Spencer는 똑똑했고 이미 간단한 문장 말하기나 의자에 앉아있기, 주목하기처럼 쓸모 있는 기술을 어느 정도 지녔습니다. 따라서 처음 목표는 (1) 색깔이나 모양, 숫자, 문자를 식별하기, (2) 사물의 기능을 말하기, (3) 질문에 대답하기("네 이름은 무엇이니?", "너는 몇 살이니?" 등), (4) 환경에 있는 소리를 식별하기, (5) 2단계의 연속적 행동을 흉내내기, (6) 여러 모양을 그리기 등 주로 학습적인 것이었습니다. 여기에는 짧은 대화를 나누고 다른 사람과 인사하는 방법 배우기 같은 의사소통이나 사회적인 목표도 포함되었습니다. 날마다 치료사들이 Spencer 집에 와서 함께 작업했고, Spencer는 빠르게 발전했습니다. 겨우 몇

달 만에 그는 초기 목표를 모두 달성했습니다.

Spencer의 부모도 Spencer의 행동이 변한 것을 알았습니다. 시선 접촉이 좋아졌고, 더 긴 문장으로 말하고, 집과 교회 어린이집에서 더 협조적이었습니다. Spencer가 발전하자 흉내 내기 기술이나 질문하고 의견을 내는 능력, 간단한 게임의 규칙을 따르고 번갈아 하는 능력을 키우려고 새로운 목표를 추가했습니다. 다음 해에도 Spencer는 계속 발전했고, 그의 개입팀은 Spencer가 정규 학령전기 학교에 통합되어 또래와 함께 자신의 기술을 수행할 준비가 됐다고 판단했습니다. 그는 일주일에 4시간씩 참석하기 시작했고, 보조 교사(aide)가 그를 도왔습니다. 학령전기 교실에 참여하는 시간은 차츰 15시간까지 늘었습니다. Spencer가 다섯 살이 되었을 때 부모는 특별한 도움 없이도 정규 유치원(kindergarten) 학급에 다닐 준비가 되었다고 느꼈습니다. Spencer는 여전히 몇 가지 별난 점이 있었지만, 이웃에 있는 다른 아이만큼 똑똑하고 유치원 갈 준비가 된 것으로 보였습니다. Spencer의 유치원 교사가 부모에게 그가 얼마나 사랑스러운지 이야기할 때, 부모는 마침내 안도의 한숨을 쉬었습니다. 유치원 교사는 Spencer가 공부를 잘한다고 말했습니다. 또 만나는 어른마다 차량 번호판 숫자가 무엇인지 묻는 그의 버릇을 이야기하며 싱긋 웃었습니다.

여러 연구에서 많은 ASD 어린이, 특히 고기능 어린이가 조기에 치료를 시작하여 2년 동안 ABA에 기초한 치료를 받으면, 특별한 도움 없이도 일반적인 1학년 교실에 들어가 잘 기능한다는 것이 입증되었습니다. 또 Lovaas의 연구는 치료받은 어린이의 인지 능력(표준화된 시험으로 측정함)이 치료하지 않은 ASD 어린이보다 훨씬 높은 것을 발견했습니다. 따라서 많은 지역에서 ABA 기반 개입이 인기가 높은 것은 놀라운 일이 아닙니다. 하지만 일대일 치료라서 비용과 노력이 많이 든다는 단점이 있습니다. Lovaas 팀의 연구에서 ABA 모델 치료를 일주일에 10시간 이하로 받은 모든 어린이는 일주일에 40시간 치료를 받은 어린이와 같은 성공을 거두지 못했습니다. 당신 지역(미국)에서 ABA 방법을 사용하는 조기 개입 제공자에 관한 정보는 Autism Speaks 웹 사이트(www.autismspeaks.org/resource-guide)에 있습니다. FEAT(Early Autism Treatment Families)라는 웹 사이트(www.feat.org)는 ABA 제공자의 웹 페이지 목록을 관리합니다.

4.2.2 Early Start Denver Model

조기 개입을 하는 또 다른 옵션은 Sally Rogers와 Geraldine Dawson이 개발한 Early Start Denver Model(ESDM)입니다. ESDM은 12개월 무렵인 어린아이에게 사용할 수 있습니다. 이 접근법은 ABA의 원칙을 포함하지만, 학습의 기초로 부모-자녀 관계를 강조합니다. 또 언어와 의사소통, 사회적 행동, 인지 기술을 가르치는 놀이 기반 활동의 맥락에서 교육이 이루어집니다. 전통적인 ABA와 마찬가지로 ESDM도 조사 연구에서 효과가 검증되었습니다. 인지와 언어, 사회 기술의 향상으로 이어지는 것으로 나타났습니다. ESDM은 부모가 집에서 제공할 수도 있습니다. 2010년 발표한 연구에서는 2년 동안 일주일에 15시간 ESDM 개입을 받은 어린이가 IQ나 언어, 적응 행동, 사회 기술에서 상당한 혜택을 얻는 것으로 나타났습니다. 매뉴얼은 스페인어를 포함하여 여러 언어로 제공됩니다.

Sally Rogers와 Geraldine Dawson, Laurie Vismara가 쓴 '어린 자폐증 아동을 위한 ESDM' 이라는 책에는 부모가 자녀의 언어와 사회적 상호작용, 학습 능력을 키울 때 사용할 ESDM 모델에 기초한 전략이 설명되어 있습니다. 이것은 당신이 자녀와 일상 활동, 즉 식사와 목욕, 놀이를 하며 의사소통과 사회적 참여, 학습을 촉진하는 전략입니다. 치료자가 하는 치료와 함께 당신이 이런 전략을 사용할 수 있습니다. 또 개입 프로그램에 등록되기를 기다리며 당신이 이런 전략을 시작할 수도 있습니다.

4.2.3 TEACCH

Treatment and Education of Autistic and related Communication-handicapped CHildren program

미국과 세계 일부 지역에서 사용하는 또 다른 치료법은 TEACCH 모델입니다(이 이름은 자폐증 및 관련 의사소통 장애 어린이 프로그램의 치료와 교육을 뜻합니다). 이 치료 프로그램은 University of North Carolina의 심리사인 Eric Schopler 박사가 1960년대에 개발했습니다. TEACCH 교육 접근법은 환경과 학습 자료의 시각적 구조와 조직화에 기초합니다. 2장에서 말했듯이 ASD 어린이 대부분은 추상적이고 언어가 기반인 과제와 교수법에 어려움을 겪습니다. 하지만 이들은 시공간 능력이 비교적 뛰어납니다. TEACCH 프로그램은 언어나 흉내 내기, 인지, 사회 기술과 같은 어려운 기술을 개발하려고 대부분 ASD 어린이에게 있는 시각적이고 기계와 관련한 장점이나 기계적 암기력을 이용합니다.

보통 TEACCH 프로그램은 학업과 사회성, 의사소통, 모방 과제를 구성하여 예상되는 내용과 완료 방법을 시각적으로 분명히 나타냅니다. 시각적 일정은 일상적인 사건을 순서대로 보여주는 그림과 단어로 구성되는데, 자녀가 앞으로 있을 일이나 교육 회기에서 해야 할 일을 예상하도록 도와줍니다. 이러면 아이는 선생님의 지시가 없어도 스스로 "미래를 예측"할 수 있습니다. 대부분 ASD 어린이는 환경이 바뀌면 분노 발작하거나 기분이 나빠지는 경향이 있습니다. ASD 어린이는 익숙한 것에 매달립니다. 그것은 그들이 지금 하는 일을 즐기기 때문이 아닙니다. 자신이 하는 것은 아는 일이고, 그 일 다음에 무엇이 올지 모르기 때문입니다. ASD 어린이에게 그림 일정을 도입하면, 불안이나 좌절감, 분노 발작을 현저하게 줄일 뿐 아니라 독립적 기능을 촉진할 수도 있습니다. 시각적 일정 작성에 사용할 자료를 주문하는 방법은 이 책 뒷부분에 있는 자료들(Resources)을 참고하십시오. TEACCH 개입에 참여한 어린이의 결과는 이 장에서 지금까지 논의한 다른 치료법과 마찬가지로 자세히 조사되지는 않았습니다. 하지만 부모와 전문가는 종종 시각적 스케줄 같은 TEACCH 모델의 요소를 다른 개입 프로그램의 요소와 결합합니다. 어린이에게 필요한 것을 최대한 채우려고 치료법을 통합하는 것입니다.

Seth의 학령전기 교사들은 학교생활에 변화가 있을 때 Seth가 얼마나 불안하고 기분 나빠하는지와 얼마나 틀에 박힌 일상(routine)을 즐기는지를 본 다음에 일정표를 도입했습니다. Seth는 무슨 일이 있을지를 기억할 때(예를 들어, 목욕탕에 가서 손을 씻은 다음에 곧바로 점심을 먹는다), 다음 활동으로 넘어가기를 열망했습니다. 하지만 비오는 날에 실내에 머무르는 것처럼 일과에서 조그만 일탈이 있어도 Seth는 실망에 휩싸여 비명을 지르고, 몇 분 동안 바닥에 누워 접근하는 사람에게 발길질했습니다. 교사들은 Seth에게 일정표를 사용하기로 하고, 하루 동안 있을 주요 사건을 그림으로 보여주었습니다(그림 2). 평소와 달리 어떤 일이 일어나지 않을 때는 교사들은 "아니오" 표시(가로지르는 사선이 있는 빨간 원)를 사용해 변화를 표시했습니다. 교사들은 Seth의 분노 발작이 재빨리 멈추는 것을 보고 놀랐습니다. 치료자가 아파 그의 언어 치료 회기가 취소됐을 때조차 교사가 일정표에 변화를 표시하면, Seth가 당연하게 받아들일 수 있었습니다.

Seth의 일정표

〈그림 2〉 시각적 일정표는 불안을 줄이고 독립적 기능을 촉진하는 데 사용할 수 있습니다. Seth의 일정표에 사용된 의사소통 기호는 DynaVox Mayer-Johnson LLC 허가를 받고 사용되었습니다. 무단 게재와 무단 복제를 금합니다.

다음은 조기 개입으로 흔히 사용하는 몇 가지 접근 방식입니다. Autism

Speaks 웹 사이트(www.autismspeaks.org)에는 추가 접근법에 관한 설명이 있습니다. 또 자녀를 진단한 의사는 지역 사회에서 치료를 의뢰한 목록을 가지고 있을 겁니다. 지역 사회 정신건강센터나 지역 병원 정신과 부서도 그것을 가지고 있을 겁니다. 연방법은 발달 지연을 겪는 모든 어린이에게 서비스를 제공할 것을 요구하는데, 3세 미만 어린이에게는 "Part C-Birth to Tree Services"가 제공되어야 하고, 이후에는 "Part B-Preschool Services"가 제공되어야 합니다. 당신 자녀를 담당하는 소아청소년과 의사는 당신이 이러한 서비스를 구하도록 무료로 연락처를 제공해야 합니다.

어떤 옵션이 최선인지를 고려할 때는 지금까지 설명한 여러 치료법의 효과를 직접 비교한 연구가 없다는 것을 명심해야 합니다. 따라서 어떤 프로그램이 어느 어린이에게 가장 좋을지는 확실치 않습니다. 치료 결정을 내리기 전에 지역 사회에서 활용할 수 있는 옵션을 찾고, 그것을 제공하는 치료자나 학교를 방문하여 관찰하고, 담당 의사와 상의하고, 자녀와 가족 모두를 생각하며 비용과 혜택을 따져야 합니다.

4.3 학령전기와 이후의 개입

INTERVENTIONS FOR PRESCHOOL AND BEYOND

당신 자녀가 다니는 학령전기 프로그램이 집중적이고 포괄적이라면, 자녀가 나이 들 때까지 다음에 나오는 치료가 필요하지 않을 수도 있습니다. 하지만 학령전기에 방금 이야기한 개입을 놓쳤으면 어떻게 할까요? 자녀가 5세 이후에 ASD 진단을 받았으면 어떻게 할까요? Seth의 부모처럼 당신이 효과적인 학령전기 프로그램을 찾았고, 초등학교에 입학한 다음에도 어떤 개입을 계속하고 싶으면 어떻게 해야 할까요? 희망이 없지는 않습니다! 나이가 많은 어린이를 돕는 다양한 개입을 이용할 수 있습니다. 앞에서 말한 것처럼 그런 개입이 늘 쉽게 찾아지거나 자녀에게 선뜻 제공되지는 않지만, 어딘가에는 있습니다.

이러한 개입 가운데 일부는 방금 검토한 학령전기 프로그램과 같은 원칙을 사용합니다. 따라서 자녀는 나이와 발달 수준에 맞게 행동이나 시각적 기법을 사용하는 혜택을 볼 수 있습니다. 고기능 ASD 어린이에서 가장 필요한 것은 사회 기술 훈련과 교육 지원입니다. 각각에는 서로 다른 다양한 개입이 있습니다. 따라서 두 주제를 다루는 장이 따로 있습니다. 지금은 간단한 언급만 할 것입니다. 어린이에게 필요한 치료는 다양할 것입니다. 하지만, 우리는 자주 필요로 하는 개입부터 다음과 같이 나열했습니다.

4.3.1 사회성 개입 *Social Interventions*

이제 당신은 자녀의 문제 가운데 가장 두드러진 부분이 사회성 영역의 어려움이란 걸 잘 알 것입니다. 따라서 당연히 사회성 어려움이 개입의 중요한 영역입니다. 사회적 행동을 다루는 많은 옵션은 8장에서 자세하게 다룹니다. 이 가운데 사회기술 훈련집단은 특별히 도움이 되는 옵션입니다. 이 집단은 다른 어린이가 자연스럽게 배우는 것처럼 보이는 사회적 행동에 노골적으로 초점을 맞춥니다. 우리는 ASD 어린이가 사회적 행동을 자연스럽게 수행하는 다른 사람(부모나 형제, 또래) 주위에 있는 것만으로, 일반적인 사회적 행동을 당연히 흡수하고 모방하리라 생각하지 않습니다. 사회적 행동은 사회적 환경에서 가장 잘 배우는데, 사회기술 훈련집단은 이러한 복잡한 기술을 가르치는 데 필요한 구조와 환경을 제공합니다. 적절한 신체 언어와 시선 접촉, 다른 사람의 감정을 읽는 것, 다른 사람의 관점을 취하는 것은 이런 집단이 다루는 공통 주제입니다. 자신을 소개하고, 집단에 참여하고, 칭찬의 말을 하고, 협상하고, 공유하고, 순서를 교대하는 등 대화 기술과 상호 작용에 중요한 행동이 사회기술 훈련집단이 일반적으로 초점을 맞추는 것입니다. 또 이들 집단은 놀림을 다루고, "안 돼"라고 말하는 것과 따돌림을 다루고, 나이에 맞는 방식으로 감정을 조절하고 표현하는 것 같은 사회적 문제 해결 기술을 다룹니다. 이런 접근 방식의 장점은 자녀가 안전한 상황에서 이러한 기술을 시험할 기회를 얻는 것입니다. 원한다면 자녀에게 사회적 "재미"를 느끼게 하여 이런 기술을 키우도록 동기 유발할 기회를 줄 수도 있습니다. 어린이가 놀고, 친구를 사귀고, 괴롭힘을 다루고, 다양한 사회적 상황을 관리할 능력을 키우는 데 사회 기술 개입이 효과적이라는 연구 결과가 있습니다. 종종 이러한 개입은 그룹 환경에서 이루어지며 학교와 지역 클리닉이 제공합니다. 때로는 언어 치료사가 사회 기술 훈련을 제공합니다.

한편 비디오 모델링을 이용하는 개입 방법도 있습니다. 이 접근법은 대부분 ASD 어린이의 강력한 시각 기술을 이용한 것으로, 비디오 레코딩을 사용하여 목표 행동이나 사회 기술의 모델을 보여줍니다. 보통 목표 기술을 모델링하는 사람을 촬영하는데, 아이는 비디오를 보고 목표 행동을 연습합니다. 사회 기술 훈련의 한 방법으로 비디오 모델링을 일대일이나 그룹 환경에서 사용할 수 있습니다. 연구 결과 이 접근법은 ASD 어린이에게 사회 기술을 가르치는 데 효과적이었습니다.

당신의 지역에 ASD 어린이만 상대하는 사회 기술 집단이 없을 수도 있지만, 주의력 장애나 기타 행동 문제가 있는 어린이를 위한 사회 기술 집단은 있을 것입니다. 이곳에서 ASD 어린이와 청소년은 종종 비슷한 관심사와 성격 스타일, 기질, 어려움이 있는 다른 ASD 어린이를 만날 기회를 얻습니다. 사회 기술 집단이 앞에서 말한 문제 가운데 여럿을 다루고, 집단의 치료 목표와 자녀의 필요가 잘 맞으면, 참가자 모두나 대부분이 ASD일 필요는 없습니다. 또 학교에서 사회 기술 집단을 제공할 수도 있으니 교육청에 확인해야 합니다. 자녀에게 사회적 행동을 개선하고 사회 기술을 익힐 기회를 제공하려면, 당신이 가정이나 지역 사회에서 할 일이 있습니다.

- 전화에 응답하거나 식당에서 음식을 주문하는 것처럼 특정한 사회

적 상황에서 자녀가 무엇을 할지 알도록 "대본(scripts)"을 작성하십시오.

- 자녀가 누군가와 대화하는 것을 촬영한 다음에 함께 시청하며 잘한 것과 고칠 것을 지적하십시오.
- 다른 사람(아마도 형제)을 촬영하여 나이에 맞는 대화 모델을 제공하십시오.
- 자녀가 마음이 맞는 사람을 만날 기회를 얻도록 자녀의 특별한 관심사를 다루는 집단에 등록하십시오.
- 친구들을 집에 초대하여 놀게 하고 상호 작용을 주의 깊게 모니터링한 다음에, 자녀가 차례 번갈아 하기, 공유하기, 타협하기나 다른 기술을 배우는 데 도움이 될 구조와 지지를 제공하십시오.
- 당신이 다른 형제나 가사, 전화로 방해받지 않으며 미리 정한 일련의 주제(학교생활이나 주말 계획, 농담 등)를 자녀와 이야기할 시간을 날마다 15분씩 떼어놓으십시오. 미리 자녀에게 대화 주제를 알려줄 수도 있습니다. 주제를 글로 적은 다음에 자녀가 대화 동안에 주제에 집중하도록 격려하고, 자녀의 특별한 관심사로 이야기가 흐르는 것을 억제합니다.

필요하면 순서 번갈아 하기를 격려하는 시각적 단서(다음에 말할 차례인 사람을 가리키는 화살표)와 말을 지나치게 하는 것을 막는 시각적 단서(중지 신호를 올려 자녀의 말이 지나치게 길다는 것을 알려줌)를 제공할 수 있습니다. 진료소와 가정에서 사회적 행동을 개선하려고 사용하는 여러 방법은 8장에서 자세히 설명합니다.

4.3.2 교육 지원 *Educational Assistance*

두 번째로 필요한 영역은 교육 지원입니다. 지능이 평균보다 높은데도, 많은 ASD 학생이 학업에 어려움을 겪거나 학습 결과가 기대 수준에 미치지 못합니다. 그들은 수업 시간에 자신을 조직하고, 조절하고, 시간을 관리하는 데 어려움을 겪습니다. 그들은 자주 학교에서 과제를 마치지 못하고, 숙제하는 데 추가 시간이 많이 필요합니다. 그들은 미리 계획하고, 적절한 목표와 하위 목표를 세우고, 과제를 완료하는 데 걸릴 시간을 예측하고, 숙제에 필요한 것을 집에 가져오는 것을 기억하는 데 어려움을 겪을 수 있습니다. 자기 조절과 목표 선택, 주의 집중의 어려움은 잠시 공상을 하거나 내부의 생각에 몰두하게 합니다. 유연성이 부족하고 문제 해결 전략이 경직된 것도 학업에 영향을 미칩니다. 또 ASD 어린이는 보통 어린이가 동기 부여되는 보상 종류로는 동기 부여되지 않습니다. 그들은 일을 마치지 못하고 남겨두거나 성적이 떨어지면, 부모나 교사가 기분 상한다는 데 신경을 쓰지 않습니다. 그들은 관심사와 관련이 없는 주제를 공부할 내적 동기가 없기 쉽습니다. 그들은 방과 후에 남거나 쉬는 시간에 머무르는 것에도 그다지 신경 쓰지 않습니다. 사회적 상호 작용이 부족한 아이에게 이런 벌은 실제로 상을 받는 것과 같습니다! 따라서 지적 수준이 높아도 ASD 어린이에게 학교 공부를 하도록 북돋우는 것은 어려운 일입니다.

따라서 ASD 어린이 대부분은 학교에서 성공하려면 수업을 조정하거나 수정해야 합니다. 학업 목표의 조정이 필요할 수도 있습니다. 어떤 주제에 더 중점을 두거나, 다른 친구에 비해 공부를 도전적으로 만들거나, 학교 수업을 더 실용적으로 만드는 것입니다. 예를 들어 당신이 전통적인 교육 과정보다 직업이나 일상생활 기술에 중점을 두고 싶을 수 있습니다. 자녀가 독립적으로 살아갈 능력을 키우고, 성인이 되어 직장 환경에서 기능하려면, 보통 어린이보다 일찍 이런 기술에 공을 들이는 것이 필요할 수도 있습니다. 방학 없이 일 년 내내 계속하는 학교나 여름 방학 프로그램(academic summer program)이 종종 도움이 됩니다. ASD 어린이는 대부분 변경이 어렵고, 방학 동안 행동이나 학업 기술이 퇴보할 수 있기 때문입니다.

7장에서는 ASD인 학생에게 가장 도움이 되는 교육 지원이나 서비스를 자세히 설명할 것입니다. 우리가 제안하는 시설은 조직화나 계획, 주의 집중, 유연성에서의 단점을 보완하려고 자녀의 우수한 시각적 기술과 기억력 같은 장점을 활용합니다. 교육 프로그램에서 가장 중요한 부분은 자녀의 개인적인 문제와 독특한 능력에 교과 과정을 맞추는 것입니다(이 주제는 5장에서 자세히 설명합니다). 당신은 자녀를 위하여 사회 기술 훈련을 찾을 뿐 아니라 교육청과 접촉하여 교육 지원을 받을 가장 적절한 방법을 논의하기를 원할 것입니다.

4.3.3 실용적 언어-의사소통 치료

Pragmatic Language-Communication Therapy

ASD 증상이 가벼운 사람은 대부분 언어 능력이 비교적 잘 발달합니다. 그들은 문법적 오류가 없거나 드문 완전한 문장으로 유창하게 말할 수 있습니다. 하지만 사회적 맥락에서 다른 사람과 아이디어와 정보를 교환하려고 언어를 사용하는 데는 어려움을 겪을 확률이 높습니다. 보통 그들은 추상적이거나 복잡한 언어 개념에 어려움을 겪습니다. 우리가 말하는 것이 정확히 우리가 뜻하는 게 아닐 때(예 : 비꼬거나 농담하거나 은유를 사용하거나 단지 말뿐일 때), ASD 어린이는 쉽게 오해합니다. 이러한 어려움을 통틀어 "실용적" 언어의 결핍이라고 합니다. 보통 사람에게는 자연스럽게 배우고 암묵적으로 알게 되는, 대화의 기초가 되는 규칙이 있습니다. 여기에는 순서를 교대하기, 장황하지 않고 명확하게 충분한 정보를 제공하기, 관련한 정보를 말하기가 포함됩니다. 우리는 적절한 주제를 선택하는 방법과 주제에 머무르는 방법, 새로운 주제로 전환하는 방법을 잘 압니다. 우리는 다른 사람을 "읽는" 방법을 알며, 대화하는 사람의 필요에 맞게 의사소통을 조정할 수 있습니다. 누군가 지루해하는 것 같으면, 우리는 대화에 활력을 불어넣거나 주제를 변경하려고 합니다. 누군가 헷갈려 하는 것 같으면, 우리는 까닭을 파악하고 해명하려 합니다. 우리가 어린이에게 말할 때는 권위가 있는 사람이나 나이가 같은 사람에게 하는 것과 다르게 합니다. 우리는 억양이나 표정이 우리가 말한 의미를 어떻게 바꾸는지 이해합니다. 하지만 ASD 어린이는 이런 규칙을 알지 못할 수 있습니다. ASD 어린이는 자주 내용이나 뜻을 분명히 드러내며 배워야 합니다.

이 가운데 상당 부분은 훌륭한 사회기술 훈련집단에서 다루어질 수 있습니다(의사소통과 사회 기술은 분리할 수 없습니다. 둘은 뗄 수 없는 관계입니다). 하지만 당신 지역에 그러한 집단이 없거나, 있어도 이런 대화 기술을 다루지 않으면, 당신은 언어 치료의 어떤 형태가 자녀에게 도움이 될지 탐색해야 합니다. 여기저기 물으며 ASD 환자와 작업한 경험이 있는 언어 재활사를 찾으십시오. 그 사람이 "실용적 언어" 훈련이나 대화 기술 치료를 제공하는지 확인하십시오. 종종 이런 치료법은 그룹 환경이나 최소한 두 명의 어린이가 있는 상태에서 제공됩니다. 이런 기술은 치료자와 당신 자녀만 있는 고립 상태에서는 잘 교정되지 않습니다. ASD 어린이 대부분은 부담이 적고 대화 상대가 너그러운, 구조화된 상황에서 잘 수행합니다. 이런 기술은 다른 어린이와 함께 연습해야 합니다. 지식이 풍부한 치료자가 지지적 분위기를 만들고, 어린이의 의사소통 스타일의 장단점에 명시적인 피드백을 제공하며 인도해야 합니다.

4.3.4 행동 문제 개입방법

Behavioral Interventions to Address Challenging Behaviors

ASD 어린이와 청소년은 특수한 관리가 필요한, 특이하고 문제 있는 행동을 할 수 있습니다. 당신 자녀는 때때로 사건에 비해 지나친 것으로 보이는(즉, 예상할 수 없거나 분명한 촉발 요인이 없는) 감정 폭발이나 멘붕(meltdown), 분노 발작을 할 수 있습니다. 또 충동적이고 산만하며, 수업 시간에 소리치고, 다른 사람의 물건을 잡아채거나, 앉아서 집중하는 데 어려움을 겪을 수 있습니다. 아마도 당신 자녀는 틀에 박힌 일상(routine)이나 일이 행해지는 순서, 좋아하는 물건이 놓이는 곳 등에 아주 고집스러울 것입니다. Mark라는 소년은 시리얼을 상자 무게순으로 먹어야 한다고 주장했습니다. 즉, Cheerios 상자가 Rice Krispies 상자보다 무거우면, 다음 시리얼 상자를 열기 전에 Cheerios 상자를 다 먹어야 했습니다. ASD인 15세 Josh는 대통령에 관해 많이 알았고, 대통령 "퀴즈에 답하는" 것을 좋아합니다. 그런데 Josh는 틀린 답을 말하면, 묻는 사람이 첫 번째 질문부터 다시 시작해야 한다고 주장합니다. Josh가 틀린 답을 말한 질문에 도달할 때까지 모두 순서대로 하나씩 반복해야 합니다. 이렇게 하지 않으면 Josh는 크게 스트레스를 받고, 소리치고 웁니다. 적절한 행동을 가르치기 위해 이 모든 것은 응용 행동 분석의 원칙에 기초하는 행동적 치료법으로 다루어질 수 있습니다. 행동적 전략은 두 가지 범주로 나눌 수 있습니다. 하나는 행동에 선행하는 것을 바꿔 행동을 수정하는 전략이고, 다른 하나는 행동의 결과를 바꿔 행동을 수정하는 전략입니다.

4.3.4.1 행동에 선행하는 것을 바꾸기

Changing What Precedes the Behavior

첫 번째 접근법은 예방적 접근법으로 생각할 수 있습니다. 이것은 ASD 어린이에게 파탄이나 불안, 스트레스를 일으키는 것으로 알려진 환경을 바꿔 행동 문제가 시작하는 것을 막습니다. 교실 조정(accommodation)과 관련하여 7장에서 설명할 많은 전략이 이 범주에 속합니다. 우리는 교사가 시각적 방법으로 어린이를 가르치고, 구조화와 조직화를 되도록 많이 제공할 것을 권합니다. 이렇게 ASD와 관련한 장점을 활용하고, 단점을 최소화하는 것은 행동 관리에 관한 예방적 접근법의 한 가지 예일 뿐입니다. 다른 예로 자녀가 잘 쉬었는지, 배고프지 않은지, 약물 부작용으로 행동 문제가 일어나지 않았는지 확인하고, 시각적 일정표를 사용하여 자녀가 예측할 수 있게 하고, 일관성(consistency)을 높이는 것이 있습니다. 이 모든 "개입"은 자녀의 스트레스를 줄이고, 자녀에게 자신을 잘 통제한다는 느낌을 주려고 고안한 것입니다. 따라서 행동 문제를 줄이는 데 효과적일 수 있습니다.

4.3.4.2 행동의 결과를 바꾸기 Changing the Consequences of Behavior

특정한 결과를 제공하여 적절한 행동을 만드는 두 번째 전략은 유명한 B. F. Skinner 박사가 만든 조작적 조건화 이론에 기초합니다. 가장 단순한 무척추동물에서 인간까지, 영아에서 성인까지, ASD가 있는 사람에게서 없는 사람까지, 대부분 생물은 이러한 학습 원리에 따라 행동을 바꿀 수 있습니다. 행동이 강화되면, 즉 다음에 좋은 것이 따르면, 행동 빈도가 늘어납니다. 반대로 처벌이나 무시, 다른 부정적 결과가 따르면 행동 빈도가 줄어듭니다. ASD 어린이의 행동을 바꾸는 데도 이런 원칙을 사용할 수 있습니다(실제로 앞에서 설명한 ABA 치료법은 이 원리에 기초합니다). 우리가 가르치고 싶은 것이 있으면, 우리는 그것을 강화합니다. 우리가 없애고 싶은 행동이 있으면, 우리는 그것에 부정적인 결과를 제공합니다. ASD인 사람은 대부분 분명한 규칙을 줄 때 잘 배웁니다. 자녀가 규칙을 따르는 수고에 보답할 보상 체계를 만들 수 있습니다. ASD 어린이에게 효과적인 인센티브가 되는 보상은 인터넷에서 잠자리(dragonfly)를 찾는 추가 시간을 받기나 동물원에 가서 벌레 전시를 보기처럼 어린이가 관심이 있는 영역과 연결된 것입니다. 하지만 당신 자녀는 보통 아이처럼 좋아하는 저녁 식사하기나 평소보다 늦게 자기 같은 것을 좋아할 수도 있습니다. 당신의 "평범한" 자녀에게 하는 것처럼 시도해 보십시오. 한편 보상이나 처벌 전략을 생각하기 전에 예방 전략을 모색해야 합니다. 어떤 문제 행동은 환경과 구조의 변화만으로 완전히 없앨 수 있기 때문입니다. 이렇게 환경과 구조를 바꿔 문제가 없어지거나 바람직한 행동이 일어나지 않는다면, 보상이나 처벌 전략을 사용하는 조작적 접근법을 시도하여 성공을 꾀할 수 있습니다.

어린 ASD 소녀인 Jenna는 영아기부터 혼자 자려고 하지 않았습니다. 그녀를 그녀 침대에 내려놓으면 울며 성질을 부렸지만, 부모 침대에서는 쉽게 잠들었습니다. 그녀가 잠들면, 부모는 Jenna를 그녀 침대로 데려갔습니다. 하지만 Jenna는 밤늦게 깨어나 집안을 돌아다니고, 좋아하는 물건을 일렬로 세우고, 냉장고에서 음식을 꺼내먹고, 결국 부모 침대로 다시 와 잤습니다. 그녀의 부모는 어느 날 밤 도서관에서 빌린 책과 가위 사이에 Jenna가 앉아있는 것을 보고 도움을 청하기로 마음먹었습니다. 처음에 부모는 발작과 같은 신체적 원인으로 Jenna가 밤에 깨는지 알아보려고 의사를 찾았습니다. 신체적 원인은 없는 것으로 밝혀졌고, 식습관을 바꿔도(카페인이 든 음식과 음료를 삼가고, 저녁에 수분 섭취를 줄이는 것) 수면 습관이 바뀌지 않자 심리사에게 의뢰되었습니다.

Jenna가 따라야 할 분명한 규칙과, 그렇게 하여 받을 분명한 보상을 포함한 행동 프로그램이 마련되었습니다. 잠옷을 입고, 이를 닦고, 화장실에 다녀오고, 책 두 권을 읽고, 기도하고, 전등을 끄고, 키스와 포옹을 하고, 문을 반쯤 닫고, 그런 다음에 부모가 방을 나가는 것으로 구성된 취침 시간 일과(routine)가 정해졌습니다. 이런 단계 각각에 참여하는 Jenna의 사진을 찍은 다음, 사진을 마분지 한 장 위에 순서대로 놓고, Jenna의 침대 옆에 테이프로 붙였습니다. 마분지 아래에는 "제나야, 침대에 머무르렴(JENNA, STAY IN YOUR BED)"이라는 문장이 있습니다. Jenna는 부모 도움을 받으며 침대에 머무르는 대가로 얻고 싶은 것의 목록을 만들었습니다. 좋아하는 간식(다른 시간에는 간식이 허용되지 않았습니다), 작고 값싼 장신구와 장난감, 부모와 함께하는 특별한 활동(쿠키 만들기, 근처 산책하기, 게임하기), 좋아하는 동영상 보기 등이었습니다. 종이 한 장마다 보상 내용을 적어 물음표로 덮인 상자("미스터리" 상자)에 넣었습니다.

Jenna는 "미스터리" 상자에서 종이 한 장을 뽑아서 허용되는, 이러한 보상을 얻는 것에 대한 진척 일정표(progressive schedule)를 받았습니다. 첫 주에 Jenna는 취침 시간 일과의 시작 부분에만 협력하여 어떤 보상을 얻었습니다. 둘째 주에 그녀는 1분 동안 울지 않고 침대에 머물러 어떤 보상을 얻었습니다. 그런 다음에 평상시처럼 부모 침대에서 자는 것이 허락되었습니다. 이 시간이 점차 길어져 Jenna는 점점 더 자신의 침대에 오래 머물러야 보상을 받을 수 있었습니다. 마침내 그녀는 자신의 침대에 누워있는 동안 잠들기 시작했습니다. 보상을 받기 위해 필요한 행동은 밤 내내 침대에 머무르는 것이 되었습니다.

최종 목표에 도달할 때까지 여러 주가 걸렸지만, 이 방법은 Jenna의 수면 패턴을 차츰 부모가 원하는 것으로 만드는 데 성공했습니다. Jenna는 자신이 얻을 것이 무엇인지 정확히 알지 못하는 상태에서 보상을 기대하며 미스터리 상자를 여는 것에 크게 동기 부여되었습니다. Jenna의 부모는 Jenna가 보상에 관해 모두 잊고 새로운 행동을 확립한 것으로 보일 때까지 행동과 보상 사이의 간격을 조금씩 길게 했습니다(예: 이제 보상을 얻으려면 1주일 동안 자기 침대에서 자야 합니다).

Jenna가 자기 침대에서 자는 것을 돕는 계획에는 몇 가지 중요한 요소가 있습니다. 그녀의 부모는 먼저 발작과 카페인 섭취와 같은 문제의 원인이 될 수 있는 것을 찾아보고, 환경을 바꿨습니다. 그런 다음에 Jenna에게 시각적 형식으로 제공되는, 분명하고 예측할 수 있는 규칙으로 이루어진 행동 계획을 수립했습니다. 부모는 Jenna가 보상을 선택하게 하여 Jenna에게 보상이 실제로 강화 효과를 나타내는지 확인했습니다. 처음에는 보상을 받을 조건이 낮게 설정되어 Jenna가 즉각적인 성공을 경험했습니다. Jenna는 점차 행동을 확립하였고, 보상은 조금씩 사라졌습니다, 시간이 지나며 Jenna가 강화를 얻으려면 더 열심히 노력해야 했습니다. 또 Jenna에 대한 기대치를 천천히 나이에 맞게 조정했습니다.

필요하면 이러한 행동 계획에 부정적인 결과를 추가할 수 있습니다. Jenna의 부모는 이렇게 하는 것이 필요하다고 생각하지 않았습니다. 하지만 Jenna가 목표를 달성하지 못하면 어떤 일이 일어날지를 명시하는 구성 요소를 계획에 추가할 수도 있습니다. 예를 들어 Jenna가 침대에서 나오면, 원하는 보상을 얻지 못할 뿐 아니라 어떤 작은 권한을 잃을 수도 있습니다(다음날 저녁에 TV 보는 시간이 5분 줄어듦). 6장에서 어려운 행동을 다루는 방법을 자세히 살펴볼 것입니다.

이러한 방법은 강박적이거나 반복적인 행동을 줄이는 목적으로 사용할 수 있습니다. 모든 계획의 핵심 요소는 환경에서 기여하는 요인을 찾고, 분명한 규칙과 결과를 설정하고, 이것을 일관되게 고수하고, 변화가 점진적으로 도입되도록 단계적으로 요구 수준을 높이는 겁니다. 수년 동안 ASD인 사람과 작업한 영국의 심리학자 Patricia Howlin 박사는 이러한 원칙을 사용하여 한 소년이 "토마스와 친구들(Thomas the Tank Engine)" 기차에 집착하는 것을 점차 줄였습니다. 그는 언제 기차에 대한 접근이 허용되는지를 보여주는 그림 달력을 만들었습니다. 소년이 덜 선호하는 "토마스" 활동이 더 선호하는 활동을 대체했습니다(예: "토마스" 동영상 보는 대신 "토마스" 책 읽기). "토마스"를 대체하는 활동에 참여하면 강화로 커다란 보상을 받았습니다. 마침내 소년은 토마스와 관련한 활동을 멈췄습니다.

때로는 행동에 대한 결과를 제공하고, 변화를 기대하는 것만으로는 충분하지 않을 수 있습니다. 행동에 중요한 목적이 있으면, 아무리 많은 보상과 처벌이 도입되어도 행동이 계속되기 쉽습니다. 예를 들어 어떤 어린이가 수업을 계속 방해하고, 의견과 질문을 반복해서 외친다고 가정합시다. 그 아이가 교사에게 더 많은 관심을 받고 싶었는데, 고함을 지르고 수업을 방해해서 관심을 얻으면, 똑같은 관심을 얻을 대안이 주어질 때까지는 행동을 바꾸기 어려울 것입니다. 하지만 그 아이에게 어떤 손짓이나 신호를 사용하게 하고, 교사가 그 신호에 일관되게 반응하는 것을 배우면, 그때는 보상 행동 체계 없이도 아이가 수업을 방해하는 행동이 사라질 수 있습니다. 마찬가지로 불안해하며 수업 시간에 자신을 때리는 아이가 있으면, 그 행동의 기능을 조사하여 과제가 어렵다는 것을 아이가 전하려 한다는 것을 알아낼 수 있습니다. 이러한 좌절감처럼 자신이 바꾸고 싶은 것을 표현할 다른 방법이 있으면(예: 교사에게 정지 신호 그림이 있는 카드를 줌), 자신을 때리는 행동이 갑자기 중단될 수 있습니다. 문제 행동에는 많은 기능이 있을 수 있습니다. 관심을 얻거나 불쾌한 과제를 피하는 것 말고도 도움이 필요하거나 원하는 물건이 있다거나 지루하다는 것을 나타낼 수 있습니다. 6장은 자녀가 문제 행동으로 전달하려는 메시지가 무엇인지에 관한 퍼즐을 완성하도록 도울 것입니다. 이러한 메시지를 소통하고, 궁극적으로 메시지 배후에 있는 문제를 해결하는 대안을 찾는 것이 기능적 행동 분석이라는 행동 개입 유형의 핵심입니다. 이것도 6장에서 살펴볼 것입니다. 심리사와 교사는 행동의 기능을 발견하고, 그 행동을 바꿀 다양한 평가 도구를 사용합니다. 당신 자녀에게 이러한 문제가 있으면, 행동 중심(oriented) 치료자에게 이런 전략을 물어보십시오.

4.3.4.3 문제를 발견하고 차단함 Spotting and Heading Off Trouble

어려운 행동을 관리하는 또 다른 접근법은 어린이가 가까이 닥쳐온 어려움을 나타내고 주의를 돌리는 경고 신호를 학습하게 하여, 어린이를 그 상황에서 빼내거나, 어린이에게 해당 행동과 양립할 수 없는 다른 활동을 제공하는 것입니다. 어떤 어린이는 자신이 초조해졌거나, 공격적으로 되었거나, 불안해한다는 신호를 분명히 보입니다. 어린이는 울적한 기분으로 폭발하지 않습니다. 하지만 이것이 차츰 나빠져, 처음에는 걱정스러워하거나 신경질적으로 보이고, 다음에는 숨죽인 소리로 중얼거리고, 다음에는 서성거리고 손을 펄럭거리고, 마침내 다른 사람을 후려갈기려 하고 물건을 부수고 폭언하며 완전히 폭발합니다. 이 어린이에게는 위협적인 상황에서 빼내어 안전한 장소로 데려가도록 계획이 만들어질 수 있습니다. 안전한 장소란 (1) 어린이가 사적으로 걷거나, 이야기하거나, 고함칠 수 있는 방이거나 (2) 진정시키는 음악을 들으며 누워있을 카우치가 있는 장소이거나 (3) 이완 훈련(심호흡, 열까지 세기, 시각화된 대안 등, 8장 참고)으로 어린이를 안내할 치료자나 교사입니다. 반응적인 방식보다는 사전 대비 방식으로 관여하는 것이 좋습니다, 어린이가 암묵적으로라도 부적절한 행동(acting out)이 이러한 잠재적인 강화 활동(반응)을 얻는다고 배우지 않게 하려는 뜻입니다.

4.3.4.4 십대와 성인 자녀를 위한 자기 모니터링 강화
Self-Monitoring and Reinforcing for Teens and Adults

마지막으로 ASD인 사람 가운데 일부, 특히 청소년과 성인은 자신의 행동을 모니터링하고 자신을 강화하여 자기 조절과 자기 관리 기술을 배울 수 있습니다. 이러한 체계는 숙련된 임상의가 설정하는 것이 가장 좋습니다. 필수적인 요소는 (1) 늘리거나 줄여야 할 행동을 인식하도록 가르치기와 (2) 문제 행동이 일어나거나 안 일어난 사례를 믿을만하게 확인할 수 있도록 종종 동영상 녹화를 사용하여 ASD인 사람을 훈련하기, (3) 문제 행동을 정기적으로 모니터링하기입니다.

앞에서 말했던 수업 방해 행동을 예로 들겠습니다. 교실에 있는 아이의 동영상을 만든 다음에 교사나 부모가 그 아이와 함께 앉아 동영상을 보며 수업 방해가 일어났을 때와 손들기나 다른 행동을 적절하게 했을 때를 지적합니다. 그러면 어린이가 수업 방해 행동을 확실하게 인식하게 될 것입니다. 동영상을 보는 시간의 약 80% 이상에서 어린이가 “예, 내가 거기서 수업을 방해하네요.” 또는 “아니오, 수업 방해가 아니네요.”라고 정확하게 말하게 되면, 자기 모니터링 단계가 시작됩니다. 이때는 어린이의 책상에 인덱스카드 한 장을 테이프로 붙입니다. 세로로 두 칸을 나누어, 한쪽에는 “수업 방해”라고 표시하고, 다른 쪽에는 “수업 방해 아님”이라는 표시를 합니다. 몇 분 간격으로 부드러운 알람이 울리도록 시계를 맞춥니다. 알람이 울릴 때마다 어린이는 두 칸 가운데 하나에 체크 표시를 해야 합니다. 이러면 어린이가 수업 방해 행동을 점점 잘 알게 될 겁니다.

때때로 이러한 인지와 행동 모니터링은 자체로도 문제 행동을 바꿀 수 있습니다. 때때로 이 장에서 설명했던 접근법 가운데 몇몇을 함께 사용해야 합니다. 환경에서 변화가 이루어져야 하고, 규칙과 보상을 마련해야 하고, 대안 행동을 가르쳐야 합니다, 그래야 어린이가 행동을 스스로 모니터링하는 법을 배울 수 있습니다.

4.3.4.5 행동 전문가에게 컨설팅받기 Consulting a Behavioral Specialist

많은 부모에게 행동 관리 계획이 "상식"에 지나지 않는 것처럼 보일 겁니다. 하지만 그런 기법을 훈련받은 행동 전문가의 도움을 받아 계획을 수립하고 모니터링하는 것이 현명합니다. 의도하지 않게 사소한 것을 빠뜨려 어린이가 전체 계획 체계에서 이탈하는 일이 생길 수 있습니다. 자녀는 부모가 설정하려는 계획에 저항할 수 있습니다. 따라서 제삼자가 "계약" 조건을 협상하게 하면 도움이 됩니다. 강화 체계가 점진적으로 사라지게 하는 것은 관리하기 어려울 것입니다. 보상을 줄이는 가장 적절한 속도를 결정할 때는 종종 외부 지원이 도움이 됩니다. 부정적인 결과라는 행동 접근법을 추가해야 하는지의 결정은 전문가에게 맡기는 것이 바람직합니다. 데이터가 수집되었으면 프로그램이 얼마나 성공적이었는지, 언제 목표를 변경하거나 추가해야 하는지, 언제 새로운 방법을 시도해야 하는지를 알기 위해 전문가에게 맡기는 것이 이상적입니다. 전문적인 도움을 받으면 행동 프로그램은 ASD인 사람의 행동을 바꾸고, 그 사람과 가족의 어려움을 줄이는 데 효과적일 수 있습니다.

4.3.5 약물치료 *Medication*

최근에는 ASD 환자 치료에 약물을 사용하는 일이 늘었습니다. 여러 연구가 미국 ASD 어린이의 절반가량이 정신에 작용하는 약물을 처방받는데, 나이가 들며 약물 사용이 더 늘어난다고 말합니다, 연구 결과 ASD인 사람에서는 특정 뇌 화학 물질(신경 전달 물질)의 수치가 달랐는데, 때로는 정상인보다 높거나 낮았습니다. 의사소통의 어려움과 같은 자폐증의 주요 증상을 줄이는 약물은 없지만, 약물을 적절히 사용하면 어린이와 가족 모두 삶이 나아질 수 있습니다. 약물치료는 다른 형태의 치료에서 자녀가 혜택을 얻을 능력을 키울 수 있고, 자녀와 주변 사람의 스트레스를 의미 있게 줄일 수 있습니다. 예를 들어 적절한 약물치료로 부주의와 과잉 행동을 관리하면, 자녀가 학교에서 더 집중하게 되고, 제공된 교육적 도움의 긍정적 효과를 높입니다. 또 약물 투여로 ASD인 사람에게 대인 관계 불안이나 자기에 대한 부정적 감정이 줄어들면, 사회기술 훈련집단에 참여하여 혜택을 얻을 수 있습니다.

지난 몇 년 동안 ASD 치료에 다양한 약물을 사용했습니다. 하지만 임상적으로 의미 있는 방식으로 ASD의 핵심 문제인 사회성과 의사소통 결핍에 믿을 만한 결과를 가져온 약물은 아직 없습니다. ASD인 사람에게 흔히 사용하는 약물은 동반 증상인 주의력과 활동 수준 문제, 우울증, 불안, 공격성, 반복적 사고나 행동, 수면 장애, 틱과 간질 등을 다룹니다. ASD인 사람에게 흔히 처방하는 약물은 (1) Methylphenidate와 Dextroamphetamine 같은 자극제, (2) Risperdal과 Abilify 같은 새로운 "비정형 신경이완제", (3) Prozac이나 Zoloft, Paxil 같은 선택적 세로토닌 재흡수 억제재(SSRIs) 등입니다. 선택적 세로토닌 재흡수 억제재(SSRIs)가 ASD 어린이에게 효과가 있다는 증거는 부족합니다. 하지만 이런 약물들이 사례에 따라 도움이 될 수도 있습니다.

선택적 세로토닌 재흡수 억제재(SSRIs)는 뇌에서 신경 전달 물질인 세로토닌의 농도를 높여 효과를 낼 것입니다. 자극제와 비정형 신경이완제는 주로 도파민이라는 다른 신경 전달 물질에 작용하여, 뇌에서 도파민 수준을 줄이거나 도파민 기능을 차단합니다. 자극제들은 주의력과 활동 수준 문제가 있을 때 일차 선택 치료법(treatment of choice)이며, 주의력 결핍 장애만 있는 어린이뿐 아니라, 주의력 결핍 문제(disturbance)가 있는 ASD 어린이에게도 효과적일 것입니다. Risperdal과 Abilify는 조현병 같은 정신병적 상태에 처음으로 사용된 약물이지만, ASD 환자에게서 때때로 나타나는 자극 과민성이나 공격성, 폭발적이거나 예측할 수 없는 행동에 도움이 되는 것으로 나타났습니다. 이런 유형의 약물이 분노 발작과 공격성 같은 어려운 행동을 다루려는 행동 개입과 결합할 때, 훨씬 효과적이라는 연구 결과가 있습니다.

이런 약물들은 ASD 치료에 얼마나 효과가 있을까요? 이 질문에 답하려고 우리는 잠시 주제를 벗어나 어떤 치료법(약물치료 또는 행동치료 또는 심리치료)이 효과가 있는지를 평가하는 과정을 설명하겠습니다. ASD 환자에서 약물을 투여하기 전과 후의 시험 결과를 비교하는 것이 확실한 방법일 것입니다. 하지만 세심하게 주의를 기울인 조사는 이 접근법에 몇 가지 문제가 있다고 지적합니다. 증상 개선은 저절로 일어난 것이고(예를 들어, 아이가 나이가 들며 자연스럽게), 약물과는 관련이 없을 수 있습니다. 따라서 치료법 연구에는 대조군 샘플을 사용해야 합니다. 대조군 샘플은 치료받는 사람과 아주 비슷한 사람의 집단으로 똑같은 진단명과 기능 수준, 비슷한 연령대이고, 해당 치료를 받지 않는 것만 달라야 합니다.

위약이라는 약물학적으로 중립적이거나 비활성인 물질(약 모양의 설탕 덩어리나 무해한 소금 용액)을 투여한 다음에 많은 환자에서 증상이 나아지는 것은 잘 알려진 사실입니다. 이런 개선을 위약 효과라고 하는데, 의사에게 관심을 받아서 생기는 효과이거나 희망과 긍정적 사고의 힘이 반영된 것으로 생각합니다. 따라서 자녀에게 투여한 약물이 위약보다 효과적인지가 중요합니다. 연구에서는 약 3분의 1의 사람에서 위약이 분명한 개선 효과를 나타냈습니다. 그래서 우리는 특정한 약물이 투여한 사람의 30% 이상에서 효과를 나타내는지를 알려 합니다. 30%보다 작으면, 그 약물 사용에 따른 비용과 잠재적 부작용을 피하고자 설탕 알약을 사용하는 게 어떨까요? 이것은 치료하지 않는 집단이 아닌 위약을 처방받는 집단을 대조군으로 하는 연구에서 검증할 수 있습니다.

가장 좋은 연구 방법은 약물 복용자와 위약 복용자를 무작위로 배정하여, 연구에 참여한 사람 모두가 어떤 약을 받았는지 모르는 것입니다. 이러한 무작위 할당은 약물을 복용한 사람과 위약을 복용한 사람 사이에 일관된 차이가 있는지를 확실히 알도록 돕습니다. 그것은 반응의 차이를 설명할 수 있습니다. 예를 들어 연구에 관심이 있는 사람이 약물치료 그룹에 배정되면, 이들은 연구의 요구 사항을 더 잘 따르고 치료 결과를 더 희망적으로 기대하기에, 연구 결과에 편향(bias)이 일어나기 쉽습니다. 또 처음 연구자와 접촉하는 사람이 증상이 심한 탓에 약물치료 그룹에 배정되면, 상태가 심한 까닭에 개선이 덜 이루어집니다. 이러면 결과가 편향됩니다. 이것이 동전 던지기나 다른 무작위 절차로 사람들을 그룹에 배정하는 까닭입니다. 한편 환자도, 부모도, 심지어 의사도, 누가 약물을 복용했고, 누가 위약을 복용했는지 몰라야 합니다. 이러한 방식을 이중 맹검법이라 하는데, (의도하지 않게라도) 일어날 수 있는 어떤 편향이라도 다시 한번 최소화하는 역할을 합니다.

이중 맹검법이나 무작위 방식으로 진행한 몇몇 연구로 비정형 신경 이완제인 Risperdal과 Abilify가 ASD 환자에서 위약보다 효과가 있다는 것이 입증되었습니다. 이들은 FDA(Food and Drug Administration)가 충분한 실험을 거쳐 ASD에 사용하도록 승인한 유일한 약물입니다. ASD에 관해 시행한 항우울제 사용에 대한 연구 결과는 도움이 된다는 것과 그렇지 않다는 것이 섞여 있습니다. 이 책의 두 번째 판이 출간되었을 때는 FDA가 Prozac 같은 약물을 ASD에 사용하는 것을 승인하지 않았습니다. 이것은 당신 자녀의 의사가 FDA가 승인하지 않은 약물을 시도하지 않을 것이라거나, 그런 약물이 당신 자녀에게 도움이 되지 않는다는 뜻이 아닙니다. ASD 환자에게 이 약물 사용을 널리 추천하기 전에 더 많은 실험이 필요하다는 뜻일 뿐입니다. 이중 맹검법이나 무작위 방식으로 진행한 연구는 주의력 결핍이나 과잉행동장애(ADHD)를 치료하는 많은 약물이 부주의나 과잉 행동이라는 추가적인 문제가 있는 ASD 어린이에게 도움이 된다는 것을 발견했습니다. 하지만 이러한 약물 가운데 어느 것도 사회적 어려움이나 의사소통 문제 같은 ASD의 핵심 증상을 치료 목표로 삼지 않습니다. 보통 약물은 심한 공격성이나 조절되지 않는 행동, 기분 문제 같은 사회성과는 다른 문제를 다룹니다. 이런 연구는 아직 걸음마 단계입니다. 약물의 어떤 개별적인 특징이 성공을 가져온다고 말할 만큼 연구가 충분치 않습니다. 예를 들어 어떤 약물이 있을 때, 그 약물은 어떤 연령대나 어떤 문제가 있는 사람에게 가장 효과가 좋을까요? 대부분 약물은 부작용이 있습니다. 따라서 약물 사용은 위험이나 불편함, 비용 등을 신중하게 고려해야 합니다. 지금까지 이중 맹검법이나 무작위 방식으로 진행한 연구는 약물로 특정 증상을 완화하여 삶의 질을 나아지게 할 수 있지만, ASD의 기본 특징을 바꿀 수는 없다고 합니다. 약물은 행동 개입과 결합하여 사용하는 것이 가장 좋습니다.

4.3.6 감각 통합 치료 *Sensory Integration Therapy*

일부 ASD 어린이는 특정한 소리나 맛, 질감, 냄새 같은 일상 감각에 지나치게 민감하거나 쉽게 압도됩니다. 그들은 이러한 감각과 맞닥뜨릴 때 강렬한 고통을 느낄 수 있습니다. 때때로 부모는 이런 현상을 "감각 과부하"라고 묘사합니다. 한 젊은 여자는 원치 않는 소리와 냄새, 광경에 심하게 시달릴 때, 몸이 "외부 자극을 차단(shut down)"하게 된다고 말했습니다. 그녀는 몸이 다른 사람의 것이거나 가구 조각인 것처럼 완전히 동떨어진 느낌을 받는다고 묘사했습니다. 한 ASD 소년은 냄새에 지나치게 민감했습니다. 그의 엄마는 의사와 아들이 만나기 전에, 의사에게 향수를 뿌리거나 향기 나는 발한 억제제를 사용하지 말라고 부탁했습니다. 한 방문에서 그 소년은 의사에게 입 냄새가 난다며, 의사가 구강청결제로 입을 헹구지 않으면 떠나겠다고 협박했습니다. ASD 어린이 대부분은 소음을 잘 견디지 못하며, 소음에 노출될 때 귀를 막을 것입니다. 심지어 어떤 사람은 크지 않고 다른 사람을 괴롭히지 않는 소음, 에어컨의 윙윙거리는 소리나 아기 울음소리 같은 것에도 어려움을 겪습니다. 한편 다른 어린이에게는 정반대의 문제가 있습니다. 그들은 특정 감각을 갈망하는 것 같습니다. 그들은 이런 감각을 일부러(종종 부적절하게) 찾습니다. 한 ASD 어린이는 팬티스타킹의 질감을 좋아했습니다. 그는 먼 거리에서도 여성이 팬티스타킹을 착용했는지를 알 수 있었고, 팬티스타킹을 만져볼 수 있을 만큼 가까워질 때까지 어떤 일이라도 했습니다. 어떤 자폐증 소녀는 사람들의 팔꿈치 안쪽의 부드러운 면을 턱으로 누르는 것을 좋아했습니다. 자폐증이 있는 유명한 동물 학자인 Temple Grandin 박사는 깊은 압박감을 갈망했습니다. 어렸을 때 그녀는 이 감각을 느끼려고 긴 소파(couch)의 쿠션 아래에 누워있곤 했습니다. 나중에는 같은 목적으로 특허를 받은 "쥐어짜는 기계(squeeze machine)"를 개발했습니다.

감각 통합(SI)은 들어오는 감각들을 해석하고, 연결하고, 조직하는 과정으로, 그 환경에서 어린이가 안전하고 편안하게 느끼고, 효과적으로 기능하도록 돕습니다. Jean Ayres 박사는 아이가 감각 경험을 이해할 수 없으면, 아이의 행동과 학습이 심각한 영향을 받을 수 있다는 이론을 발표했습니다. Ayres 박사는 지금까지 설명한 특이한 행동은 감각 통합 기능 장애가 원인이라고 말합니다. Ayres 박사는 ASD 어린이뿐 아니라 학습 장애와 뇌성마비, 기타 유전 증후군 어린이도 감각 통합 기능 장애를 겪을 수 있다고 합니다.

감각 통합(SI)의 치료 목표는 기존 민감도를 줄이고, 남은 민감도에 대처하는 기술을 익히며, 새로운 감각에 내성을 키우는 것입니다. 이것은 놀이와 움직임으로 어린이가 다양한 감각적 경험에 노출됨으로써 이루어집니다. 어린이는 도움을 받으며 다양한 물질과 감각을 탐구합니다. 어린이는 치료 경험에 어느 정도 통제권을 가집니다. 하지만 감각 입력을 더 좋게 조직하고 해석하도록 촉진할 것으로 생각되는 활동{예를 들면 그네 흔들기(swinging)나 가벼운 솔질(brushing), 심부 압박(deep pressure)등}을 안내받기도 합니다. 아주 조심스러운 어린이는 점프 활동으로 부드럽게 인도될 수 있습니다. 반면에 야단스럽고 자제하지 못하는 어린이는 작은 의자들로 만든 터널을 기어 지나가는 것을 경험하며 공간적 경계에 관해 배울 수 있습니다. 치료 환경에는 오르거나 이동하는 재미있는 것(예: 경사로(ramp)나 평판 그네(platform), 매트, 막대기 그네(trapezes), 튜브 그네(tube) 등)이 가득하여 보통은 아이들이 치료를 즐깁니다. 감각 통합 요법은 대개 작업 치료사가 제공하는데, 특정 기법뿐만 아니라 기본 이론을 훈련받은 전문가를 찾는 것이 중요합니다.

많은 전문가와 부모가 감각 통합(SI) 치료로 자녀의 행동과 기능이 향상되었다고 말했지만, 이것을 증명하는 연구는 많지 않았습니다. 표본 수가 적은 무작위 대조 연구에서 이러한 치료법의 긍정적 효과가 나타났지만, 여전히 더 많은 연구가 필요합니다. 그런데도 많은 부모와 자녀가 감각 통합(SI) 접근법으로 진정시키는 효과를 보았다고 말합니다. 당신도 그것을 시험할 수 있습니다. 하지만 여기에서 검토한 모든 치료법, 특히 지지하는 연구가 거의 없는 치료법에서처럼 당신이 얻는 혜택을 주의 깊게 평가하십시오. 다른 사람, 특히 치료를 모르는 사람이 자녀 행동에 변화가 있다는 것을 알아차립니까? 자녀가 잠을 잘 자거나 (좋아하는 동영상 보기처럼) 선호하거나 진정하게 하는 활동에 참여한 다음에 나타날 수 있는 것을 뛰어넘는 혜택을 당신이 알아차립니까? 자녀의 행동 차트를 만들어 관리하면 도움이 됩니다. 날마다 종이 한 장에 세로로 두 칸을 만들고, 한쪽 칸에는 수면, 식사, 치료나 특별한 상황에 관한 정보를 적고, 다른 칸에는 어린이의 그 날 행동에 관한 정보를 적습니다. 이렇게 하면 당신이 모든 중요한 변화를 추적할 수 있습니다. 또 그것과 자녀의 삶에서 (치료를 포함하여) 일어나는 사건이 어떻게 관련되었는지를 조사할 수 있습니다. 언제나 그렇듯 경제적 부담으로 한계에 부딪힐 수 있습니다. 모든 형태의 치료법에 접근하는 것은 가능하지도 않고, 바람직하지도 않습니다(시간의 관점에서). 당신은 여러 개입 가운데 선택해야 하는데, 아직 효과가 입증되지 않은 치료법은 신중하고 철저하게 조사해야 합니다.

감각 통합(SI) 치료 말고도 자녀가 경험과 신체 감각을 조직하고 통합하는 능력을 키우는 데 도움이 될 것이 있습니다. 체조(movement)와 무용 수업은 치료 환경 밖에서 비슷한 기술을 강조합니다. 스포츠나 무술 훈련 같은 체력 단련 활동도 마찬가지입니다. 당신은 이러한 옵션 가운데 하나를 고려할 수 있습니다.

4.3.7 개인 정신 치료 *Individual Psychotherapy*

전통적인 정신 치료는 ASD인 사람 가운데 일부만 도울 수 있습니다. 보통은 개인 정신 치료로 감정에 관한 토론과 행동 패턴, 대인 관계 문제에 관한 통찰을 얻습니다. ASD인 대부분 어린이와 청소년은, 심지어 성인도 자기 인식이 제한되어 있고, 자신을 자연스럽게 사회 비교하지 않으며, 자기 어려움의 본질과 원인을 거의 통찰하지 않습니다. 따라서 이러한 형태의 심리 치료는 별 도움이 되지 못합니다. 또 ASD인 사람에게서 대부분 문제가 일어나는 영역인 사회적 상황은 개인 치료 회기보다는 커다란 집단 형태(format)에서 잘 다룰 수 있습니다. 자폐증에서 일어나는 주요 어려움은 하나의 상황에서 다른 상황으로, 한 상호 작용에서 다른 상호 작용으로, 한 환경에서 다른 환경으로, 한 사람에게서 다른 사람으로 자동적인 일반화가 이루어지지 않는 것입니다. 따라서 이해심 있는 치료자와 일대일 설정에서 수행한 작업이 또래와 관계하는 집단 사회 상황으로 일반화할 확률이 낮습니다. 따라서 집단 치료(종종 사회 기술 훈련 형태로)가 ASD 특유의 문제를 다루는 더 좋은 방법일 것입니다.

하지만 어떤 경우에는, 특히 자신과 다른 사람의 감정 상태와 행동을 이해하는 능력이 있는 아주 고기능인 청소년과 성인에게는 개인 정신 치료가 타당할 수 있습니다. 이러한 제한된 상황에서 개인 정신 치료는 ASD와 자주 동반하는 불안과 우울, 정서적 조절 문제, 다른 사람과 다르다는 것을 알아차리며 생기는 고통을 다루는 데 도움이 될 수 있습니다. 이때 상담은 ASD가 아닌 사람이 대상인 전형적인 정신 치료보다 구조화되고, 지시적(directive)이고, 구체적이어야 합니다. 특정 문제에 분명히 초점을 맞추고, 그것에 대처할 효과적인 방법을 개발하고, 그 사람의 잠재력을 극대화하고, 직업 관련 사회적 행동 같은 중요한 생활 기술을 익히도록 돕는 전략을 계획해야 합니다. 이 치료법은 아주 지시적일 수 있습니다. 독립적으로 기능하도록 특정 기술(예: 버스 타기, 취업 인터뷰, 식당에서 음식 주문하기 등)을 개발할 것을 독려하려고 지역 사회에 "현장 체험(fieldtrips)"을 갈 수도 있습니다. 고기능 ASD인 청소년과 성인에서 자기 생각과 그것이 행동에 미치는 영향을 이해하는 데 초점을 두고 불안 증상을 다룰 때, 인지 행동 요법이 효과적이라는 연구 결과가 있습니다. 우리는 8장에서 인지 행동 치료를 자세히 살펴볼 것입니다. 추가 정보는 이 책 뒷부분에 있는 자료들(Resources)에 있습니다.

4.3.8 식이 요법 *Dietary Treatments*

일부 전문가는 ASD와 관련한 일부 증상을 관리하려면 특수 식이 요법이나 비타민 보충제 복용, 또는 둘 다를 하는 것이 좋다고 말합니다. 최근 몇 년 동안 음식 알레르기, 특히 밀가루에 있는 단백질인 글루텐과 우유에 있는 단백질인 카세인이 심각한 알레르기 반응을 일으켜 뇌에 자극이나 손상을 낳고, ASD와 관련한 특이한 행동으로 이어지게 하여, 일부 자폐증의 발생에 기여한다는 이론이 나왔습니다. 지금까지 이 가설은 잘 통제된 과학 연구보다는 임상 관찰과 부모의 보고에 근거합니다. 그런데 많은 ASD 어린이에게 위장관 문제가 있어 역류나 변비, 설사 같은 문제가 생길 수 있습니다. 이런 문제가 있으면 소아청소년과 의사와 상담하고, 위장관 증상이 뚜렷하면 소화기내과 전문의(gastroenterologist)와 상담해야 합니다. 또 편식 같은 식생활 문제도 흔합니다. 소아청소년과 의사와 이러한 문제에 도움을 줄 전략을 논의할 수 있어야 합니다.

약물과 관련한 잠재적 위험과 이점을 이해해야 하는 것처럼 식이 개입에 관해서도 많은 연구가 필요합니다. 특정 제품을 식단에서 뺐더니 자녀의 행동이 개선되었다고 보고하는 부모가 있습니다. 아이가 제외 식이 요법(elimination diet, 어떤 음식에 문제가 있는지 알려고 한 번에 한 음식 씩을 체계적으로 빼는 식이 요법)을 받을 때는 부모와 자녀가 어떤 그룹에 속할지 모르도록 "맹검(blind)"할 수는 없습니다. 하지만 연구자는 아이들을 무작위로 식단을 조절하는 집단이나 식단을 조절하지 않는 집단으로 배치하여 아이들이 어느 집단에 속하는지 모르게 할 수 있습니다. 식이 치료의 효과를 알려면 위와 같이 해야 합니다. 또 식이 요법을 할 때는 잠재적 위험이나 부작용을 잘 알고, 필요한 영양을 적절하게 첨가할 수 있는 영양사(dietician)나 의료 전문가와 협력해야 합니다.

ASD 식이 요법의 또 다른 형태는 비타민 보충입니다. 처음으로 자폐증의 생물학적 원인을 제시한 전문가 가운데 하나인 Bernard Rimland 박사는 비타민 B6와 마그네슘을 대량으로(일반적인 비타민 보충보다 훨씬 많이) 투여하는 메가 비타민 요법을 지지했습니다. 비타민 B6가 적절하게 흡수되려면 미네랄 마그네슘이 필요하기에, 이 두 비타민을 함께 투여합니다. Dimetylglycine(DMG)은 자폐 증상을 돕는다고 보고된, 건강식품 매장에 많은 또 다른 "자연 성분(natural substance)"입니다. 많은 부모가 자녀가 이 보충제를 복용할 때, 시선 접촉과 사회적 시작 행동, 언어, 기분, 공격성을 포함한 다양한 행동에서 개선이 나타났다고 보고합니다. 이 중 맹검법이나 무작위 방식으로 진행한 몇몇 연구가 이루어졌지만, 효과 여부는 일치하지 않았습니다. 거의 모든 연구에서 표본 수가 적었거나, 무작위 할당을 못 했거나, 표준화한 평가 방법을 사용하지 않는 등 문제가 있었습니다. 우리는 항상 메가 비타민 요법을 할 때는 경험 많은 의사와 상담하라고 권합니다. 비타민 치료의 부작용이 나타날 수 있기 때문입니다. 보통 사용하는 것보다 훨씬 많은 복용량에 독성이 없을 거라고 아직은 확신하지 못합니다.

4.3.9 가족 지지 *Family Support*

치료 마지막 영역은 가족입니다. 이 주제가 이 장 끝부분에 있지만, 가족의 고통을 덜어주는 것은 이차적인 일이나 중요하지 않은 일로 생각하면 안 됩니다. 앞에 나온 여러 치료법이 자녀에게 도움이 된다면, 그것은 나아가 당신과 당신 가족을 도울 것입니다. 하지만 이런 치료법에도 가족 구성원에게 심각한 어려움이 남았으면, 추가 지원이 필요할 수도 있습니다. 대부분의 도시 지역에는 부모와 ASD 환자 가족을 위한 지지나 자조 그룹이 있습니다. 일부 지역에는 증상이 가볍거나 고기능인 어린이에게 특히 중요한 주제와 관련이 있는 고기능 어린이의 가족 정기 모임이 있습니다. 혹시 당신이 사는 지역에서 그런 모임을 이용할 수 없더라도 실망하지 마십시오. 대부분 지지 집단이 고기능인 사람을 대상으로 모임을 하려고 노력할 것입니다. 가장 적절할 참석 시기를 알려면 당신이 미리 전화하여 일정과 주제를 알아봐야 할 수도 있습니다. 부모는 자녀가 다른 수준에서 기능하더라도, 당신이 겪는 일을 전문가보다 잘 이해하고 당신과 가족에게 도움이 될 해결책이 있을 수 있는 다른 부모와 이야기하는 게 도움이 된다는 것을 알게 됩니다. 이런 지지 집단은 당신이 혼자가 아니라는 걸 분명히 알게 합니다. 진단 당시에 느끼는 고립감은 모든 부모에게 공통된 것입니다. 지지 그룹에 가입하면 그런 감정을 상당히 줄일 수 있습니다. 또 건설적이고 실질적인 도움을 많이 얻습니다. 당신이 이러한 지지 집단의 정기 모임에 참석하든 안 하든, 관련 지역 사회 프로그램과 책, 학회, 인터넷 사이트에 관한 소중한 정보가 있는 주(state) 자폐증 협회에 연락하십시오.

장애가 있는 사람에게 서비스를 제공하는 주 정부 기관에도 연락해야 합니다. 보통 증상이 심한 정도나 자녀의 나이와 기능 수준, 가족의 자원(경제 사정 등), 자녀가 가족 시스템에 미치는 영향을 고려하는 긴 자격 심사 과정(eligibility process)이 있습니다. 주 정부의 규정에 따라 당신 자녀에게 자격이 있으면 다양한 서비스(직업 훈련, 상주 돌봄(residential care), 학령전기 프로그램)를 받을 돈이 나옵니다. 휴식 돌봄(respite care)은 짧은 동안에 자녀를 보살필 수 있는 훈련받은 준전문가가 제공하는 것으로, 당신과 가족에게 얼마간 휴식을 줍니다. 가장 좋은 상태의 휴식 돌봄은 고도로 훈련되고 신뢰할 수 있는 보모를 무료로 갖는 것과 비슷합니다. 자녀가 나이 들면 장애인을 지원하는 주 정부 부서가 자녀에게 직업 훈련 기회를 주고, 직업을 찾고 유지하도록 돕는 직업 지원을 제공할 수 있습니다. 또 자녀가 성인이 되어 당신과 자녀가 새롭고 더 자율적인 주거 시설(residential)을 원할 때, 도움(assisted)을 받을 수 있거나 반자립 형태인 다양한 생활 환경(situations)이 있습니다. 이 주제는 9장에서 자세히 다룹니다.

가족 및 부부 치료는 자녀 양육과 관련하여 심각한 스트레스를 겪을 때 특히 도움이 됩니다. 부모에게는 자녀의 진단명 또는 미래에 관한 심각한 불안이나 우울, 자신이 문제를 일으켰다는 비합리적 죄책감, 서비스를 이용할 수 없는 것에 대한 좌절감과 분노, 자녀가 가족에 미치는 영향에 대한 불만 등이 있을 수 있습니다. 숙련된 가족 치료자나 부부 치료자는 당신이 이런 감정을 헤쳐나가고, 자녀의 요구에 대처하는 법을 배우고, 삶의 모습을 어느 정도 유지하도록 도울 수 있습니다. 규율(discipline), 다른 육아 문제 또는 치료에 관한 중요한 의견차이가 있으면, 차이를 건설적으로 조정하도록 다루고, 다양한 선택들을 정리하고, ASD인 자녀의 요구에서 생긴 사적인 문제나 부부 문제를 풀어내는데, 가족 치료자가 크게 도움이 될 것입니다.

4.4 치료 관리자로서의 부모

PARENTS AS TREATMENT MANAGERS

ASD 어린이 부모의 바람은 모든 치료 옵션을 하나의 치료 프로그램으로 가져와, 통합된 방식으로 자녀에게 필요한 것을 해결하고 자녀의 발달을 촉진하는 것입니다. 하지만 이것이 쉽지 않습니다. 당신 자녀는 병원의 외래 치료집단이나 학교, 가정, 언어 치료실에서 사회 기술을 키우려고 노력할 수 있습니다. 누군가 이러한 여러 개입의 목표가 조화를 이루게 하고, 관련한 모든 개입들이 자녀에게 필요한 것이라는 공통된 목적을 향해 노력하게 하고, 여러 개입의 의도가 어긋나지 않게 돌봐야 합니다. 자주 부모가 이런 역할을 합니다.

이렇게 하루하루를 관리하는 것 말고도 당신은 시간이 지나며 바뀌는 자녀와 가족의 필요사항들을 알아야 합니다. 어떤 치료 계획도 영원하지 않습니다. 개입하고 시간이 지나면 어떤 어려움은 줄어들 것입니다. 하지만 새로운 발달 단계에 도달하고, 그 단계를 극복하는 데 새로운 기술이 필요하면서 다른 어려움이 나타날 수 있습니다. 지금 치료 "패키지"가 여전히 도움이 된다는 것을 확인하려면, ASD에 전문성이 있고 자녀를 잘 아는 전문가에게 몇 년마다 재평가받는 것이 필요할 수 있습니다.

가장 어려운 도전은 우선 어떤 치료를 할지 결정하는 것일 겁니다. 대부분 부모는 자녀에게 최선인 치료법을 찾아야 한다는 다급한 압박감을 느낍니다. 이런 마음으로는 치료 가능성이 있는 것 같지만 아직은 철저히 연구되지 않은, 최근에 생겨난 개입을 시도하기 쉽습니다. 어떤 부모는 도움이 될 만한 것은 무엇이라도 하려 하고, 모든 수단을 동원하려 합니다. 이들은 잠재적 위험과 경제적 비용을 덜 중요하게 생각합니다.

하지만 이 장에서 말한 것을 포함하여, 이용할 수 있는 개입 가운데 적절히 연구된 것은 극소수입니다. 당신은 새로 개발된 어떤 것이 효과가 있다는 주장을 들었을 수도 있습니다. 보통 이러한 개입은 어떤 유형의 어린이가 좋아지는지, 자폐증의 어떤 증상이 해결되는지, 어떤 기전으로 변화가 이루어지는지, 치료 "용량(dose)"이 어떠한지에 관한 정보를 제공하는 실험적 연구를 거치지 않은 것입니다. 이런 새로운 치료법을 시도할 때의 위험-혜택 비율을 결정하려면 당신은 어려운 질문을 해야 합니다. 이 치료법은 어떤 나이의 어린이에게 가장 효과적입니까? 자녀가 개입의 혜택을 얻으려면 언어 능력이 있어야 합니까? 있어야 한다면 어느 정도이어야 합니까? 치료 전후에 어떤 평가를 하여 혜택이 무엇인지 정합니까? 특히 모든 ASD 어린이에게 똑같이 효과 있다고 주장하는 치료법을 의심하십시오.

새로운 치료법을 선택하기 전에 ASD에 익숙한 전문가와 치료법의 오랜 역사를 이야기하면 큰 도움이 됩니다. 연구로 효과가 없다고 밝혀진 과거 "기적의 치료법(miracle cure)" 이야기를 들으면 당신이 더 현명한 관점을 가질 수 있습니다. 2000년대 초반에 소화기 호르몬인 세크레틴(secretin)은 자폐증에 대한 기적의 "치료제"로 선전되었습니다. 전국 단위 뉴스 프로그램도 많은 관심을 표했습니다. 효과를 증명할 증거가 없고, 미디어에 나온 설명 말고는 아무것도 입증되지 않았는데도, 수많은 어린이가 세크레틴 정맥 주사를 맞았습니다. 주장들을 문서로 만드는 데 필요한, 세크레틴 치료 전후의 어린이 평가는 이루어지지 않았습니다. 열풍이 지나간 다음에 전국에 걸쳐 어린이 수백 명을 대상으로 여러 연구가 이루어졌습니다. 연구 결과 ASD 어린이에서 세크레틴 주사가 생리식염수(소금물, 치료 효과가 없는 위약) 주사보다 효과가 크지 않다는 것이 밝혀졌습니다. 세크레틴 사례는 ASD 개입 가운데 가장 잘 연구된 사례가 되었습니다. 비록 효과가 없다고 밝혀졌지만, 그것이 불러일으킨 열기는 잘못된 출처에서 얻은 정보가 어떻게 사람들을 잘못된 길로 이끌고 자원을 낭비하는지 보여줍니다.

비효과적 치료는 비용도 많이 들고, 효과적인 치료를 받는 시기를 늦춥니다. 가장 나쁜 시나리오에서는 자녀에게 실제로 해를 끼칠 수 있습니다. 따라서 자폐 분야에 경험과 전문 지식이 있고, 당신이 편하게 질문할 수 있는 사람에게 궁금한 것을 물으십시오. 언론의 주목을 받지 않을 것 같아도 시설과 치료 프로그램이 건전하고 교육적이고 치료적인 실무(practice)에 바탕을 두고 있는지 반드시 확인하십시오.

PART II

고기능 자폐 스펙트럼 장애와 함께 살기

자녀의 장점을 이용하기(가이드 원칙)
Channeling your child's strenghts (A Guiding Principle)

아들인 Alberto가 1학년으로 등록한 학교에서 Barbara와 Jose는 집으로 차를 타고 오며 손을 꼭 잡았습니다. Alberto는 여름에 ASD 진단을 받았고, 지금 선생님은 Alberto가 학교에서 또래와 어른 모두와 힘겨운 시간을 보낸다고 말했습니다. Alberto는 다른 아이와 노는 것에 관심이 없었고, 자주 규칙을 따르는 것을 거부했습니다. 지능이 높은데도 숙제를 거의 하지 않았고, 좋아하는 컴퓨터 게임 캐릭터를 그리는 것을 좋아했습니다. 이 패턴이 계속되면, 그는 2학년으로 진급하지 못할 수 있습니다.

자동차가 집의 진입로로·들어오자, Alberto는 신발을 신지 않은 채 달려나가 부모님을 껴안으며 좋아하는 컴퓨터 게임에서 최근에 달성한 것을 말했습니다. 아버지인 Jose는 아들의 미소 짓는 얼굴을 보았고, 아들의 포옹에서 애정을 느꼈습니다. 그는 다른 사람은 아들이 얼마나 훌륭한지 볼 수 없다는 것을 깨달으며, 이제는 익숙한 고통을 느꼈습니다. 그와 Barbara는 어떻게 아들이 학교에 열의와 열정을 가지도록 도울까요? 부모는 어떻게 Alberto가 자신을 컴퓨터 게임에서 동네의 전설(neighborhood legend)로 만든 기술을 수학이나 교실 규칙, 친구에게 적용하도록 가르칠까요?

12세 Sameer는 방금 여자 치료자인 Janice에게 주름진 종이봉투를 건넸습니다. Janice는 봉투를 열고 기쁨으로 미소 지었습니다. Sameer는 치료 회기 동안 Janice가 좋아하는 것과 싫어하는 것, 그들의 상호작용을 거의 언급하지 않았습니다. 하지만 Sameer는 Janice가 사용하는 펜의 유형을 알아차렸습니다. 그는 언젠가 Janice가 음악 취향을 한 차례 언급한 것을 기억했습니다. 또 때때로 그녀가 자기 책상에 남긴 스낵을 기억했습니다. Sameer는 테이프로 붙인 봉투에 검정색 마커로 "JA"라고 적었습니다. 봉투 안에는 그녀가 좋아하는 색깔 잉크로 채워진 그녀가 좋아하는 모델의 펜과 그녀가 좋아하는 감자 칩 한 봉지, 그녀가 좋아하는 노래 50곡을 녹음한 집에서 만든 CD가 들었습니다. Sameer의 타고난 엄청난 기억력은 그들의 관계가 Sameer에게 얼마나 중요한지를 Janice에게 보여주게 했습니다. Janice가 감사 표시를 했을 때 Sameer 얼굴이 환해지는 것을 보고, Janice는 이 일이 이 고기능 ASD 소년에게 얼마나 만족스러운 성취였는지 알 수 있었습니다.

Alberto와 Sameer 같은 아이에게는 일상적인 활동도 자주 커다란 도전이 됩니다. 다른 사람과 하는 틀에 박힌 상호 작용도 어려울 수 있습니다. 부모인 당신은 자녀의 훌륭하고 사랑스러운 특성을 볼 수 있습니다, 하지만 세상은 자주 그것을 보지 못하는 것처럼 보입니다. 또 당신은 자녀가 외부 세계의 요구를 충족하도록 돕는 데, 많은 시간과 노력을 쏟아야 합니다. 따라서 당신도 자녀의 결핍과 차이에 초점을 두기 쉽습니다. 이 장은 자녀가 이해하기 어려울 험한 세상을 항해하는 것을 도우려는 당신에게 자녀의 장점을 먼저 생각하고 단점을 나중에 생각하도록, 새로운 사고방식을 채택할 기회를 제공합니다. 6장에서 9장까지는 가정과 학교, 사회적 무대(arena), 자녀가 성숙하며 만나는 직장이나 다른 성인과의 환경에서 자녀가 성공하고 삶을 누리도록 돕는 구체적인 전략 목록을 제공합니다. 그것 모두의 바탕에는 당신이 자녀의 특이한 행동과 사고방식을 긍정적 성취로 바꿀 수 있다는 단순한 원칙이 있습니다.

자녀의 장점을 깨닫고 활용하며 다른 사람도 그렇게 하도록 돕는 것은 자녀의 어려움을 줄이는 데 상당한 효과가 있을 것입니다. 실제로 우리는 ASD와 관련된 재능을 당신이 활용할 방법이나 ASD와 관련한 독특한 사고방식이나 행동 방식을 창의적으로 사용할 방법을 당신 자신에게 물을 때가, ASD인 자녀의 단점을 다루는 전략에 집중할 때보다 해결책이 많이 나오는 것을 발견했습니다. 자녀가 독특한 방식으로 적응하는 능력에 계속 관심을 기울이면 다른 사람도 자녀의 훌륭한 특성을 보도록 도울 수 있고, 부모와 자녀 사이의 긍정적 유대감을 튼튼히 할 수 있습니다. 가장 중요한 것은 자녀의 자존감을 세우는 것입니다. 성공은 성공을 낳습니다. 성공할 기회가 주어진 ASD 어린이는 삶을 잇달아 문제가 생기는 것으로 보도록 배운 사람보다 빠르고 완전하게 ASD가 아닌 세상에 적응하는 경향이 있습니다.

이 책 1부에서는 고기능 ASD 어린이가 보통 어린이와 어떻게, 왜 다른지와 그들이 문제를 극복하도록 우리가 해야 할 일을 말했습니다. 장애 정도를 줄이는 것은 치료의 중요한 측면일 것입니다. ASD 어린이 일부는 상당한 정도로 나아질 것입니다. 하지만 우리는 모든 부모에게 거기서 멈추지 말라고 말합니다. 또 당신은 환경을 조정할 수 있습니다. 따라서 환경을 자녀가 제공해야 할 것에 맞출 수 있습니다. 이것이 'ASD와 함께 살기' 의 거의 모든 것입니다. 또 앞으로 나올 장에서 우리가 제안하는 모든 것의 원리입니다.

이 장에서는 고기능 ASD 어린이에게서 흔히 볼 수 있는 여섯 가지 장점을 설명하고, 일상에서 자녀를 돕기위해 그것들을 사용하는 방법에 관한 아이디어를 제공합니다. 이어지는 장에서는 집과 학교, 친구들과 지내기, 직장, 성인기에서 ASD를 가지고 사는데 필요한 우리의 제안들에 위 아이디어들이 녹아있는 것을 볼 수 있을 겁니다. 또 당신이 자신만의 창의적인 해결책을 생각해야 할 때는 언제라도 그 아이디어에 초점을 두기 바랍니다.

ASD 어린이가 보람 있고 행복한 삶을 살 수 있다는 것을 충분히 확인한 장기적인 연구 결과가 있습니다. 이 책 앞부분에 소개한, ASD가 있으면서 굉장히 성공한 동물학자인 Temple Grandin 박사는 다음과 같이 말했습니다. "나는 나의 재능 영역을 개발했습니다. 종종 우리는 장애 영역을 지나치게 강조합니다. 자신이 잘하는 기술에 초점을 맞추고, 장애가 있어도 원하는 것을 하도록 잘하는 기술을 이용하는 방법을 찾아야 합니다." 일찍부터 자신의 장점을 활용하기 시작한 아이는 미래에 성공을 거둘 중요한 토대를 마련하는 것입니다.

Inez는 35세인 ASD 여성입니다. 평일에 그녀는 버스를 타고 도시의 대학 캠퍼스로 가 둥근 아치 천장이 인상적인 도서관 입구를 지납니다. 그녀는 기록 보관(archives) 부서에서 낮 근무를 합니다. 그녀는 학생들에게 오래된 기사를 찾아주고, 도서관의 소장 도서(collection)를 정리합니다. Inez는 항상 역사에 열정을 느낍니다. 이 직업은 그녀에게 강렬한 관심사 옆에서 생계를 꾸려나갈 기회를 줍니다. 그녀의 상사는 대학의 소장 도서에 관한 Inez의 지식을 "경이적(remarkable)"이라고 묘사하며, 그녀는 지금까지 자신이 만난 직원 가운데 가장 유능한 사람이라고 말했습니다.

부모 도움이 없었으면, Inez는 지금 위치에 오르지 못했을 겁니다. Inez의 역사에 관한 관심이 자주 교육의 다른 측면을 방해했지만, 부모는 이것이 사라지지 않을 것이고, 그녀 정체성에 필수적인 부분이라는 걸 깨달았습니다. 부모는 역사에 대한 그녀의 열정을 단념시키려 하지 않고, 오히려 자극하여 "현실 세계"와 미래의 직업에 적용하겠다고 (그녀의 잠재성을 볼 때마다) 결심했습니다. Inez가 고등학생 때 부모는 교사를 설득하여 모든 수업과 수많은 과제물에 역사를 접목했습니다. 이런 방식으로 Inez는 세계사뿐 아니라 과학의 역사와 컴퓨터의 역사, 다양한 언어의 역사와 진화 등을 배우며 초점을 조금씩 넓혔습니다. 부모는 Inez를 역사 동아리에 등록시켰는데, 여기서 그녀는 (족보학 같은) 역사 관련 경력이 있는 어른들을 많이 만났습니다. 심지어 부모는 날마다 Inez와 저녁 식사하며 이야기를 나누려고 Inez가 탐독하는 책도 일부 읽었습니다. 직업 상담가가 도서관 기록보관원 일자리를 말했을 때, 부모는 Inez가 생산적인 방식으로 열정을 발휘할 좋은 기회인 것을 알아차렸습니다. 부모에게 이야기를 듣고 Inez는 기록 보관 부서에서 일할 생각에 마음이 들떴습니다. 부모는 고용주가 될 사람에게 ASD와 그것의 특별한 장점과 한계를 말했습니다. 고용주는 Inez를 고용한다는 아이디어에 개방적이었고, 그녀를 고용했습니다. 고용주와 부모가 Inez에게 직장 규칙을 가르치느라 시간과 노력을 어느 정도 기울였지만, 그녀는 임무를 잘 해냈고 최근에는 부서에서 "이달의 직원"이 되었습니다.

Inez의 사례는 의사가 ASD로 진단하는 "증상"인 특이한 행동과 특별한 관심사가 어떻게 "장점"으로 여겨져, 자녀가 삶에서 성공하도록 돕는 데 사용되는지 보여줍니다. 이 장에서 말한 여섯 가지 특징은 두 가지 그룹으로 나뉩니다. 모두 자체로 쓸모 있는 능력이 될 진정한 장점이거나 약간의 창의력과 관점의 전환으로 장점이 될 특별한 행동입니다. 당신 자녀가 우리가 말한 모든 장점을 나타내거나, 자녀의 모든 특이한 행동이 장점으로 이어지지는 않을 것입니다. 하지만 당신은 관찰하여 자녀에게 어떤 것이 있는지 알고, 무엇이 자녀에게 가장 성공적일 전략일지 결정할 수 있어야 합니다.

5.1 진정한 장점과 타고난 능력
TRUE STRENGTHS AND NATURAL ABILITIES

많은 ASD인 사람이 암기나 학업 능력(특히 읽기와 철자법), 시각화 기술에서 놀라운 능력을 보여줍니다. 이런 기술은 학업에 성공하고, 미래에 직업을 갖는 데 소중한 자산입니다. ASD 여부와 관계없이 뛰어난 기억력과 훌륭한 읽기와 철자 기술, 고도로 발달한 시공간 능력이 있으면 도움이 됩니다. 당신 자녀에서는 어떤 것이 보입니까?

5.1.1 뛰어난 기억력 *Remarkable Memory*

사람들은 ASD인 사람의 놀라운 기억력, 특히 세부 사항과 사실에 대한 기억에 종종 놀랍니다. 어떤 경우에는 이 기억이 "사진처럼 정확(photographic)"합니다. 단 한 번, 잠깐의 노출이 있은 다음에도 정보를 완벽하게 기억해냅니다. 기억이 정확하고 양도 많아 인상적이기도 합니다.

여덟 살 Robert는 최근 부모의 저녁 식사 파티에서 다음과 같이 말해 손님들을 놀라게 했습니다. "미국에서 철도의 표준 간격은 로마 제국 전쟁 당시의 전차 바퀴 간격인 4피트 8.5인치에 근거합니다." 그리스 로마 전쟁에 빠진 Robert는 이웃 아이들과 밖에서 놀기보다 이런 주제의 책을 탐독하며 자유 시간 대부분을 보냈습니다. 종종 저녁 식사 식탁에서 자기가 읽은 것을 완벽하게 기억해내며 부모를 즐겁게 했습니다. 부모는 그의 뛰어난 기억력을 알아보았기에, 필요할 때마다 실용적 방식으로 이 기술을 사용하도록 격려했습니다. 부모는 아들에게 다른 아이들이 좋아할 만한 주제(지역 프로 농구팀, 컴퓨터 게임 등) 목록을 주었고, Robert는 그것을 열심히 외웠다가 나중에 또래와 적절하게 대화하는 데 사용했습니다. 부모는 Robert를 마을의 철자 경연 대회에 참가하게 했고, 그는 2등을 했습니다. 또 부모는 교사를 설득하여 Robert가 구구단에 공을 들이게 했습니다. 그는 몇 주 안에 구구단을 마스터했습니다. 부모는 Robert의 뛰어난 기억력이 그리스-로마 전쟁사에 국한되지 않고, 다른 영역에서도 사용될 수 있다는 것을 알게 되어 기뻤습니다.

5.1.2 우수한 학업 기술 *Superior Academic Skills*

실제로 뛰어난 기억력 말고도 ASD 어린이 대부분에는 다른 능력이 있습니다. 이들은 보통 하나나 두 개의 특정 영역에서 학업 능력이 평균보다 높습니다. 고급스러운 어휘는 한 가지 예입니다. 이 책에 있는 많은 예에서 보았듯이, 일부 ASD 어린이는 새롭거나 정교한 단어를 쉽게 배우고 사용합니다. 철자법도 흔한 장점입니다. ASD 어린이 대부분은 자기 학년 수준을 훨씬 뛰어넘는 단어를 읽을 수 있습니다(비록 읽은 것을 실제로 이해하는 정도는 학년 수준과 일치하거나 낮을 수도 있지만).

이런 장점을 사용하는 한 가지 방법은 자녀가 학교에서 뒤떨어지는 또래를 가르치게 하는 것입니다. 이 방법은 사회적 상호 작용처럼 자녀가 어려워할 영역에 도움이 될 수 있습니다. 또 자녀의 자존감을 높이고, 자녀가 또래에게 관심을 기울이게 할 수 있습니다.

Norma는 6학년 때 다른 학생과 상호 작용하기 어려웠습니다. 다른 학생은 종종 그녀를 놀렸고, Norma는 다른 학생의 관심사를 유치하게 생각했습니다. 하지만 그녀는 우수한 학생이었고, 특히 영어를 잘했습니다. 그녀는 어떤 단어도, 심지어 대학 수준의 단어도 읽고 쓸 수 있었습니다. 학교 심리사는 교사에게 Norma가 잘 읽지 못하는 아이를 가르치게 하면, Norma의 자존감이 높아질 거라고 제안했습니다. Norma는 또래의 보조 교사로 일하는 것을 무척 즐겼습니다. 이 일은 그녀가 또래에게 자기 재능의 가치를 인정받는다고 느끼게 했습니다, 또 예측할 수 있고, 구조화되고, 편안한 방식으로 그녀가 사회적으로 연결되게 했습니다.

5.1.3 시각적 사고력 *Visual Thinking*

많은 ASD인 사람이 퍼즐을 완성하고, 지도를 읽고, 건물의 평면도(layout)를 빨리 배우는 것 같은 일에 기술 수준이 높은 "시각적 사고자

(visual thinker)"입니다. Temple Grandin은 자신이 쓴 책 '나는 그림으로 생각한다(Thinking in Pictures)'에서 단어를 그림으로 기계적으로 번역하는 방법을 설명합니다. 누군가 그녀에게 말하면, 그 말은 곧바로 시각적인 이야기를 말하는 일련의 이미지로 바뀝니다. Grandin은 대부분 언어적 사고자(verbal thinker)가 생각을 만들어내는 방법인 단어의 흐름에 의존하지 않고, 시각적 표상으로 생각을 묘사합니다.

우리 세계의 대부분은 언어적 사고자를 위해, 언어적 사고자가 만들었습니다. 뉴스 프로그램과 신문도 단어로 이루어집니다. 보통 사용 설명서도 단어에 의존합니다. 구직 목록도 마찬가지입니다. 사람들은 주로 단어로 의사소통하고 상호 작용합니다. 마음이 시각 기반의 사고 체계를 사용하는 사람에게는 이런 것이 장애물로 작용할 수 있습니다. 하지만 이것은 언어적 사고자에게는 어렵거나 불가능한 방식에 시각적 사고자가 탁월한 능력을 발휘할 기회를 만듭니다. 예를 들어 Grandin 박사는 소를 취급하는 시설을 마음속에서 "조작"하여, 실제로 "소의 관점"을 가지고, 소가 그 시설을 걸으며 무엇을 볼지 직접 경험하며, 시설을 어떻게 "테스트(test)"할 수 있는지를 설명합니다. 언어적 사고자도 이러한 형태의 경험을 이야기할 수는 있지만, 중요한 세부 사항을 놓칠 것입니다.

강력한 시각화 기술이 있는 사람이 모두 ASD이지는 않습니다. 대부분 예술가와 그래픽 디자이너, 일러스트레이터, 건축가, 수학자, 엔지니어가 시각적 사고자입니다. 이것은 결핍이 아니라 단순히 정보를 처리하는 방식이 다른 것입니다. 이것은 대부분의 언어적 사고자가 할 수 없는 틈새 직업의 기회를 줍니다.

고기능 ASD 대학생인 Ronnie는 자신이 시각적 사고자라는 것을 오래전에 알았습니다. 그는 삶의 대부분을 보낸 학교에서 성적을 올리려고 시각화 능력을 사용했습니다. 하지만 건축학을 공부하기 전까지는 시각적 사고가 얼마나 커다란 장점인지 알지 못했습니다. 그는 첫 번째 프로젝트에서 많은 학급 친구가 구조물의 실물 모형을 만들 때까지 설계 결함을 발견하지 못한다는 것에 놀랐습니다. Ronnie는 디자인을 마음속으로 자세히 생각하고 조사할 수 있었습니다. Ronnie는 다른 각도에서 보이는 모양이나 그 공간을 사용할 사람이 만날 어려움을 시각화할 수 있었습니다. 그는 실물 모형을 만들기도 전에 자신이 실행가능한 디자인을 만들 수 있다는 것을 알았습니다. 이 장점은 그가 사회적 접촉을 하도록 도왔습니다. 학급 친구들이 Ronnie의 타고난 능력을 알게 되자, 그에게 자기 작업물을 평가해 달라고 요청했습니다.

당신도 자녀의 시각적 사고 스타일을 사용하여 개념을 가르치고, 규칙을 설명하고, 활동을 조직화하고, 일상의 틀(routine)에 일어나는 변화를 예상하게 할 수 있습니다. 예를 들어 언어적 설명이나 서술형 문제보다 시각적 그래픽이나 시각적 대상을 사용하면, 자녀가 수학 개념을 빨리 파악하게 도울 수 있습니다. 자녀와 수학을 재미있게 연습하는 방법은 덧셈이나 뺄셈 문제를 풀 때 정답을 맞히면 초콜릿 칩을 먹게 하는 것입니다. 똑같은 원칙으로 동전을 사용하기도 합니다. 정답을 맞혀 얻은 동전은 자녀가 쓰게 할 수 있습니다. 자녀에게 과제를 그리라고 하거나 글 쓰는 주제와 관련한 그림을 찾게 하면, 동기 부여가 되고 학습 능력이 향상될 수 있습니다.

시각적 사고자에게 할 일에 관한 그림과 이런 과제를 완수하여 얻을 긍정적 결과에 관한 그림을 함께 제공하면, 커다란 동기 부여가 될 수 있습니다. 4장에는 이러한 예가 나옵니다.

Annie의 엄마는 숙제를 놓고 딸과 날마다 싸워야 하는 것이 두려웠습니다. Annie는 앉아서 그림을 그리는 것을 좋아했기에, 저녁마다 숙제하지 않겠다고 고집을 부렸습니다. 엄마가 Annie와 숙제에 관해 이야기하려 했을 때, "한 귀로 듣고 한 귀로 흘리는 것"처럼 보였습니다. Annie가 지닌 시각화의 장점(뛰어난 드로잉 기술로 입증되었음)을 고려하여, 엄마는 그녀에게 방과 후 일정(간식 먹기, 숙제하기, 비디오 시청, 잠자기)을 그림으로 만들게 도와달라고 부탁하기로 했습니다. Annie는 일정을 만드는 것을 좋아했고, 예상되는 것을 이해했습니다. 또 일정을 짤 권한이 있는 지금은 그것을 따르는 것에 덜 저항하는 것처럼 보였습니다. 정해진 시간에 일정에 있는 모든 항목을 완료하면, 일정표에 붙은 차트에 별 한 개를 그릴 수 있습니다. 주말마다 새로운 마커나 도화지를 사려고 미술용품 가게를 방문하는데, 한 번 방문하려면 별 다섯 개가 있어야 합니다. 이런 시각적 알림은 Annie가 매일 밤 숙제하면, 자기 전에 동영상 한 개를 볼 권리를 얻는다는 것을 계속 인식하게 도왔습니다. 또 그녀가 일주일 내내 동기를 유지하도록 장기적인 목표를 제공했습니다. 여전히 Annie는 수학보다 그리기를 좋아하지만, 시각적 알림 시스템을 도입한 탓에 엄마가 딸에게 숙제를 시키느라 잔소리하고 싸우는 일이 크게 줄었습니다.

5.2 장점이 될 수 있는 특이한 행동
UNIQUE BEHAVIORS THAT CAN BECOME STRENGTHS

고기능 ASD와 관련한 다른 특징도 자녀의 장점과 비슷하게 사용될 수 있습니다. 하지만 슬프게도 당신은 이러한 긍정적 특징을 결함이라고 말하는 것에 더 익숙할 것입니다. ASD 어린이가 학교와 사회적 세계에서 부닥치는 문제는 종종 자신의 경직성과 외골수, 또래와 관계하는 것의 어려움과 관련이 있습니다. 하지만 이러한 행동과 사고방식을 다른 식으로 보고, 활용하는 방법이 있습니다. 약간의 독창성을 발휘하고 사려 깊게 생각하면, 이것도 장점이 될 수 있습니다.

5.2.1 질서 인지하기와 규칙 따르기

Recognizing Order and Following Rules

종종 ASD인 사람은 일이 어떻게 돌아가는지와 사람들이 어떻게 상호 작용하는지, 일반적으로 사건이 어떻게 전개되는지에 관한 명시적 "규칙"을 만들거나 패턴을 알아차리며 세상에서 길을 찾습니다. 부모는 때때로 자녀가 정보를 분석하고, 작동하는 일련의 패턴이나 규칙을 추출하는 능력에 놀랍니다. 한 ASD인 사춘기 소녀는 저자 가운데 한 명(Geraldine Dawson)이 수평 줄무늬 옷을 선호하고, 동료 직원은 수직 줄무늬 옷을 선호한다는 것을 알았다고 말했습니다. 사실 우리는 자신의 선호를 알지 못했습니다. 하지만 우리가 자기 옷장을 마음속으로 살펴본 다음에는 그녀 말이 맞는 것을 인정해야 했습니다. 어떤 장치(facility)가 ASD인 사람이 행동과 수행의 패턴을 보게 하는지 우리는 정확히 모릅니다. 하지만 이런 능력은 ASD와 관련한 사회적 상황에 대한 직관의 부족을 보완할 수 있습니다. 규칙과 패턴, 법, 원칙은 어떤 상황에서 어떻게 행동해야 하는지에 훌륭한 "상식(common sense)"이 없는 사람이 적절한 행동 방향을 정할 때 편안하고 확신을 느끼도록 도울 수 있습니다.

Hariko는 대학을 졸업한 ASD인 젊은 성인으로 병원에서 의무기록 관리자(medical transcriptionist)로 일합니다. 그녀는 자신의 성공을 설명하며 사회 행동의 규칙을 공식화하려고 다른 사람을 자세히 관찰하는 그녀의 "비법(secret)"을 공개했습니다. 그녀는 어린 시절에도 적절한 행동이나 말이 무엇인지 단서를 찾으려고 또래를 관찰했다고 했습니다. "나는 특정 상황에서 그들이 무엇을 하고 무엇을 말하는지 보고, 그런 상황이 나에게 일어날 때를 대비하여 그 규칙을 외웠습니다. 또 누군가가 나에게 규칙을 그냥 말해줄 때는 행복했습니다! 엄마가 '복도에서 누군가 지나가며 '안녕'이라고 말하고 손을 흔들면, 너도 그들을 바라보고 손을 흔들어야 한다.'고 규칙을 말해줬을 때, 나는 크게 안도했습니다."

이런 방법으로 많은 ASD 어린이가 현존하는 규칙을 적극적으로 받아들이고 법을 준수하는 훌륭한 시민이 될 수 있습니다. 그런데 규칙은 분명하고, 명시적이고, 일관성이 있어야 합니다. 그렇지 않으면 ASD 어린이가 규칙의 논리에 사정없이 도전하기 쉽습니다. 예를 들어 Alberto는 달리면 가야 할 곳에 일찍 도착하는데, 왜 자신과 반 친구를 학교 복도에서 걷도록 제한하는지 묻지 않을 수 없었습니다. 또 장난감을 가지고 아직도 재미있게 노는데, 왜 이것을 다른 친구와 공유해야 하는지 묻지 않을 수 없었습니다. 이런 공동의 규칙과 사회적 세부 사항의 바탕에 있는 논리가 분명하게 설명되지 않으면, ASD 어린이에게는 임의적이며 이해가 안 되는 것으로 보일 수 있습니다.

규칙 및 질서에 대한 욕구를 활용하여 자녀에게 집안일을 도우라고 요청할 수 있습니다. 가사책임을 맡는 것은 모든 어린이에게 어려운 일입니다. 하지만 자녀의 자연스러운 성향에 맞는 과제를 선택하면 훨씬 쉬워질 수 있습니다.

Terrell은 물건이 "올바른" 장소에 있는 것을 좋아했습니다. 어렸을 때는 소금과 후추 뿌리개가 식탁 한가운데에 있지 않으면 속상해했습니다. 십대 때는 여러 시간에 걸쳐 돌멩이와 병뚜껑 같은 수집물을 부모가 절대로 알아차리지 못할 규칙에 따라 범주별로 정리했습니다. 그가 질서 정연했기에 부모는 그가 잔디를 능숙하게 깎을 거로 생각했습니다. 하지만 Terrell은 잔디 깎는 기계의 소음을 싫어했고, 풀잎이 일정하게 잘리지 않아서 좌절감을 느꼈습니다. 부모는 잔디를 깎는 대신에 집안 사무실 청소와 서류철 정리를 도와달라고 요청했습니다. 부모가 서류철 정리 체계를 만들면, Terrell은 신이 나서 최고의 비서처럼 정리 업무를 수행했습니다. 나중에 그는 지역의 중고품 가게에서 일자리를 얻었는데, 기부된 물품을 다시 팔기 전에 범주별로 정리하는 일을 맡았습니다.

규칙을 따르려는 자녀의 성향을 사회적인 기회를 늘리는 데 이용할 수 있습니다. ASD 어린이는 규칙을 따르는 맥락에서 일어나는 사회적 상호 작용에 편안해지는 것을 발견할 것입니다. 규칙을 따르는 맥락에 있는 사회적 상호 작용의 좋은 예가 보드게임입니다. 많은 보드게임이 예측할 수 있는 틀(routine)을 따를 뿐 아니라, 기억과 시각적 사고와 같은 ASD와 관련된 다른 장점에 의존합니다. 다른 예로 퀴즈 게임이나 철자 맞추기 게임, 단어 만들기 게임, 카드 게임, 체스가 있습니다.

5.2.2 열정과 신념 *Passion and Conviction*

ASD 어린이의 부모는 종종 자녀가 어떤 주제나 관심사에 외골수인 것을 한탄합니다. 학업이나 집안일, 개인위생처럼 필요한 일에 지장을 줄 때 특히 그렇습니다. 하지만 이러한 특성이 관심있는 과목을 열심히 하는 학생으로 만들고, 그 영역에서 높은 성취를 이루게 합니다.

Neela의 부모는 그녀가 ASD인 오빠와 비슷한 경향을 보이는 것을 알았습니다. 그녀는 학령전기에 ASD로 진단받았습니다. Neela의 특별한 관심사 가운데 하나는 컴퓨터 게임입니다. 게임을 너무 좋아해서 자신만의 게임을 프로그래밍하는 법을 배웠고, 그 덕에 이웃과 학교 아이들 사이에서 높은 지위를 얻었습니다. 중학교 때는 부모 친구들에게 맞춤식 스크린 세이버를 만들어 주는 사업을 시작하여, 용돈도 아주 괜찮게 벌었습니다. 고등학교 2학년 때 Neela는 지역에 있는 큰 주립대학의 컴퓨터공학과에서 자원봉사를 했습니다. 이때 두각을 나타내, 다음 여름에 유급직으로 일하라는 제안을 받았습니다. Neela는 지금 매사추세츠 공과대학(MIT)에 다닙니다. 이것은 Neela가 학령전기에 고립되어 대부분 시간을 디즈니 동영상에 나오는 대사를 외우며 보냈을 때는 부모가 절대로 꿈꿀 수 없었던 성취입니다.

ASD인 Gene은 고등학생이지만, 화학 공부에 열정적이라 대학 과정에 등록했습니다. 거기서도 뛰어난 실력을 보였고, 토론 수업에서는 인기 있는 참여자였습니다. 그의 교수는 세제나 발한억제제 같은 일상용품에 포함된 기본 화학적 혼합물에 관한 Gene의 지식에 놀라워했습니다. 교수는 학기가 끝나고 Gene이 지나가는 말로 하는 것을 들은 다음에야 그의 진단명을 알았습니다. 교수에게 Gene의 지식은 가치 있고 실용적인 것이었습니다, 절대로 질병의 증상이 아니었습니다.

ASD인 사람이 특정 관심사에 기울이는 열정은 자신만의 신념에 강한 확신을 불어넣는 것으로 보입니다. ASD인 사람은 반대 생각이나 논증에 직면해도 잘 흔들리지 않습니다.

Laney는 재활용과 보존 과학에 매력을 느꼈습니다. 그녀는 여가 시간에 쓰레기를 줄이고 재활용 물질의 사용을 늘리는 방법을 연구했습니다. 처음에 그녀의 중학교 교장에게 자신의 아이디어를 의논하려고 접근했을 때, 교장은 진지하게 주의를 기울이지 않았습니다. 하지만 그녀가 여러 교사와 대대적으로 이야기하고 교장실에 몇 차례 더 방문하자, 교장은 Laney의 제안 가운데 몇 가지를 받아들였습니다. 그녀의 헌신과 열정은 주변 사람의 관심 부족을 극복했고, 지역 사회 개선에 이바지했습니다.

되도록 자녀의 관심사를 학교 관련 활동에 접목하십시오. 이런 일을 자주 폭넓게 하면, 언젠가 이러한 관심사가 기능적인 방식으로 직장이나 직업으로 이어질 확률이 높아집니다. 예를 들어 독서 수업은 자녀가 매력을 느끼는 주제에 초점을 맞출 수 있습니다. 영어나 작문 과제는 자녀가 관심 분야에 글을 쓰도록 조정될 수 있습니다. 자녀의 특별한 관심사를 접목한 수학 서술형 문제를 만들 수도 있습니다. 좋아하는 품목(예: 스프링클러 시스템 부품)의 카탈로그나 좋아하는 식당 메뉴를 사용하여 자녀에게 돈 개념을 가르칠 수도 있습니다. 사회 과목에서 자녀는 관심사 영역(예: 동물, 컴퓨터, 지리학)에서 일어난 중요한 발견으로 타임라인을 구성할 수도 있습니다. 7장에는 특별한 관심사를 이용하여 교실에서 자녀에게 동기 부여 하는 예가 있습니다. 자녀의 관심사와 직업을 연결하는 방법은 9장에서 다룹니다.

집안일이나 숙제, 선호도가 낮은 일상의 일을 마친 보상으로 자녀의 특별한 관심사를 이용할 수 있습니다. 학습 이론에는 "가치 있는 것은 절대로 공짜로 주어지면 안 된다."는 오랜 격언이 있습니다. 즉, 어떤 것이 자녀를 강화하는지와 어떤 것이 자녀에게 바람직한지를 알고, 자녀가 강화물에 접근하려면 어느 정도 일을 하도록 하십시오. 예를 들어 자녀가 좋아하는 기차 동영상이나 배관 설비 카탈로그를 보는 것은 양치질하고 잠옷을 입은 다음에만 허락하십시오. 자녀가 컴퓨터 하는 것을 좋아하면, 자녀의 교사는 일정한 수의 수학 문제를 푼 다음에만 컴퓨터 사용을 허락할 수 있습니다. 하지만 자녀가 좋아하는 주제나 활동에 접근하는 것을 제한할 때는 주의를 조금 기울여야 합니다. 목표를 현실적으로 만들고 보상을 자주 해야 합니다. 숙제하는 것보다 그리기를 좋아하는 Annie와 같은 어린이에게는 일주일 치 숙제를 마친 다음에 보상을 받게 하는 것으로 충분할 것입니다. Annie보다 어린 어린이와 집중할 수 있는 시간이 짧은 어린이는 (당면 과제를 싫어할 때도) 보상이 자주 있어야 합니다. 시작할 때는 빈번한 보상을 주고, 자신이 좋아하는 품목이나 활동에 접근하려고 과제를 따르게 되면 보상 간격을 넓히는 것이 좋습니다.

어떤 주제에 대한 자녀의 열정을 기능적인 방식으로 이용하는 또 다른 방법은 관심사를 공유하는 또래를 찾는 것입니다. 이것은 사회적 상호 작용과 또래 관계 기술을 실습하는 새로운 기회가 될 수 있습니다.

> 십대 ASD인 Thomas는 몇 살 어린, 정상적으로 발달하는 소년 John을 소개받았습니다. 공학 원리와 환경 문제에 그 원리를 적용하는 것에 매력을 느끼는 두 사람은 즉시 의기투합했습니다. 두 소년은 "세상을 구할" 기계의 정교한 디자인을 만들며 함께 시간을 보냈습니다. 또 진정한 우정이 꽃피었습니다. Thomas는 자신의 아이디어를 듣는 사람이 있다는 것이 즐거웠기에, John과의 상호 작용에서 더 유연해지고 덜 통제적으로 되는 걸 배웠습니다. 그 결과 John을 만나기 전에 사회적 관계를 어렵게 했던 많은 위험들을 피하게 되었습니다.

관심사가 같은 또래를 만나는 좋은 방법 가운데 하나는 관심사에 몰두하는 동호회나 조직을 찾는 것입니다. 천문학이나 우주여행에 전문 지식이 있는 ASD 어린이는 그 주제를 다루는 텔레비전 쇼 팬클럽이나 공상 과학 동호회에서 잘해 나갈 것입니다. 이러한 환경에서 뛰어난 기억력과 특정 주제에 관한 풍부한 지식은 자산이며, 사회적 지위를 얻게 할 수 있습니다. 판타지 기반 카드 게임에 관심이 큰 한 어린이는 반 친구와 교제하기를 원하지 않았습니다. 이 관심사는 그의 사회적 상호 작용을 자주 방해했습니다. 하지만 주말에는 대회에 참석하여 관심을 공유하는 다른 아이들과 시합하고, 상호 작용하기를 기대했습니다. 그는 이 대회가 "정말로 자신이 딱 들어맞는다"고 느끼는 유일한 시간이라고 말했습니다. 다른 어린이는 열렬한 독서가였는데, 자신의 책 동호회를 시작했습니다. 사전에 토론 주제를 정했기에 이 동호회는 그가 사회적 상호 작용을 준비하도록 도왔습니다. 그는 무엇을 이야기할지 자신이 안다는 자신감을 얻었습니다. 8장에는 사회 상황에서 자녀의 열정적 관심사를 이용하는 방법이 자세히 나옵니다.

5.2.3 성인과 편안하고 사이좋게 지내기

Comfort and Compatibility with Adults

ASD 어린이는 종종 또래의 행동을 예측할 수 없거나 변덕스럽다고 생각합니다. 따라서 잘 지내기가 어렵습니다. 하지만 보통은 성인이 또래보다 일관되고, ASD 어린이에게 잘 맞춥니다. 따라서 많은 ASD인 어린이와 청소년이 성인과 함께하는 것을 선호합니다. ASD인 어린이가 성인의 언어 사용과 관심사에 능숙하기에, 어른도 이들과 함께 있는 걸 즐거워하게 됩니다.

Johan은 셔츠 맨 윗단추를 채우고, 머리를 매만졌습니다. 그는 저녁 식사에 오는 부모의 친구들을 만나려고 아래층으로 내려가며 기분이 좋아서 웃었습니다. Johan은 사람들과 이야기하는 것을 좋아했지만, 학교에서 아이들과 상호 작용하는 데는 어려움을 겪었습니다. 그들은 종종 Johan을 혼란스럽게 하는 농담을 했고, 때로는 Johan의 대화 주제를 놀렸습니다. 하지만 부모의 성인 친구들과는 좋은 시간을 보냈습니다. 그들은 흥미로운 것을 말해 주었고, 그를 놀리지 않았습니다. 부모는 Johan이 어렸을 때부터 그의 이런 선호를 주목했습니다. 부모는 친구들을 더 자주 초대했고, Johan이 모임에 참여하도록 격려했습니다. 또래와는 아니더라도 이러한 긍정적 사회적 상호 작용이 다른 사람(성인과 아이 모두)과 어울리는 것에 관한 Johan의 관심과 편안함을 높이는 것으로 보였습니다. 부모는 Johan이 성인과 어울림을 편안해하는 것이 최근의 양로원 수학여행에서 또래와 성공적으로 지내는 것으로 바뀌었다는 것을 알고 기뻐했습니다. 학생들은 노인과 어울려 달라고 부탁 받았을 때, 대부분 수줍어 하고 무엇을 할지 몰랐습니다. 하지만 Johan은 노인에게 자신을 소개하는 것을 주저하지 않았습니다. 노인들은 그를 매력적으로 여기며, 그의 관심을 받는 것에 기뻐했습니다. Johan의 반 친구들은 그가 자신과 상호 작용하며 보였던 주저함과 반대되는 것을 보며 놀랐습니다. 그들은 Johan의 새로운 면을 보았고, 나머지 방문 시간 동안 Johan을 따라다녔습니다. 성인과 능숙하게 지내는 Johan이 그들의 불편함을 덜어주었습니다.

5.3 장점 확인하기
IDENTIFYING YOUR CHILD'S STRENGTHS

앞에서 말한 여섯 가지 특징은 자녀의 잠재적 장점을 확인하는 좋은 출발점입니다. 하지만 장점을 확인하기가 항상 쉽고 간단하지는 않습니다. 또 보통 단점으로 나타나는 어떤 행동이 장점이 될 수 있는지도 판단하기 어렵습니다. 수많은 비디오 게임 캐릭터의 세부적 특징에 관한 자녀와의 끊임없는 토론이 사회적 상호 작용과 가족의 계획을 방해할 때, 이 행동이 훌륭한 기억력을 반영한다는 것을 깨닫는 것은 어려운 일입니다. 다양한 맥락에서 자녀의 행동을 관찰하고, 다음 질문을 고려하십시오.

- 당신 자녀는 무엇을 즐거워합니까? 자유 시간이 있으면 자녀는 무엇을 선택합니까? 자녀는 당신에게 어떤 것을 물어봅니까? 자녀는 당신에게 어떤 이야기를 합니까? 자녀는 당신에게 어떤 종류의 물건을 사달라고 합니까? 자녀가 가장 좋아하는 과목은 무엇입니까? 자녀는 어떤 가족 활동을 가장 재미있어합니까?
- 당신 자녀는 언제 가장 성공적입니까? 자녀가 지금 잘하거나 과거에 성공했던 영역을 생각해 보십시오. 자녀가 학교에서 어떤 과목에 좋은 성적을 받았습니까? 당신 자녀는 철자법 대회나 수학적 사실을 외우는 것에서는 좋은 성적을 거두지만, 문장제를 풀거나 읽은 것이 무엇인지 물으면 어려워합니까? 당신 자녀가 더 잘 수행하는 특정한 형태의 사회 환경이 있습니까? 보드게임을 하는 아이들의 그룹에 가입할 수는 있지만, 이웃 아이와 자전거를 탈 수는 없습니까? 어른들이 종종 자녀가 얼마나 매

력적인지 말하며, 또래와 겪는 어려움을 의아해합니까?

● 당신 자녀가 꺼리는 것은 무엇입니까? 또 자녀가 덜 싫어하는 것을 고려하는 것도 도움이 됩니다. 당신이 신문을 읽을 때 기꺼이 사전에서 단어를 찾아주는 자녀가 이달에 남은 날짜가 며칠인지와 같은 간단한 산수 계산을 묻습니까? 자녀가 잔디 깎는 일을 돕는 것을 거절하지만, 거실에서 값싼 장식품을 정리하거나 그릇을 치우는 일은 피하지 않습니까?

관찰 결과를 일지에 기록하면 도움이 될 수 있습니다. 자세한 설명이 필요하지는 않습니다. 자녀가 즐기고, 허락하고, 성공하는 일들과 그런 활동이 일어나는 환경(setting)의 목록을 매일 또는 매주 간단히 적으면 됩니다. 수업 시간이나 방과 후 돌봄 과정에서 자녀가 무엇을 즐거워하고 잘하는지 교사나 방과 후 돌봄 제공자에게 물으십시오. 다른 사람의 대답을 당신 생각과 비교하여 자녀 행동에 관한 폭넓은 그림을 얻으십시오, 또 일관된 그림이 나오는지 확인하십시오.

자녀의 나이와 능력에 따라 장점을 파악하는 과정에 자녀가 참여할 수 있습니다. 자녀의 독특한 특징을 솔직하게 논의하며 자녀의 자존감을 높일 수 있습니다(이런 격식 없는 인터뷰에 필요한 추가 자원은 8장 끝부분에 설명합니다.). ASD 어린이와 자주 작업하는 한 심리사는 장점을 파악하는 이런 과제를 아이의 "사용 설명서"를 만드는 것으로 표현합니다. 자녀가 자신을 더 잘 이해하고, 다른 사람이 자녀를 더 잘 이해하도록 도우려고 그러한 설명서를 만들기로 했다고 설명하십시오. 당신이 알아차린, 자녀가 즐거워하고 잘하는 것의 목록을 만드십시오. 자녀에게 이런 장점에 동의하는지, 다른 장점이 있는지 물어보십시오. 자녀가 잘 이해하지 못하면, 다음과 같은 장점의 예를 말해 주십시오 "너는 읽기를 잘하니?", "너는 모든 것이 깔끔하고 적절한 곳에 있는 것을 좋아하니?", "내가 학교로 가는 길을 잘못 가는지 네가 말해줄 수 있니?"

마지막으로 당신이 관찰한 내용을 살펴보고 패턴이나 주제(theme)를 찾습니다. 가이드라인으로 설명한 장점 목록을 사용하지만 다른 가능성도 열려있어야 합니다. 당신이 보았던 자녀의 성공 영역에는 어떤 공통점이 있습니까? 자녀가 선호하는 여러 활동에는 공통적인 특징이 있습니까? 어떤 활동을 할 때 자녀가 가장 재미있어합니까? 자녀가 즐기거나 기꺼이 하려는 일이 뛰어난 기억력이나 학업 또는 시각 기술, 순서와 규칙에 대한 열망, 주제에 대한 열정, 성인과 함께 있는 것을 선호하는 경향을 반영합니까?

모든 어린이는 독특하고, 당신 자녀에게 이 장에서 설명한 것과 다른 장점이 있을 수 있다는 걸 기억하십시오. 어쩌면 당신 딸은 언어 능력이 몹시 발달하여, 말로 설명하는 것이 시각적 목록을 만드는 것보다 효과적일 수도 있습니다. 어쩌면 당신 아들은 조용한 것을 갈망하고, 동물을 다루는 직업에 꼭 맞는 침착하고 부드러운 성격을 보일 것입니다. 모든 가능성에 마음을 여십시오. 이렇게 하는 좋은 방법은 자녀의 취향과 성향, 장점, 열정에서 주제(theme)와 공통점을 찾는 것입니다. 또 그것을 일상에서 활용하면, 집안일이나, 훈육, 긍정적 가족관계부터, 학교나 미래의 직업에 이르기까지 관련된 모든 사안들에 대해 알게될 것입니다.

ASD의 일부인 소중하고 독특한 여러 능력을 활용하는 것에는 많은 실용적인 까닭이 있습니다. 자녀의 자연스러운 능력을 활용하면 부모와 자녀 모두에게 상황이 더 쉬워질 수 있습니다. 하지만 (다시 말하지만) 장점에 초점을 맞추는 가장 중요한 측면은, 자녀의 자존감을 북돋는 것입니다. 많은 ASD 어린이가 자신의 단점을 고통스럽게 인식합니다. 그들은 자신의 어려움을 극복하려고 학교나 집, 치료실에서 더 많은 시간과 노력을 들입니다. 당신 자녀가 잘할 수 있는 일을 활용하면, 당신이 자신과 자녀에 대해 괜찮다고 느낄 것입니다. 자녀의 장점과 자연스러운 능력에 초점을 맞추면, 자녀의 동기부여와 자존감, 성취에 장기적으로 긍정적인 영향을 줄 수 있습니다. 이 책의 나머지 장에서는 집이나 학교, 직장, 다른 사람과 있을 때 일어나는 ASD와 관련한 어려움을 극복할 때 자녀의 장점을 사용하는 방법에 관한 구체적인 지침을 제공합니다.

집에서
High-functioning ASD at home

ASD 어린이를 키우는 것은 어려운 일입니다. 자녀의 치료를 관리하고, 자녀 교육을 편성(coordinate)하고, 자녀의 친구 관계와 대가족 관계에서 사회적 코치 역할을 하며 당신은 많은 시간과 에너지를 씁니다. 집에서 일이 편해져야 합니다. 하지만 종종 그렇지 않습니다. ASD 어린이의 독특한 특징은 학교나 사회적 행사, 외부 세계와의 여러 상호 교환을 어렵게 한 것처럼 집에서도 직계 가족과의 상호 작용이나 가정의 기능을 어렵게 할 수 있습니다.

이 장에서는 가정에서 흔히 일어나는 어려운 행동, 즉 숙제와 집안일에 대한 저항이나 틀에 박힌 일(routine)의 변화에 반항하기, 집안 규칙을 받아들이기 어려워함 등을 다루는 양육 전략을 제공합니다. 우리는 ASD 어린이가 다른 아이와는 다르게 동기 부여되고, 종종 대안적 경로로 적절한 행동을 배운다는 것을 인정하는 규율 전략을 제공할 것입니다. 그런 다음에 잠자는 시간처럼 일반적으로 다루기 어려운 시간을 살펴보고, 자녀가 전환(transition)을 쉽게 하고 가족의 일상생활에 들어맞도록 돕는, 루틴을 설정하는 방법을 알려줄 것입니다.

가족 가운데 고기능 ASD 자녀만 당신의 주의가 필요한 사람이 아닙니다. 우리는 건강한 가족 태도를 유지하고 ASD인 자녀에게 지지적 환경을 제공하려면, 부모와 형제를 포함한 모든 가족 구성원의 개인적 요구에 주의를 기울여야 한다는 것을 깨달았습니다. 따라서 이 장 두 번째 부분에서는

ASD의 독특한 특징이 있는 아이를 돌본다는 까다로운 과제를 다루는 동안, 다른 자녀나 당신 자신의 요구에 주의를 기울이는 방법을 설명합니다.

6.1 토대: 일관성 THE FOUNDATION: CONSISTENCY

이 책에도 나오고 당신도 집에서 경험했듯이, ASD 어린이 대부분은 세상이 일관되지 않고, 틀에 박히지 않고, 예상할 수 없을 때 어려움을 겪습니다. 따라서 부모인 당신은 전체 양육 과정, 가족의 일상 틀(routine)과 일정 수립에서 일관성을 먼저 생각해야 합니다. 집에서 일을 일관성 있고, 틀에 박히고, 예측할 수 있게 만드는 것은 자녀가 혼란과 불안을 줄이고 긍정적 행동을 하도록 돕습니다. 이것은 당신 가정을 온 가족의 따뜻한 안식처로 바꾸도록 도울 것입니다. 5장에서 말했듯이 많은 ASD 어린이가 뛰어난 기억력과 규칙 수행 능력을 지녀, 일상의 틀(routine)을 기억하고 적용하는 것을 잘할 수 있습니다. 이것은 가정이라는 후방에서 자녀의 장점을 활용할 좋은 기회입니다.

가정에서 일관성을 유지하려는 당신의 노력은 집안 규칙이나 일상의 틀(routine)이 교실 같은 다른 환경에서 수립된 것과 같거나 비슷할 때, 효과가 더 큽니다. 교사와 보모, 코치, 스카우트 지도자, 자녀를 돌볼 다른 성인과 함께 작업하여 자녀가 따라야 할 규칙과 일상의 틀을 하나의 공통 세트로 일치시켜야 합니다. 하지만 이것이 엄두가 나지 않는 일처럼 보일 수도 있습니다. 그래도 해야 합니다. ASD 어린이는 규칙을 이해하는 것이 어려운 과제이므로, 이렇게 "일거에 하는(one fell swoop)" 접근법이 중요합니다. ASD인 어린이를 대하는 모든 사람이 똑같은 행동 규칙을 정확히 그대로 말하는 것은 어렵다 하더라도, "때리지 말 것(no hitting)"과 "어른 허락 없이 방이나 건물을 떠나지 말 것" 같은 명령이 일관된 원칙이 되도록 할 수 있습니다. 예를 들어 어떤 신체적 공격성을 보이더라도 담당한 어른에게서 신속한 대응이 뒤따른다는 것을 배운 어린이는, 모든 환경에 적용되는 어떤 기본 행동 원칙을 이해하기 시작할 것입니다. 이것은 ASD 어린이가 스스로 파악하기 힘들 수 있는 사회적 뉘앙스와 사회 기술을 이해하는데 쓸 에너지를 확보하게 합니다. 당신은 정기적으로 교사나 서비스 제공자와 의사소통하고 협력하여 규칙의 우선순위와 모든 루틴의 체계를 자녀가 상기하도록 계속 도와야 합니다.

6.2 힘들게 하는 행동을 이해하기
UNDERSTANDING CHALLENGING BEHAVIOR

일부 ASD 어린이는 때때로 힘들게 하는 행동, 즉 때리기나 비명 지르기, 물건 던지기, 분노 발작, 반복적 논쟁, 자해(자기 얼굴을 때리거나 자신의 손을 무는 등) 등을 합니다. 많은 부모에게 이런 문제 행동은 자체가 목표인 것처럼 보입니다(특히 부모와 자녀가 "맹렬한 삽화(spirited episode)" 한가운데 있을 때). 이런 순간에 당신은 자녀의 목적은 해당 문제 행동에 참여하는 것이고, 당신의 목표는 그것을 진압하는 것이라는 생각에 초점을 두며, 감정에 휩싸일 수 있습니다. 분명히 당신은 당면한 문제에 대처해야 합니다. 그런데 문제 행동은 무작위로 일어나는 것이 아니고, 거의 또는 늘 어떤 기능이나 목적이 있다는 것을 기억해야 합니다. 따라서 당신이 문제 행동을 그만두게 하려면, 자녀가 그 행동으로 무엇을 전달하려 하는지 알아야 합니다. 당신이 자녀가 말하려는 것을 이해하면, 당신은 문제 행동이 일어날 상황에서 더 건강하고 적절한 대안을 줄 수 있습니다. 이것이 4장에서 처음 소개한 "기능적 행동 분석"이라는 행동 관리법의 근본 원리입니다. 기능적 행동 분석은 어려운 행동의 목적을 분석하여 그것을 줄이는 전략을 고안하는 체계적 방법입니다. 다음은 기능적 행동 분석과 관련한 단계입니다. 이것을 당신 자녀의 문제 행동을 없애는 데 사용하십시오. 가정이나 학교, 직장, 이웃에서 문제 행동이 일어날 때마다 이들 단계를 사용해야 합니다. 일관성을 유지하기 위해 부모뿐 아니라 교사나 치료자, 다른 환경에서 문제 행동에 직면한 다른 사람들도 다음 단계를 사용해야 합니다.

6.2.1 1단계: 자녀가 힘들게 하는 행동으로 전하려는 것을 파악하십시오

Step 1: Try to Figure Out What Your Child Is Communicating with the Challenging Behavior

아이들이 힘들게 하는 행동으로 말하려 하는 것은 보통 다음과 같습니다.

- 자녀가 혼란스럽고 도움이 필요하다는 것을 나타내는 메시지:
  "이것은 나에게 너무 어려워요."
  "이것은 나를 혼란스럽게 해요."
  "나는 해야 할 일을 기억하지 못해요."

- 느낌을 표현하는 메시지:
  "배고파요"
  "나는 아파요."
  "나는 화났어요 / 슬퍼요 / 두려워요."

- 자녀가 현재 상황에서 탈출하기를 원한다는 메시지:
  "나는 이것을 좋아하지 않고, 그만두고 싶어요."
  "이 상황은 나에게 너무 자극적이에요."
  "나는 어떤 사적인 공간이 필요해요."
  "나는 언제 끝나요? 이것은 얼마나 오래 계속되나요?"

- 동일성이나 예측 가능성, 일상의 틀(routine)이 무척 필요하다는 것을 나타내는 메시지:

"이러한 새로운(또는 비(非)구조화된) 활동이 나를 압도하는 것 같아요."
"나는 과거와 같은 것을 기대했어요."
"나는 하는 일(예를 들면 좋아하는 활동)을 그만두고 싶지 않아요."
"나는 다음에 무슨 일이 일어날지 모르겠어요."

- 자녀가 어떤 것에 접근하거나 다른 사람과 사교적으로 교류하고 싶지만, 어떻게 할지 모르겠다는 것을 나타내는 메시지:
"[물건, 물품, 음식]을 주세요."
"나는 지루하고 당신의 관심을 원해요."
"당신이랑 놀고 싶어요."

자녀가 부적절하게 행동할 때, 그 행동에 이런 메시지 가운데 어떤 것이 있는지 자신에게 물어보십시오. 부모인 당신은 누구보다 자녀를 잘 알고, 오랫동안 여러 환경에서 자녀의 문제 행동을 경험했을 겁니다. 당신은 자녀가 전하려는 것을 본능적으로 알 것입니다. 하지만 이렇게 하기가 항상 쉽지는 않습니다. 다음은 행동의 기능을 이해하는 과정을 쉽게 하려는 몇 가지 제안입니다. 이러한 제안은 훈련받은 전문가가 실제로 기능적 행동 분석에 사용하는 프로세스에 기초합니다.

문제 행동이 일어나는 상황과 맥락에 주의를 기울이십시오. 또 행동으로 얻는 결과를 살펴보십시오. 이것들을 일주일 동안 적은 다음에 주제와 일관성을 찾아보십시오. 종이 한 장에 세로로 칸을 세 개 만들고 관찰을 기록하면 도움이 됩니다. 왼쪽 칸에는 행동의 발생 직전 상황이나 맥락을 적고, 중간 칸에는 행동을 적고, 오른쪽 칸에는 행동에 뒤따르는 것을 적습니다. 다음은 예입니다.

상황	행동	결과
10월 9일 7:30 PM 나는 Michael에게 TV를 끄고 잘 준비하라고 이야기함	Michael이 울고 긴 소파를 때리기 시작함	나는 TV를 껐고, 발길질하고 법석을 떠는 그를 침실까지 끌고 감
10월 10일 6:30 PM 저녁 식사 시간	Michael이 우스꽝스러운 표정으로 우스꽝스러운 소리를 냄	내가 그에게 식탁에서 나가라고 요청함
10월 10일 8:10 PM TV 보는 방에서 MIchael에게 이제 잘 시간이라고 이야기함	Michael은 자기 머리를 때리며 "나는 잠자기 싫어"라고 소리침	내가 그의 잠옷을 가져와 그에게 입으라고 재촉함
10월 11일 방과 후, Michael의 누나가 친구를 데려옴	Michael은 누나를 때리고 누나 친구를 떠밂	누나는 나를 불렀고, 나는 그를 타임아웃 하도록 했음
10월 12일 6:00 PM 저녁 식탁 주위에 앉아있음	Michael이 누나를 꼬집음	누나가 "그만해"라고 외쳤고. Michael은 미소 지음. 아빠가 Michael에게 그날 비디오 게임에서 진도가 얼마나 나갔는지 물음

며칠 동안 이 작업을 하면 몇 가지 분명한 주제(theme)가 나타날 수 있습니다. 하루 가운데 특정한 시간이나 특정한 맥락이 종종 차트에 나타납니까? 일어나는 문제 행동이 비슷하거나 다릅니까? 날마다 행동 자체는 다르지만, 그것이 일어나는 상황은 비슷하다는 것을 당신이 알아차릴 것입니다. Michael은 종종 저녁 식사 시간뿐 아니라 누나 친구가 방문했을 때도 어려움을 겪습니다. 이러한 상황에는 어떤 공통점이 있습니까? 앞에 있는 다섯 가지 목록을 보고 가장 그럴듯한 것을 추측해 보십시오. 이러한 상황에서 Michael은 더 많은 관심이 필요할 수도 있고, 상호 작용을 원하지만 어떻게 할지 모를 수도 있습니다. 또 Michael은 잠자리를 준비할 때 쉽게 화가 납니다. 그가 도움이 더 필요하거나, TV 시청이라는 좋아하는 소일거리에서 벗어나고 싶지 않을 수도 있습니다. 이런 가설은 우리가 다

음에 올 행동을 바꿀 방법에 좋은 단서를 줍니다.

자녀가 충분히 성숙했으면, 자녀와 함께 조사하며 추측할 수도 있습니다. 많은 ASD 어린이가 복잡한 감정을 스스로 말하는 데 어려움을 겪습니다. 하지만 당신이 목록이나 객관식 질문을 제공하며 말하는 것을 촉진하면, 자녀가 기꺼이 자신의 동기를 전하려 하고, 전할 수 있을 겁니다. 예를 들어 고기능 ASD 청소년에게 왜 돌봄 제공자 가운데 한 사람과 말을 안 하느냐고 물으면, 그는 어떤 반응도 하지 않을 것입니다. 하지만 (측정을 원활히 하려고 포함한 일부 우스꽝스러운 항목과 함께) 항목 목록을 제공하고 그에게 돌봄 제공자에게 쌀쌀하게 대하는 까닭의 순위를 매기라고 부탁하였을 때, 그는 자신의 동기를 분명히 나타낼 수 있었습니다. 이런 전략으로 치료자는 그의 행동 동기를 이해하고, 돌봄 제공자와의 상호작용에 더 관심을 가지게 만들 계획을 세우는 데 협력할 수 있었습니다.

6.2.2 2단계: 상황을 어떻게 바꿀 수 있을지 고려하여, 먼저 자녀가 자신의 메시지를 표현할 필요를 덜 느끼게 하십시오

Step 2: Consider How You Can Change the Situation So That Your Child Will Be Less Likely to Need to Express His or Her Message in the First Place

다음은 앞에서 말한 메시지를 전달할 필요를 줄이거나 없애려면 상황을 어떻게 바꿔야 할지에 관한 몇 가지 예입니다.

- 자녀가 혼란스러워하거나 어떤 상황을 이해하는 데 어려움을 겪으면, 상황을 이해하기 쉽게, 더 구체적으로, 틀에 박히게, 예측할 수 있게 만들 방법을 고안하십시오. 예를 들면 과제를 단순화하거나(작은 단계로 나누거나 예측 범위를 줄여), 지시를 반복하고 단순화하거나, 서면 지침이나 그림 같은 시각적 지지(support)를 제공하여 앞으로의 일을 전달하는 것입니다.

• 자녀가 감정이나 불쾌한 생리적 상태를 표현하면, 상황을 바로잡으십시오. 자녀에게 음식을 주고, 체온을 재고, 약물 부작용을 확인하기 위해 의사와 약속을 잡거나, 잠을 충분히 자게 하십시오.

• 자녀가 압도되거나 과잉 자극되고, 상황을 피하려하면, 되도록 이런 유형의 상황을 피하거나 그곳에서 보내는 시간을 줄이는 것을 고려하십시오. 상황을 피할 수 없는 경우에는 활동의 가장 혐오적인 측면을 변경하여, 바뀐 상황이 더 받아들일 만하다는 것을 자녀가 알게 하십시오. 미리 충분한 경고를 제공하고, 어려운 상황이 끝난 다음에는 긍정적 보상이나 휴식이 있다는 것을 말이나 그림을 사용하여 자녀에게 알려주십시오.

일요일 아침마다 Amalia의 불평과 반복적인 말은 그녀 가족이 차를 타고 교회로 향할 때 점점 더 심해졌습니다. 부모는 긴 예배 시간과 교회에서 만나는 사람들이 그녀에게 스트레스를 준다는 것을 알았습니다. 그녀는 그것에 대한 감정을 말로 표현하기 어려웠기에, 교회에 가지 않으려는 시도를 행동화하는 경향이 있었습니다. 또 그녀는 예배하는 동안 자주 화장실에 가겠다고 했습니다. 그녀의 부모는 예배 방해(interruption) 횟수가 두 번 이하이면, 집에 가는 길에 그녀가 좋아하는 선데 아이스크림 가게에 들른다는 규칙을 만들었습니다. 부모는 교회에 있는 동안에 그녀가 목표를 계속 상기하도록 좋아하는 선데 아이스크림 사진을 오려, 그녀 손에 쥐여 주었습니다. 두 번째 일요일까지 1단계에서 설명한 차트를 만든 다음에 부모는 합창단이 노래를 시작하자마자 Amalia가 화장실에 가겠다고 하는 것을 깨달았습니다. 따라서 가족은 되도록 합창단과 멀리 있으려고 예배당 뒤쪽에 앉았고, 노래가 시작하면 Amalia에게 귀마개를 씌웠습니다.

• 자녀가 한 가지 활동(보통 선호 활동)에서 다른 활동으로 전환하는(transition) 데 문제가 있으면, 앞으로 전환이 있다는 단서를 확실히 주십

시오(예: 활동 순서로 표시한 그림이나 일정표). 미리 경고를 많이 제공하고(예: 타이머 사용) 자녀가 지금 하는 활동을 스스로 마감하도록 허용하십시오.(예: 물건을 상자에 넣거나 컴퓨터 게임을 완수하게 하는 등). 다음에 일어날 일을 명료화하고, 그것을 차례차례 자녀에게 알려주며 전환을 도우십시오.

일주일 동안 1단계 차트를 채운 다음에 Michael의 엄마는 잠잘 준비가 특히 어려운 시간이라는 것을 알았습니다. 엄마는 Michael에게 TV 시청을 그만두고 잠자리에 들라고 요청했습니다. 좋아하는 TV 프로그램이 끝나는 시간까지만 허용한다는 경고를 하기도 했습니다. 하지만 Michael은 몹시 스트레스를 받았고, 전에 봤던 TV 쇼에 관한 질문 같은 것을 반복해서 말하기 시작했고, 울었고, 때로는 공격적으로 변했습니다. 엄마가 하던 일을 멈추고, 잠잘 준비를 하는 데 필요한 각 단계를 자세히 설명할 때만 Michael이 진정되었습니다. 과거에 Michael이 보여줬던 좌절감과 고통을 떠올리며 엄마는 이것도 Michael이 취침 일과(routine)에 도움이 필요하다는 것을 말하는 의사소통 방법일 거라고 생각했습니다. Michael이 이를 닦고 잠옷을 입는 것 같은 일과(routine)의 각 단계를 어려워하지는 않았지만, 단계를 차례로 배열하고 그것들을 혼자서 완수하는 것은 상당한 도전이라는 것을 엄마가 깨달았습니다. Michael은 읽기에 능숙했기에 엄마는 취침 일과(routine)에 필요한 일련의 단계를 요약한 차트를 작성하고, Michael이 각 단계를 마칠 때마다 체크하도록 했습니다. 이것은 Michael이 행동을 순서 짓고 조직화하는 것을 도왔을 뿐 아니라 그에게 성취감을 주었습니다.

- 자녀의 문제 행동이 관심에 대한 갈망을 나타내거나 다른 아이와 사회적 관계를 맺고 싶어서라면, 조직화된 동호회 같은 사회 활동 기회를 충분히 제공하십시오. 또 자녀가 상호 작용을 시작하려는 적절한 시도에 다

른 아이들이 긍정적으로 반응하는지 확인하십시오. 이때 자녀가 무시당하면, (8장에서 설명할 구조화한 일대일 놀이 만남처럼) 다른 아이들이 자녀에게 긍정적 반응을 하게할 방법을 고안하십시오. 자녀가 원하는 물건을 얻으려고 할 때는 언제든 그것에 대한 접근권을 제공하거나, 덜 좋아하는 다른 활동을 먼저 하면 접근권을 얻는 방법을 고안하십시오.

Rashan은 컴퓨터 게임을 좋아했고, 하루에도 여러 번 게임을 하겠다고 요구했습니다. 부모가 컴퓨터 하는 것을 즉시 허락하지 않으면, 그는 "언제 할 수 있나요?"라고 반복해서 물었습니다. 한 시간에 수백 번도 더 물었습니다. 부모는 정신이 나갈 것 같았습니다. "가치 있는 어떤 것도 공짜로 주어서는 안 됩니다(5장 참고)."라는 격언대로 부모는 Rashan이 컴퓨터를 하루에 열 번 사용할 수 있지만, 10분 동안 숙제하거나 식기세척기에 그릇을 넣거나 이를 닦는 것처럼 덜 선호하는 활동을 한 다음에 하도록 했습니다. Rashan은 컴퓨터를 이렇게 자주 사용하게 되어 기뻤고, 컴퓨터 사용을 끊임없는 요구하는 일도 줄었습니다.

6.2.3 3단계: 메시지가 전해져야 한다면, 자녀가 더 적절한 행동으로 자신의 요구나 바람을 전할 방법을 생각해 내십시오

Step 3: If the Message Must Be Communicated, Come Up with a Way in Which Your Child Can Communicate His or Her Needs or Wishes by Using a More Appropriate Behavior

(2단계에서처럼) 자녀가 메시지를 전해야 하는 까닭을 당신이 없앨 수 없으면, 자녀가 당신에게 긍정적이고 받아들여질 방법으로 전할 수 있도록 당신이 도와야 합니다. 여기에는 메시지를 전하고 부적절한 행동을 대체할 적절한 언어적 진술과 긍정적인 비언어적 방법이 모두 포함됩니다.

- 숙제 때문에 혼란스러울 때, 비명을 지르는 대신 손을 들거나, 벨을

누르거나, 옆으로 돌려 앉거나, 도와달라고 신호하는 다른 비언어적 행동을 하라고 가르칠 수 있습니다.

● 식탁을 차리라는 요청을 받았을 때, 자신의 손을 물지 않고, "이 일을 하려면 도움이 필요합니다."나 "이것은 너무 어려워요."라고 말하라고 가르칠 수 있습니다.

● 스트레스를 받고 어떤 상황에서 탈출하고 싶을 때, 다른 사람을 때리는 대신 "나는 이것을 좋아하지 않아요."라고 말하라고 가르칠 수 있습니다.

● TV를 끄고 취침 준비를 하라고 요구받았을 때, 울면서 가구를 두드리는 대신 "잠옷을 입기 전에 이 쇼를 끝까지 보고 싶어요."라고 말하라고 가르칠 수 있습니다.

● 상호 작용을 시작하는 방법으로 다른 아이를 만지는 대신 "나도 놀아도 돼?"라고 말하라고 가르칠 수 있습니다.

● 휴식이 필요할 때, 욕하며 자료를 찢어버리는 대신 정지 신호 그림을 들라고 가르칠 수 있습니다.

Eduardo는 숙제하는 도중에 좌절을 느끼거나 지루해지면, 방을 나가 돌아오지 않았습니다. 엄마는 숙제하며 어느 정도 휴식이 필요하다고 느꼈지만, 너무 오래 쉬면 그가 숙제를 끝내지 못할 거로 생각했습니다. 엄마는 그에게 색인 카드 다섯 장을 주었습니다. 카드마다 "한 카드에 3분을 휴식할 수 있음(Good for One 3-Minute Break)"이라고 적혀 있었습니다. 엄마는 Eduardo에게 지금부터 그가 할 일은 "나는 휴식이 필요해요."라고 말하는 것인데, 그러면 곧바로 3분 휴식을 얻는다고 했습니다. 이렇게 "빠져나갈 방법(out)"이 있다는 것만으로도, Eduardo는 숙제하는 것을 더 감당할 수 있게 되었습니다. Eduardo가 휴식을 요청하는 것을 배우기까지 많은 연습과 촉구가 있었지만, 결국 이 전략은 그가 적절한 방법으로 필요를 충족하게 도왔습니다. 시간이 지나며 엄마는 휴식 카드를 다섯 개에서 두 개로 줄일 수 있었습니다.

또 엄마는 Eduardo가 휴식을 요청한 시점과 실제로 휴식을 시작한 시점의 간격을 점점 넓히며 다음과 같이 말했습니다. “좋아, 문제를 두 개(세 개 또는 여섯 개) 더 푼 다음에 휴식을 취할 수 있어.” 이런 식으로 엄마는 Eduardo의 새롭고 적절한 의사소통을 존중하는 것과 숙제를 끝내야 할 필요 사이에서 균형을 유지했습니다.

6.2.4 4 단계: 새로운 의사 전달 방법을 연습하십시오

Step 4: Practice the New Way of Communicating

연습 방법:

- 자녀에게 욕구나 바람을 전할 때 사용하는 적절한 말이나 비언어적 신호를 시범 보이십시오.
- 필요할 상황이 일어나기 전에 자녀가 새로운 말이나 행동을 연습하게 하십시오.
- 필요한 상황이 일어나면, 자녀가 새로운 말이나 행동을 상기(prompt)하게 하십시오.

Vincent에게는 놀이터에서 가지고 노는 장난감에 또래들이 접근했을 때 밀치는 습관이 있었습니다. 엄마는 그에게 “지금은 내가 이것을 가지고 놀거야. 내가 놀이를 끝내면 너희가 가질 수 있어.”라고 말하라고 가르쳤습니다. Vincent가 이 기술을 사용하는 방법을 배우도록 도우려고 엄마는 Vincent에게 엄마에게 와서 엄마가 가지고 노는 장난감을 만지라고 하며, Vincent가 배울 행동의 시범을 보였습니다. 또 순서를 바꿔 엄마가 Vincent의 장난감에 접근할 때, Vincent가 같은 말을 하도록 도왔습니다. 그런 다음에 엄마는 Vincent를 데리고 놀이터에 갔습니다. 또 Vincent가 다른 아이들과 노는 것을 관찰했습니다. Vincent가 또래를 때릴 것 같은 상황이 일어날 것 같으면, 엄마는 Vincent에게 연습했던 말을 하도록 상기시켰습니다. 또 Vincent가 그 말을 사용했을 때 또래가 장난감을 요구하는 것을 멈추는 것을 보고, 또래가 긍정적으로 반응했다는 것을 확인했습니다. 마지막으로 엄마는 Vincent의 교사와 교실과 휴게실에서 같은 절차를 사용하는 것에 관해 이야기했습니다. 그들은 일관되게 부적절한 행동을 다루기로 했습니다. 교사는 학교에서 Vincent와 이 문구를 사용하는 것을 연습하고, 필요하면 언제든지 Vincent에게 상기시키겠다고(prompt) 했습니다.

6.2.5 5단계: 자녀에게 필요한 것을 얻게 된다는 걸 보여주는 전략을 사용하여 보상하십시오

Step 5: Reward Your Child for Using the Strategy by Showing That It Gets His or Her Needs Met

자녀에게 가르친 새로운 의사소통 전략과 과거의 의사소통 전략의 효과를 비교해야 합니다. 비명을 지르거나 반복적으로 불평하는 것이 "이 동영상을 끝까지 보고 싶어요."라고 말하거나 휴식 카드를 드는 것보다 효과적이라면, 자녀는 새로운 전략을 사용할 동기를 느끼지 못할 것입니다. 자녀가 적절한 의사소통 수단을 쓸 때는 먼저 자녀를 칭찬한("나는 네가 새로운 말을 사용해서 기쁘다.") 다음에 "그 의사소통을 존중"하여 자연스럽게 긍정적인 결과가 일어나게 하여 즉시 보상하십시오.

- 자녀가 도움을 요청하면, 즉시 도우십시오.
- 자녀가 어떤 상황을 떠나겠다고 요청하면, 즉시 휴식을 제공하십시오.
- 자녀가 당신의 관심을 요청하면, 당신은 하던 일을 그만두고 시간과 관심, 교류를 제공하십시오.

자녀는 필요를 충족하는 측면에서 이렇게 새롭고 적절하게 행동하는 것이 (당신이 줄이려는) 문제 행동을 할 때와 비교할 때, 효과가 같거나 낫다는 것을 배울 것입니다.

6.2.6 6단계: 문제 행동이 자녀의 욕구 충족에 더는 효과적이지 않다는 것을 확실히 하십시오

Step 6: Be Sure That the Challenging Behavior Is No Longer Effective in Getting Your Child's Needs Met

자녀가 배운 새롭고 적절한 방법이 아니라면 자녀의 필요를 충족할 대안을 남기지 마십시오. 문제 행동이 일어날 때마다 이것을 무시하고, 새로운 의사소통 수단을 쓰라고 말하십시오. 예를 들어 자녀가 어떤 상황을 피하고 싶을 때마다 비명을 지르면, 적절한 말을 사용하도록 요구하십시오. 또 비명을 지르는 동안은 자녀가 그 상황을 떠나게 허락하지 마십시오.

Ivana의 열한 살 딸 Michaela는 관심을 끌려고 형제와 반 친구를 만지는 습관이 있었습니다. 그녀가 어렸을 때는 이런 행동이 적절하고 심지어 다정스러운 것으로 보였습니다. 하지만 사춘기가 가까워지며, 엄마는 그 행동이 또래를 짜증 나게 하고, 남자아이에게 잘못된 신호를 보내게 될까 걱정했습니다. Ivana는 Michaela에게 이 행동이 왜 적절하지 않은지 설명하고, 대신에 "안녕, 어떻게 지내?"라고 말하도록 가르쳤습니다. 또 Ivana는 다른 자녀에게도 그 전략을 이야기했습니다. Michaela가 그들을 만져도 무시하고, Michaela가 배운 대로 관심을 요청하면 곧바로 그녀를 주목하라고 했습니다. 이것은 Michaela의 부적절한 기술이 성공하지 않게 하고 동시에 새로운 전략을 사용할 때 보상받도록 하였습니다.

앞 설명을 보면 단계가 간단하게 보여도 자녀가 바라는 목적을 달성하는 수단을 문제 행동에서 적절한 것으로 바꾸는(switch) 것은 쉬운 과제가 아닙니다. 이러려면 당신이 자녀와 함께 연습하고, 문제 행동이나 부적절한 행동에 기초한 전략보다 바람직한 수단이 더 보상을 받도록(reinforcing) 확실히 해야 합니다. 어떤 부모는 문제 행동을 바꾸려 할 때 오히려 문제 행동이 더 일어났다고 한탄했습니다. 이해가 안 되겠지만, 실제로 이것은 좋은 징조입니다. 아이가 오랫동안 효과가 입증되었던 전략이 더는 작동하지 않는 것을 알게 되면, 종종 그들은 목적을 달성하려고 최후의 필사적 노력으로 "두 배 더 많이, 두 배 더 강하게" 접근 방식을 취합니다. 이것은 당신 자녀가 수반성(contingency, 역주: 원하는 목적을 달성하기 위해 취해야 할 행동)이 바뀐 것을 깨달았다는 뜻입니다. 이러한 문제 행동의 빈도와 강도 증가에 당신이 굴복하지 않으면 곧 변화가 나타날 것입니다.

6.3 긍정문으로 규칙 만들기
STRATEGIES FOR POSITIVE DISCIPLINE

당신이 자녀와 경험했을지 모르겠지만, 많은 일반적인 규칙이 ASD 어린이에게는 제대로 작동하지 않습니다. 그들은 종종 자기 모니터링 기술이 부족하고, 자기 행동이 적절한지 판단할 능력이 없을 수도 있습니다. 그들은 자기 행동이 적합하지 않다는 신호를 보내는 정상적인 실마리를 이해하지 못할 수도 있고, 부적절하게 행동했을 때 보통 어린이가 경험하는 당혹감과 수치심을 느끼지 않을 수도 있습니다. 또 행동을 잘해서 부모와 다른 어른을 기쁘게 하겠다는 욕구에 그다지 동기 부여되지도 않습니다.

열 살 Ronald가 친구들을 초대했을 때, 그들은 Ronald의 형인, 열네 살 Peter가 마스터한 게임을 물어보려고 그와 이야기하려 했습니다. Peter는 동생 친구들과 이야기하는 것에 관심이 없었습니다. Peter는 ASD였고, 감정을 적절히 전달하는 법을 알지 못했기 때문입니다. Peter는

Ronald와 친구들을 밖으로 떠밀기만 했습니다. 그때 Peter의 엄마는 동생 친구들을 밀쳐낸 벌로 Peter를 그의 방으로 보냈습니다. 하지만 그것은 Peter가 바라는 혼자 있기를 제공한 것으로 부적절한 행동을 보상한 꼴이었습니다.

보통 어린이에게는 효과가 있는 타임아웃 같은 접근법이 ASD 어린이에게는 맞지 않을 수 있습니다. 일반적으로 ASD 어린이에게 도움이 되는 전략은 다음과 같습니다.

- 일련의 규칙을 구체적으로 수립하고 일관성 있게 집행하십시오.
- 자녀에게 기대하는 것을 자녀가 확실히 알도록 적어 주거나 그림으로 보여주십시오. 옷 입기나 이 닦기, 식탁 정리하기 같은 과제를 작은 단계로 나누는 것이 필요할 수 있습니다. 이러한 단계를 그림이나 글자를 이용하여 시각적으로 설명하면 도움이 됩니다. 자녀가 사진에 잘 반응하면, 과제를 완료하는 데 필요한 각 단계를 카메라로 촬영하여 자녀 방 등에 걸어 두십시오.
- 자녀가 하지 말아야 할 것보다 자녀가 해야 할 일에 대한 당신의 기대를 설명하십시오. "때리지 말 것"보다는 "무릎(lap)에 손을 놓을 것"이 좋습니다. 이러면 당신 명령이 긍정적으로 되고, 잔소리를 낳는 패턴을 예방할 수 있습니다. 더 중요한 것은 이러면 미래에 사용할 건설적인 대안 행동이 자녀의 마음속에서 굳어지게 됩니다.
- 아침과 저녁에 할 일상의 틀(routine)을 정하십시오. 필요하면 단어나 그림으로 일상의 틀(종종 "활동(activity) 스케줄"이라고도 함, 4장 참고)을 요약하십시오. 활동에 대한 분명한 경계를 설정하고, 타이머나 시각적 단서(예: 당신이 놀이 재료를 보관함에 넣고 치움)를 사용하여 시작과 끝을 알립니다. 활동이 끝나고 있다는 구체적인 단서를 제공하십시오(예: "타이머가 울리려 하면, 너는 컴퓨터를 끌 필요가 있다"고 말함).

• 선호하지 않는 활동을 완수한 보상으로 선호 활동을 이용하십시오(예: "이를 닦으면, 공룡 책을 읽을 수 있어").

• 명시적인(explicit) 규칙을 마련하여 자녀가 비생산적인 일에 몰두하는 시간을 제한하십시오. 예를 들어 자녀는 저녁마다 자신이 좋아하는 주제에 관한 질문을 세 개만 하거나, 정해진 시간만 컴퓨터를 할 수 있습니다.

6.4 하루 가운데 어려운 시간에 대한 전략
STRATEGIES FOR DIFFICULT TIMES OF THE DAY

6.4.1 아침 *Mornings*

아침은 대부분 가족에게 특히 어려운 시간입니다. 잠에서 깨어 집에서 학교로 전환하는 이 시간에는 ASD 어린이에게 과각성과 저각성의 문제가 나타나기 쉽습니다. 학교에 스트레스가 많다는 것을 알게 된 많은 어린이에게, 아침은 예상되는 스트레스에서 막판 탈출하려는 움직임이 일어나는 시간입니다. 도움이 되는 전략은 전날 밤에 되도록 준비를 많이 해서 아침 기분이 아침에 할 일(routine)을 방해할 확률을 줄이는 겁니다. 예를 들면 자기 전에 옷을 펼쳐 놓고 학교 준비물을 현관 옆에 놓으면, 아침에 할 일에서 두 가지 과제는 뺄 수 있습니다.

잠에서 쉽게 전환되도록 자녀를 깨우는 여러 접근법을 시험하면 도움이 될 것입니다. 사람이 깨우거나, 알람을 울려 깨우거나, 라디오를 틀어 깨울 때 각각 어떻게 반응하는지 보십시오. 어떤 부모는 자녀에게 10분 안에 일어나야 한다고 알리고, 5분 전에 다시 일어나라고 말하는 식으로 "점점 증가하는(incremental)" 경고 신호를 보내면 도움이 된다고 말합니다.

6.4.2 식사 시간 *Mealtimes*

ASD 어린이 가족은 종종 식사 시간도 괴롭습니다. 많은 ASD 어린이가 식성이 까다롭습니다. 또 이것은 특별한 식이요법이나 어떤 일관성에 대한 민감성, 촉감과 식감 같은 질감에 대한 민감성에 의해 심해질 수 있습니다. 많은 부모가 입맛이 까다로운 자녀의 영양 섭취를 걱정하여, 이것에 초점을 맞춥니다. 그 결과 많은 ASD 어린이가 이것을 통제할 기회로 인식합니다. 이러면 식사 시간은 권력 투쟁의 장이 됩니다. 많은 부모가 이때 새로운 음식을 한 번에 하나만 소개하고, 한 번에 한 입만 먹도록 하는 것이 도움이 된다는 것을 발견했습니다. 일부 어린이에게는 식사 속도를 더 느리게 하는 것이 적당할 수 있습니다. 예를 들어 식탁이나 접시에 새 음식이 있는 것을 견디는 것에서, 음식 냄새를 맡고, 손가락으로 음식을 만지며, 입술로 음식을 건드리며, 음식을 핥고, 음식을 입에 넣고, 마지막으로 음식을 씹고 삼키는 것으로 진행할 수 있습니다. 많은 어린이에서 새로운 음식이 받아들여지려면, 그 음식을 여러 번 소개해야 합니다. 어떤 연구는 2주 이상이 걸려야 섭식 습관에 변화가 일어난다고 말합니다. 인내심을 발휘하여 자녀가 새로운 것에 적응할 때까지 충분한 시간을 주십시오.

심각할 정도로 자녀의 영양 섭취가 충분하지 않은 것 같으면, 당신은 다음과 같은 단계를 밟아야 합니다. 먼저 소아청소년과 의사를 방문해 자녀의 신장과 체중을 확인하십시오. 자녀의 성장이 적당한 범위에 있습니까? 걱정해야 할 정도라면 자녀가 먹는 것을 일지에 기록하십시오. 학교에서 먹는 것에 관한 정보를 얻으십시오. 또 영양사에게 자문하십시오. 특히 어떤 것이든 식이요법 전에는 영양 상담을 받아야 합니다.

부모가 항상 자녀가 먹는 것을 정확히 아는 것이 아니란 걸 명심해야 합니다. 고기능 ASD인 여덟 살 소녀 Sandra의 엄마는 딸이 프레첼과 치즈만 먹는다고 생각했습니다. 의사와 상담하고 신장과 체중이 적당하다는 것을 안 다음에, 엄마는 Sandra의 교사에게 학교에서의 식습관을 물었습니다. 교사는 Sandra가 채소와 우유를 포함하여 모든 학교 점심 급식을 규칙적으로 먹는다고 했습니다.

식사 시간을 일정하게 유지하는 것도 도움이 됩니다. 이것은 자녀가 무엇을 기대해야 할지 알도록 돕습니다. 정규 일상의 틀에 식사가 포함되어야 합니다. 어떤 어린이에게는 식사를 예측하게 하려고 식사 시간표(meal schedule)나 주간 메뉴 계획표를 만들어 주기도 합니다. 식사 시간이 되면 나머지 가족의 음식과 ASD 어린이의 음식을 함께 차리십시오(가족이 날마다 저녁을 함께 먹는 호사를 누린다는 가정에서). 나머지 가족이 식탁에 있을 때 ASD 어린이가 먹지 않겠다고 하면, 그날 저녁에는 밥 먹을 기회가 없다고 분명히 말하십시오. 이런 연습은 자녀가 식사 시간(meal schedule)을 지키게 합니다. 이것은 잘못 조절된 몸이 건강한 식사 패턴으로 쉽게 들어가도록 돕습니다. 이때 자녀의 규칙에 대한 열망을 이용할 수 있습니다. 분명한 규칙(예: "모든 사람이 함께 식사한다.")이 설정되면, 자녀가 그것을 기꺼이 받아들일 확률이 높아집니다.

식탁에서 일어나는 경향이 있는 아이들은 벽에 등을 대고 앉게 하면 도움이 될 수 있습니다. 이러면 돌아다니는 것이 어려워지고, 가만히 있을 확률이 높아집니다. 앞에서 말한 "6.2 힘들게 하는 행동을 이해하기"에서 설명한 전략을 사용할 수도 있습니다. 돌아다니는 것이 제공하는 것으로 보이는 기능은 무엇일까요? 저녁 식사 도중 몇 차례 잠깐 휴식을 취하면 도움이 될까요? 자녀가 얼마나 앉아있어야 하는지 보여주는 타이머가 도움이 될까요? 자녀가 가족 구성원과 상호 작용할 수 있도록 저녁 식사 동안 나눌 대화 주제나 대본을 주면 도움이 될까요(8장 참고)? 다른 사람이 밥을 다 먹을 때까지 자녀가 기다리며 식탁 밑에서 손에 쥐고 있거나 쥐어짤 것을 주면 도움이 될까요?

6.4.3 방과 후 *After-School Time*

많은 ASD 어린이에게 방과 후 시간은 또 다른 괴로운 전환기입니다. 적절한 방과 후 활동이 어떤 것인지 정해진 규칙은 없습니다. 하지만 여기서도 일관성의 원칙이 적용됩니다. 부모인 당신은 자녀에 대한 전문가입니다.

학교는 자녀에게 굉장히 힘든 경험입니다. 자녀가 스트레스가 많은 낮 시간을 보낸 다음에 긴장을 풀려면 "혼자 있는 시간"이 얼마나 필요할까요? 당신의 혈기 왕성한 아이가 오랫동안 한곳에 앉아 있도록 강요받은 다음에, 돌아다니며 에너지를 소비할 시간이 얼마나 필요할까요? 자녀가 학교 수업이 끝날 때까지 학업 리듬을 유지했으니, 이런 "흐름에 따라" 집에 오자마자 숙제해야 할까요? 자녀에게 가장 적절한 방과 후 활동이 무엇인지 생각하고, 날마다 일관성을 유지하십시오.

6.4.4 잠자기 *Bedtime*

ASD가 수면 장애와 관련이 있다는 연구 결과가 있습니다. 따라서 취침 시간이라는 또 다른 도전적인 전환은 어려운 일일 것입니다. 같은 시간에 잠자리에 들기나 똑같은 취침 전 과제에 참여하는 것 같은 취침 일과(routine)는 모든 어린이에게 도움이 되지만, 특히 ASD 어린이에게 도움이 됩니다. 취침 시간이 다가오면 자녀에게 충분한 사전 경고와 카운트다운(30분, 20분 등)을 합니다. 자녀가 자기 전에 독서나 부드러운 게임 같은 조용한 활동에 참여하게 하여 긴장을 풀도록 돕습니다, "감압(decompression)" 시간을 확보하려는 또 다른 전략은 불을 끄고 자녀가 잠들기를 기대하기 전에 침실에서 자녀와 얼마쯤 시간을 보내는 것입니다. 잠자는 시간에 앞서 당신이 아이 옆에 앉는다면, 당신이 자녀의 침대에서 보내는 시간의 길이가 일정한지 확인하십시오. 당신의 존재가 아이를 깨우는 자극으로 작용하지 않는지 확인하십시오. 어떤 어린이는 잠든 다음에 당신이 자신을 점검할 것이라는 걸 알고 안심합니다.

침실이 자녀에게 쾌적한 장소인지 확인하십시오. 어떤 어린이는 좋아하는 물건을 방에 두어야 합니다. 어떤 어린이는 그렇게 하면 산만해지거나 지나친 자극을 받습니다. 어떤 어린이는 부드러운 빛이나 음악이 있으면 진정하게 됩니다. 어떤 어린이는 잠들려면 완전한 어둠과 정적이 필요합니다.

이러한 것을 시도해도 자녀가 여전히 잠자는 데 어려움을 겪으면, 소아청소년과 의사의 진료를 고려해야 합니다. 그는 잠을 자는 데 도움이 될 다른 기법이나 약물을 제시할 겁니다. 우리는 4장에서 잠자리에 들게 하는 시각적 행동 틀(routine)을 만드는 몇 가지 조언을 했습니다.

6.4.5 가족 외출 *Family Outings*

대부분 가족 구성원에게 외출과 휴가는 재미있고 흥미로운 일입니다. 하지만 ASD 어린이에게는 반복되는 일상(routine)의 중단이나 예기치 않은 일, 생소함, 새로운 사람과 장소를 다루어야 할 필요를 뜻할 수 있습니다. 따라서 외출이나 휴가가 ASD 어린이에게 불안을 일으키는 시간일 수 있습니다. 부모는 미리 계획을 세우고 자녀에게 그것이 어떨지 알려 스트레스를 최소화해야 합니다. Carol Gray의 사회성 이야기(Social Story) 접근법을 시도해 보십시오. 이 접근법은 자녀에게 일어날 일을 설명하는 단어와 경험을 묘사하는 그림으로 구성된 이야기를 보여줍니다(8장에서 이 접근법을 사용하는 방법을 자세히 설명합니다). 유원지로 가는 가족 외출 계획이 불안한 어린이에게는 다음과 같이 합니다. 먼저 유원지 웹 사이트를 방문하여 주차장이나 입구, 탈것 등의 이미지를 프린트합니다. 그런 다음에 사진이 이야기하는 것을 간단히 적으면, 자녀가 예상되는 것을 알도록 도울 수 있습니다. 실제로 공원으로 가기 전에 이 이야기를 여러 번 읽으십시오. 레크리에이션 장소나 의사를 방문하는 것 같은 모든 비(非)레크리에이션 활동에 관한 출판되지 않은(preprinted) 적절한 사회성 이야기가 많습니다. 이 책 뒷부분에 있는 자료들(resource)에는 사회성 이야기에 관한 정보가 있습니다.

새로운 경험을 작은 단계로 나누고, 그것을 점진적으로 소개하며 자녀를 천천히 적응시켜야 할 수도 있습니다. 미리 사회성 이야기와 같은 시각적 단서를 사용하여 새로운 경험을 검토한 다음에, 당신은 자녀와 새로운 장소나 활동을 짧게 방문하는 일정을 잡을 수 있습니다. 시간이 지나며 자녀가 새로운 활동에 편해지면 방문 일정을 길게 할 수 있습니다.

6.4.6 집안일과 가사책임 *Chores and Household Responsibilities*

자녀가 집안일을 돕게 하는 것은 고기능 ASD 자녀를 키우는 부모를 포함하여, 모든 부모에게 어려운 일입니다. 보통 아이들은 집안일을 싫어하고, 이런 책임을 회피하고 더 재미있는 일을 하려고 합니다. ASD 어린이가 집안일을 더 하게 하려면, 매일 또는 매주 반복되는 일상(routine)에 집안일을 끼워 넣으십시오. 이런 일관성은 자녀가 할 일을 알도록 돕고, 집안일이 반갑지 않은 뜻밖의 일(surprise)이 되지 않도록 할 것입니다. 또 집안일의 여러 단계를 일상의 틀로 만들려고(routinize) 노력하십시오. 그들의 전형적인 시각적 장점을 이용하도록 체크리스트를 적거나 작업과 관련한 단계를 설명하는 일련의 그림을 만들면 도움이 될 것입니다. 예를 들어 어린이가 집안 쓰레기통을 비우는 것을 돕게 하려면, 어떤 사람이 작은 쓰레기통에서 쓰레기 봉지를 꺼내고, 묶고, 차고에 있는 큰 쓰레기통에 넣은 다음, 작은 쓰레기통에 새 봉지를 넣는 그림을 차례로 보여줍니다. 자녀와 함께 여러 차례 목록을 하나씩 단계적으로 작업하며(work through), 관련한 단계를 자녀가 배우도록 도우십시오.

마지막 장에서 다루겠지만, 적절한 과제를 선택하는 것이 집안일 할당에 결정적인 요소입니다. 자녀에게 집안일을 처음 시킬 때는 간단하고 해내기 쉬운 과제로 시작하십시오. 일하는 시간이 언제이든, 자녀의 장점에 자연스럽게 어울리는 과제를 선택하십시오.

ASD인 Evan은 물리적 환경의 질서를 선호하는 열두 살 소년입니다. 그에게 정상적으로 발달하는 네 형제가 있습니다. 그의 집은 종종 토네이도가 지나간 것처럼 보입니다. 엄마는 거실 가구와 커피 테이블을 하루에 한 번 정리하는 임무를 Evan에게 주기로 했습니다. 처음에는 Evan이 이 임무를 맡는 것에 저항했지만, 컴퓨터 할 시간을 추가로 얻을 수 있다는 것을 알고 마지못해 동의했습니다. 곧 엄마는 거실 질서를 바로잡는 것이 실제로 Evan에게 진정 효과를 나타낸다는 것을 깨달았습니다. 이렇게 하여 그는 집안일을 돕고, 자신을 진정시키고, 특권을 얻게 되었습니다.

나이가 많은 어린이에게는 부모가 서류 정리나 그릇 닦기, 요리 재료 준비 같은 직업에 적용할 수 있는 기술을 연습하는 집안일을 할당할 수 있습니다.

6.4.7 숙제 *Homework*

자녀가 날마다 같은 시간과 같은 장소에서 숙제를 마칠 수 있도록 숙제 일정을 구조화하십시오. 숙제일정을 시각적 스케줄에 넣는 것도 도움이 됩니다. 이렇게 하면 아이들에게 앞으로 일어날 일을 상기시키고, 숙제를 마치면 재미있는 일이 있다는 걸 기억하도록 도울 수 있습니다. 일부 어린이에게는 숙제 시간을 더 구조화해야 합니다. 어린이가 과제를 많이 받으면, 과제에 접근하는 최선의 방법을 결정하는 것이 어려울 수 있습니다. 자녀가 혼란스러워할 것 같으면, 할 일의 목록을 우선순위와 함께 작성하도록 도우십시오. 구체적인 대처 계획을 펼쳐놓으면, 어린이가 과제에서 느끼는 압도감이 훨씬 줄어듭니다. 7장에는 숙제를 포함한 학업 과제를 조직화하는 자세한 제안이 있습니다.

많은 ASD 어린이가 쉽게 산만해집니다. 따라서 소음이나 잡동사니, 다른 가족 구성원을 포함하여 산만하게 하는 것이 없는 작업 장소가 필요합니다. 자녀의 주의력과 작업 스타일에 맞게 접근 방식을 정하십시오. 어떤 어린이에게는 앉은 자리에서 한 번에 모든 숙제를 마치는 것이 최선입니다. 다른 어린이에게는 이것이 지나치게 어려운 일입니다. 작업 시간을 짧게 나누고, 중간에 휴식이 있는 것이 좋습니다. 우리와 함께 작업한 어떤 부모는 부엌 타이머를 설정하여 자녀를 돕습니다. 자녀는 30분 동안 생산적으로 숙제한 다음에 컴퓨터 휴식 시간 5분을 얻습니다. 한편 한 과제나 과목을 끝냈을 때 휴식 시간을 줄 수도 있습니다. 숙제하는 동안이나 숙제를 마쳤을 때 휴식이나 다른 긍정적 강화(예: 특별한 음식이나 더 큰 보상과 교환할 수 있는 토큰)를 주면, 자녀의 동기가 커질 것입니다. 또 부모가 숙제 자체의 강화 특성을 이용할 수도 있습니다. 많은 ASD 어린이가 특정 학교 과목에 커다란 열정을 나타냅니다. 좋아하는 숙제를 가장 나중에 하도록 하는 것은 그 앞에 덜 흥미로운 주제를 숙제하는 것에 강화 역할을 합니다.

숙제 과정에서 자녀의 운동과 감각적 특징이 미칠 영향에 주의를 기울이십시오. 많은 ASD 어린이에게 글씨를 쓰는 것은 어려운 소근육 운동입니다. 쓰는 숙제는 신체적 어려움으로 해당 과제를 훨씬 불쾌하게 만들 수 있습니다. 따라서 이러한 문제를 창의적이고 유연하게 해결하려고 노력해야 합니다. 예를 들어 교사에게 컴퓨터로 과제를 하거나, 답을 써내지 않고 말로 한 것을 다른 사람이 받아써도(dictate) 되는지 물으십시오(이 주제는 7장에서 자세히 설명합니다). 아이들의 감각 민감성은 숙제의 완성에도 영향을 미칩니다. ASD인 사람 가운데 일부는 특정한 조명 조건에서 읽기가 어려울 수 있습니다. 밝기의 정도를 실험하고, 자녀가 어느 밝기에서 가장 편안해하는지 살펴보십시오.

숙제는 가정과 학교 사이의 빈틈을 메웁니다. 따라서 설정의 일관성이 특히 중요합니다. 교사와 소통하여 당신은 학교에서 성공했던 전략을 배우고, 가정에서 효과 있었던 기법을 교사와 공유해야 합니다. 또 부모와 교사의 의사소통은 숙제를 마치는 것과 관련한 규칙의 일관성을 키웁니다. 교사가 학교에서 20분마다 휴식을 허락했으면, 가정에서도 30분마다 휴식을 주는 것보다는 같은 일정을 적용해야 합니다. 교사가 학교에서 토큰이 아닌 스티커나 체크 표시로 올바른 일을 강화했으면, 집에서도 토큰 대신 스티커나 체크 표시를 사용하십시오. 이 장 앞부분에서 말한 것처럼 자녀가 여러 환경에서 한 가지 일관된 규칙을 따를 때, 자녀는 앞으로 펼쳐질 것을 알게 되며 훨씬 편안한 시간을 가지고, 그것에 맞춰 행동할 확률이 높아집니다.

다른 사람이 자녀의 숙제를 도와준다면, 당신이 고용한 과외 교사나 학교 교사일 것입니다. 이들은 도움이 될 수 있습니다. 일부 ASD 어린이는 작업이 너무 느려 학교에서 다 마치지 못하고, 집으로 숙제를 많이 가져옵니다. 자녀가 학교에서 숙제를 더 하도록 자습실이나 자료실(resource room)에서 시간을 보내게 해 달라고 요청하는 것이 도움이 될 것입니다. 자녀가 숙제에 대한 접근을 구조화하고 숙제를 마치게 돕도록 지정된 사람은 소중한 지원 인력(support)입니다. (사무실에서 하든, 집에서 하든) 이런 일을 하는 사람은 부모가 자녀와 힘들게 협상해야 하는 한 가지 영역을 없애 줍니다. 그 결과 부모는 얼마간 "휴식 시간"을 얻습니다. ASD 어린이와 작업한 경험이 많은 과외 교사는 커다란 도움이 됩니다. 이들은 자녀와 작업하기 위한 새로운 전략을 부모가 만들어내는 데 도움을 줍니다. 지역의 자폐 협회에 과외 교사 명단이 있을 수 있습니다. 또는 지역 병원의 소아청소년과나 소아정신과, 자녀가 진단받은 기관에 물어보십시오.

6.5 건강한 가족 태도를 유지하기 MAINTAINING A HEALTHY FAMILY ATTITUDE

6.5.1 형제 *Siblings*

ASD 어린이의 형제에게 심리적 안녕을 주려고 노력하는 것은 부모가 할 중요한 투자 가운데 하나입니다. 태도가 건강한 형제는 ASD 어린이를 돌보는 부모의 가장 큰 지원군입니다. 그들은 훌륭한 친구가 될 수 있고, 역할 모델(특히 사회 세계를 이해하도록 돕는 역할 모델)이 될 수 있습니다. 물론 형제는 자신이 행복하고 지지받는다고 느낄 때 가족의 전반적인 안녕에 기여합니다.

특별한 도움이 필요한 형제가 있어도 정상적으로 발달하는 어린이라면 크게 걱정하지 않아도 됩니다. ASD 소년의 누나인 Claire는 "Clark가 특별한 도움이 필요하다고 해서, 나도 그렇다는 뜻은 아닙니다."라고 말했습니다. 그녀의 남동생에 대한 흔들림 없는 사랑과 또래와의 솔직한 의사소통은 동생이 ASD라는 사실을 중요하지 않은 문제로 만들었습니다. 그녀는 장애인 올림픽에서의 자원봉사 같은 기회를 찾아냈으며, 심지어 친구를 데려가기도 했습니다. 그녀 친구들은 이런 경험으로 자신이 풍요로워지는 것을 느꼈습니다. Claire 친구 가운데 한 명은 나중에 특별한 도움이 필요한 아이들을 돕는 직업을 택했습니다.

하지만 불행하게도 ASD인 형제가 있는 많은 어린이가 가족적, 사회적, 개인적 어려움을 겪습니다.

6.5.1.1 형제와 의사소통하기 Communicating with Siblings

ASD 어린이의 형제를 다루는 가장 중요한 원칙은 정직과 교육, 열린 마음입니다. 당신의 정상적으로 발달하는 아이는 ASD인 형제에 관해 많이 물을 것입니다. "형은 왜 나랑 이야기하지 않아?", "누나는 왜 그런 이상한 걸 해?", "형은 왜 나랑 놀지 않으려 해?", "누나가 날 미워해?", "나도 ASD에 걸릴(catch) 수 있어?", "동생이 아기였을 때 내가 심하게 레슬링해서 ASD에 걸렸어?" 정상적으로 발달하는 자녀가 ASD를 많이 이해할수록 ASD인 형제에 통찰력이 커지고, 감염이나 인과 관계와 관련한 오해로 스트레스를 받을 확률이 줄어듭니다.

다른 자녀가 ASD인 형제에 관해 긍정적이고 부정적인 감정을 모두 털어놓도록 열려 있고, 솔직하고, 비판이 없는 토론 시간을 만들어야 합니다. 이러한 대화를 나눌 때 다른 자녀에게 집이나 학교에서 겪는 일을 자세히 물으십시오. 다른 자녀가 이해하지 못하는 문제는 무엇입니까? ASD인 형제가 있어 생긴 긍정적이고 부정적인 측면이 최근에 경험한 것입니까? 부모인 당신은 모범을 보여야 하는데, 긍정적인 태도를 취하며 특별한 도움이 필요한 자녀를 받아들여야 하지만, 때로는 좌절감을 비롯한 부정적인 감정을 피할 수 없다는 것도 분명히 해야 합니다. 최근 연구는 부모가 정상적으로 발달하는 자녀와 ASD에 관하여 이야기한 다음에도, 이들 대부분이 많은 것을 오해하고 ASD에 관한 기본적인 것도 이해하지 못한다는 것을 보여줍니다. 즉, 당신이 정상 자녀에게 설명했다는 것이 정상 자녀가 당신이 말한 것을 이해했다는 뜻은 아닙니다. 이때 정상 자녀에게 당신이 말한 것을 자신의 말로 설명하게 하면 도움이 될 수 있습니다. 몇 차례의 짧은 대화보다는 자주, 계속 진행하는(ongoing) 토론이 필요합니다.

정상적으로 발달하는 자녀와 의사소통을 촉진하는 긍정적인 접근 방법은 ASD인 자녀를 돕는 최선의 방법에 관하여 함께 토론하는 것입니다. 이 방법이 모든 발달 수준의 어린이에게 적합하지는 않습니다. 하지만 성숙한 어린이와 청소년에게서 ASD인 형제의 경험과 행동의 원인에 대한 훌륭한 통찰을 얻을 수 있습니다. 한편 형제는 또래로서 사회관계 전략과 학교 환경에 도움이 되는 의견이 있을 수 있습니다. 당신이 정상적으로 발달하는 자녀를 의견 수렴 과정에 참여하게 하면, 가족의 화합이 이루어지고, 누구도 배제되었다고 느끼지 않게 될 것입니다.

6.5.1.2 죄책감과 지나친 책임 Guilt and Excessive Responsibility

특별한 도움이 필요한 어린이의 형제 가운데 일부는 자신에게 지나치게 많은 것을 요구합니다. 그들은 학업이나 사회생활에 어려움을 겪으면서도 ASD인 형제를 도우려 할 것입니다. 일부 심리학자는 정상인 형제가 자녀가 아니라 돌보는 어른처럼 행동하는 "작은 부모(little parent)" 효과를 지적합니다. 이런 일을 막으려면 집이나 학교에서 ASD 어린이를 보살필 때 정상인 형제에 지나치게 의존하지 않도록 조심해야 합니다.

한편 일반적인 형제는 자신만의 생각 과정 때문에 정서적으로 취약해질 수 있습니다. 형제 사이에 있는 어느 정도의 긴장감은 다른 사람과의 갈등을 해결하는 방법을 배우는 토론 기회를 제공한다는 점에서 자연스럽고 (심지어) 적응적(adaptive)인 일입니다. 하지만 특별한 도움이 필요한 어린이의 형제는 "달리 행동할 수 없는" 형제에게 부정적인 감정을 느꼈다는 것에 대해 양심에 가책을 느낄 수 있습니다.. 다른 자녀가 이런 부정적인 감정은 자연스러운 것이란 걸 이해하도록 도와주십시오. 또 그가 이런 감정이 있지만 어떻게 행동하는지가 가장 중요하다는 것을 이해하도록 도와주십시오. 부모의 관심이 많이 필요하거나 해야 할 일이 몹시 적어 보이는 형제에게 분개하는 것은 정상적인 일입니다. 정상적으로 발달하는 자녀에게 당신이 이런 생각을 이해한다는 것과 때때로 부모도 같은 생각을 한다는 것, ASD인 형제에 대한 다른 자녀들의 생각이 모두 따뜻하고 긍정적인 것처럼, 부모도 다른 자녀들을 사랑한다는 것을 알게 하십시오. 다른 자녀가 해롭거나 부정적인 방식으로 행동하지 않는 한, 이러한 생각을 가지는 것은 나쁜 일이 아니란 걸 분명히 하십시오.

6.5.1.3 평등한 관심과 활동, 규율 Equal Attention, Activity, and Discipline

정상적으로 발달하는 형제는 공통적으로 ASD인 형제가 부모의 관심을 치우치게 받는다고 느낍니다. 자주 이것은 사실일 수 있습니다. ASD 어린이에게는 특별한 필요가 있고, 정상적으로 발달하는 아이들이 쉽게 할 수 있는 일을 성취하려면 추가적 관심이 필요할 것입니다. 이런 상황에서 다른 형제가 잠재적 분노나 방치되었다고 느끼지 않게 하는 데 사용하는 몇 가지 전략이 있습니다. 엄마와 아빠가 모두 있는 가정에서는 분할 정복(divide and conquer)하십시오, 엄마와 아빠로 나뉘어 동시에 아이 두 명에게 주의를 기울일 수 있습니다. 한 부모 가정에서는 친구나 집안사람에게 도움을 요청하면, 돌봄 제공자(caregiver)를 추가할 수 있고, 당신은 자기 시간을 더 유연하게 분배할 수 있습니다. 중요한 것은 정직하고 솔직한 것입니다. 당신이 정상 자녀에게도 헌신해야 한다는 것과 삐걱거리는 바퀴뿐 아니라 모든 바퀴가 어느 정도 윤활유를 얻도록 전념해야 한다는 것을 인정해야 합니다. 날마다 잠깐이라도 시간을 기울여 정상적으로 발달하는 자녀에게 당신의 모든 관심을 기울이십시오. 취침 시간이나 다른 저녁 활동을 하는 동안 정상적으로 발달하는 자녀에게 그들의 경험과 감정, 걱정을 꼭 물으십시오. 당신이 정상 자녀의 관심사에 헌신하는 날을 한 달에 하루나 이틀 지정하십시오. 또 그날에 ASD인 자녀를 돌볼 사람을 찾으십시오. 이런 행동은 당신에게는 모든 자녀가 중요하다는 것을 분명히 하는 효과가 있습니다.

다음 전략은 ASD 어린이의 형제에게 있는 또 다른 공통적 정서와 관련한 것으로, ASD인 자녀의 특별한 필요가 가족 활동을 제한할 것이라는 생각과 관련이 있습니다. 피자 가게나 대형 상가로 외출한 가족을 예로 들겠습니다. 많은 어린이에게 이것은 최고로 즐거운 일입니다. 하지만 일부 ASD 어린이에게는 소음과 시각적 자극, 넘치는 사람으로 압도되는 일일 수 있습니다. 부모는 ASD인 가족 구성원의 필요에 맞추느라 이런 활동을 피하기 쉽습니다. 하지만 이러면 정상 자녀의 분노를 일으킬 수 있습니다. 또 ASD인 자녀에게도 경험 범위를 줄이고, 행동의 유연성 부족을 강화할 수 있습니다. 따라서 반드시 모든 사람의 관심사를 아우르는 다양한 활동을 계획해야 합니다. ASD 자녀의 선호가 가족 경험을 좌우하는 것은 위험하지만, 일상(routine)이 되기 쉽습니다.

규율(discipline)은 당신이 모든 자녀를 공정하게 다루기 어려울 또 다른 영역입니다. 때때로 ASD인 자녀에게는 다른 규칙과 기대가 있어야 합니다. 하지면 이러면 정상 자녀가 특별한 필요가 있는 형제는 잘못 행동해도 벌을 받지 않는다고 생각하기 쉽습니다. 이 문제를 직접 다루는 데는 두 가지 전략이 있습니다. 첫 번째는 당신의 징계(disciplinary) 규칙을 비판적으로 평가하는 것입니다. 어쩌면 당신의 정상 자녀가 옳고, 당신은 ASD인 자녀에게 더 편한 규칙을 주고 있을지 모릅니다. 가정의 규칙을 조사하여 부모가 형제 각각에 거는 기대에 어떤 불일치가 있는지 확인해야 합니다. 예를 들어 정상 자녀가 집안일을 해야 특권을 얻을 수 있으면, ASD인 자녀도 작은 일이라도 가사책임을 지게 하십시오. 두 번째는 규칙과 기대 차이에 정당한 까닭이 있으면, 정상 자녀에게 상황을 설명하십시오. 이들이 불균형의 까닭을 이해하면, 부모와 아픈 형제에 억울해할 확률이 낮습니다.

6.5.1.4 또래 관계 Peer Relationships

많은 부모가 정상 형제의 또래 관계에 ASD인 자녀가 미칠 영향을 걱정합니다. 우리는 또래의 반응이 잔인함에서 보살핌까지 다양하다는 것을 깨달았습니다. 다른 사람에게 ASD를 설명하고, ASD에 관한 자신의 감정을 표현하도록 정상 자녀를 가르치십시오. 이러면 이들이 다른 사람과 ASD를 주제로 더 편안하게 상호 작용할 도구를 얻게 됩니다. 미리 정상 자녀에게 물어봐야겠지만, 정상 자녀의 친구를 초대하여 ASD인 형제를 만나게 하는 것이 도움이 될 수 있습니다. 이것은 또래의 호기심을 해소하고, 그들이 ASD에 관해 현실적인 인식을 얻도록 돕습니다. 친구의 형제가 어떤지 이해하게 된 또래는 다른 사람이 부적절하게 행동할 때 지원군으로 행동하기 쉽습니다. 정상 자녀에게 이런 또래는 쉽게 접근할 수 있고, 사정을 잘 아는 지지의 원천이 될 것입니다. 또래에게도 다양성을 인정하는 배려심이 많고 자비로운 성인으로 성장할 기회가 됩니다.

어떤 부모는 정상 자녀의 친구와 ASD인 자녀의 상호 작용에 경계를 설정할 필요를 느낍니다. ASD인 자녀에게 사회 노출의 혜택을 주는 것과 정상 자녀에게 친구 관계에서 독립적이라고 느끼게 하는 것 사이에는 미묘한 균형이 있습니다. 예를 들어 간식을 제공하거나 그룹으로 비디오 게임이나 스포츠를 하며 놀도록 해서, 모든 아이가 함께 상호 작용할 시간을 만드십시오. 또 반드시 정상 자녀가 혼자 친구들과 함께할 시간을 갖게 하십시오. 어떤 부모는 아이들이 공동의 공간에 있을 때는 공동의 시간이지만, 친구가 한 자녀의 방으로 들어가면 사적인 시간이 된다는 규칙을 만들면 도움이 된다고 합니다. 정상 자녀의 우정을 존중하는 것은 그가 건강한 사회성을 키우고, 가족과 ASD인 형제에게 긍정적 태도를 유지하게 하는 데 중요한 역할을 합니다.

6.5.1.5 사적인 생활 Personal Life

우리는 앞에서 가정 일상(routine)을 ASD인 자녀에게 맞추려는 전략을 논의했습니다. 마찬가지 전략이 정상적으로 발달하는 자녀에게도 중요합니다. ASD인 자녀가 다른 자녀의 가정 경험에 어떤 영향을 미치는지 살펴보십시오. 다른 자녀가 잠을 자거나 숙제하려 할 때, ASD인 자녀가 소음을 지나치게 내지 않습니까? 가족 구성원 모두의 습관과 필요를 존중하십시오.

우리는 ASD인 형제가 자기 물건을 가져가고, 자신의 사적 공간을 존중하지 않는다고 불평하는 아이를 많이 만났습니다. ASD 어린이가 사적인 경계를 판단하고, 다른 사람의 정서를 추론하는 데 어려움이 있는 것을 고려할 때, 정상 자녀가 "안전한" 공간을 가지도록 당신이 개입해야 합니다. 이 공간에서 정상 자녀는 애지중지하는 소유물이나 사적인 물건에 보내는 ASD인 형제의 호기심 어린 눈길과 비밀을 캐는 손길을 피할 수 있습니다. 이곳은 서랍, 옷장 또는 방일 수도 있는데, 다른 형제에게는 접근이 제한됩니다. 이것은 자녀에게 안전한 장소를 제공한다는 실용적 이점이 있습니다. 또 정상 자녀는 당신이 자신의 관심사를 소홀히 하지 않는다는 분명한 메시지를 받게 됩니다. 이 방법을 실행할 때는 일관성을 유지하고, ASD인 자녀에게도 그의 보물을 담는 특별하고 안전한 공간을 제공하십시오!

6.5.1.6 추가 지원 Additional Support

특별히 형제 문제에 초점을 맞춘 책이 여럿 있습니다. Sandra Harris와 Beth Glasberg의 '장애아동의 가족을 위한 안내서'는 아이들에게 ASD를 가르치고, 경험을 나누도록 돕는 구체적인 전략을 제공합니다. 나이에 맞게 고를 수 있는 여러 가지 책과 웹 사이트는 ASD 어린이의 형제가 상황에 맞는 독특한 어려움을 해결하는 데 도움을 주도록 고안되었습니다(책 뒷부분에 있는 자료들(resources) 참고). 형제의 장애를 받아들이려고 애쓰며 어려움을 겪는 정상 어린이에게는 때때로 상담(counseling)이 도움이 되는 지지의 원천입니다.

ASD 어린이의 형제를 돕는 지지 집단은 미국 전역에 있습니다(www.siblingsupport.org/sibshops). 이 집단은 비슷한 경험이 있는 사람에게 배우고, 친구를 사귈 수 있는 편안하고 우호적인 환경을 제공합니다.

6.5.2 인간으로서의 부모 *Parents as People*

사람들은 ASD를 부모가 받아들여야 할 가장 어려운 병 가운데 중 하나로 생각합니다. 병의 원인이 대부분 밝혀지지 않은 탓에 많은 부모가 본능적으로 죄의식을 느낍니다. 진단을 받은 다음에 부모에게 우울증이 나타나는 일이 드물지 않습니다. 부부 관계도 껄끄러워집니다. 특별한 필요가 있는 아이 가정의 이혼율은 평균보다 높습니다. 따라서 자녀의 필요뿐 아니라 부모 자신의 필요도 고려해야 합니다. 당신은 ASD인 자녀에게 근본적인 버팀목입니다. 당신이 건강할수록, 더 나은 지지를 제공할 수 있습니다.

자신을 돌보는 한 가지 방법은 날마다 다른 사람이 잠든 다음에 몇 분이라도 당신이 좋아하는 사적인 활동에 시간을 투자하는 것입니다. 특별한 도움이 필요한 아이의 부모라는 것을 뛰어넘어, 자신의 정체성을 지키십시오. 배우자와 교대하며 일주일에 한 번씩 밤에 쉬면서, 레크리에이션을 하거나 친구들과 어울릴 수도 있습니다. 편부모라면 일주일에 한 번씩 자녀를 돌봄 제공자나 친구에게 맡기고, 사적인 사회 활동을 하거나 휴식을 취하십시오.

개인의 정신 건강이 무시되면 고통스러운 것처럼, 관계도 비슷한 관심이 필요합니다. ASD 어린이의 부모에게는 배우자와 오붓하게 보낼 시간을 지키는 것이 어려운 일일 수 있습니다. 하지만 계속해서 그 관계를 소홀히 하면, 당신이 그렇게 열심히 도우려는 자녀를 포함하여 가족 모두에게 나쁜 영향을 줄 수 있습니다. 많은 부모가 집안사람이나 친구에게 매주 몇 시간 아이를 봐달라고 부탁합니다. 어떤 부모는 사적이거나 사교적인 시간을 가지려고 임시 도우미(respite providers)를 고용합니다. 양부모가 있는 가정에서는 스트레스와 불화를 최소화하고 일관성을 유지하려면, 치료와 양육 결정을 철저히 상의하고 합의해야 합니다. 때로는 이렇게 하는 것이 어려울 것입니다. 당신은 자녀의 치료사나 의사 같은 전문인과 함께 다양한 선택 사항과 치료 결정을 논의할 필요를 느낄 것입니다.

배우자 가운데 한 명이 ASD인 자녀의 친부모가 아니면, 어른들의 관계를 유지하는 것이 훨씬 어려울 수 있습니다. 데이트 중이거나 새롭게 관계를 맺는 독신 부모는 종종 자녀에게 기울일 시간을 뺏기는 것을 가슴 아파합니다. 부모 자신을 돌보는 것은 자녀를 돌보는 것만큼 중요합니다. 당신이 외롭고, 채워지지 않고, 성인의 대화가 절실히 필요한 상태이면, ASD인 자녀에게 쏟는 당신의 인내와 자원이 줄어들 것입니다. 자녀와 떨어져 연애 상대를 비롯한 다른 성인과 상호 작용하는 특별한 시간을 마련하려고 노력하십시오. 새로운 파트너가 관심을 보이면, ASD에 관한 정보를 조금씩 제공하는 것이 도움이 될 것입니다. ASD인 자녀의 기술을 강조하는 구조화한 상황에서, 새로운 파트너와 ASD인 자녀의 상호 작용을 격려하십시오. 당신의 삶에 중요한 의미가 될 사람에게서 (많은 사람에게 있는) 심각한 자폐증에 대한 고정 관념을 없애는 것은 중요한 일입니다. 새로운 파트너가 ASD의 독특하고 흥미로운 측면을 배우도록 도우십시오. 당신도 알겠지만 ASD와 함께 생활하기가 항상 쉽지만은 않습니다. 하지만 항상 어려운 일도 아닙니다.

한 부모 가정이든, 부모가 모두 있는 가정이든 당신은 ASD인 자녀가 있는 부모를 지지하려고 만든 수많은 집단을 활용해야 합니다. 이 집단에서 비슷한 문제를 겪은 부모에게 조언을 들을 수 있습니다. 어떤 집단은 부모가 만나는 동안 아이를 돌보아 줍니다. 이러면 부모는 "휴식 시간(down time)"을 얻고, ASD 어린이는 비공식적 사회성 집단을 얻습니다. 지지 집단이 특별히 소중한 것은 당신이 맞닥뜨린 것과 같은 투쟁에서 살아남은 사람들과 소통할 기회이기 때문입니다. 당신의 상황이 생각하는 것처럼 드문 일이 아닌 것을 깨닫고, 공감하는 당신 또래로부터 성공적인 대처 전략을 배우면, 마음이 편안해질 것입니다.

당신이 사는 지역에서 지지 집단을 찾을 수 없으면, 비공식적 집단을 직접 만드는 것을 고려하십시오. 일부 부모는 학교나 치료 장소에서 만난 부모와 비공식적 지지 집단을 만듭니다. 이들은 한 달에 한 번 집에 모여 함께 문제를 상의하고, 지지를 제공합니다.

ASD 어린이의 가족 구성원으로 사는 것은 스트레스일 것입니다. 하지만 이 장에 나온 전략을 사용하여 당신 가족이 당신의 특별한 자녀가 가져다줄 성취감과 기쁨, 웃을 기회에 더 쉽게 집중할 수 있기를 바랍니다.

학교에서

High-functioning ASD at school

Joseph는 여덟 살 때 초등학교 3학년 반에서 가장 잘 읽고, 철자를 잘 맞추는 학생이었습니다. 또 컴퓨터 도사라서 교사가 로그온하거나 폴더를 여는 데 어려움을 겪으면, 귀신같이 문제를 찾아냈습니다. 교사는 Joseph의 재능에 놀라고, 그를 좋아해서, 컴퓨터를 잘 모르는 반 친구를 도와주라고 요청했습니다. Joseph는 마우스를 사용하고 인터넷을 탐색하는 방법을 보여주며 활짝 웃었습니다. 최근의 학급 장기자랑에서는 Joseph가 거울에 거꾸로 비친 뉴욕 타임스를 읽는 것을 보여주었습니다. 하지만 Joseph는 많은 다른 분야에서 어려움을 겪었습니다. 그는 때때로 읽은 내용을 이해하지 못해 큰 소리로 빠르고 흠 없이 읽은 단락에 대한 간단한 질문에도 대답하지 못했습니다. Joseph는 세 자리 숫자 뺄셈을 암산으로 할 수 있었지만, 점심 식사에 필요한 돈이 얼마인지나 거스름돈이 맞는지는 알 수 없었습니다. 학교에서 그는 연필을 사용하는 것에 저항했고 그가 쓴 글씨는 알아보기 어려웠습니다. 따라서 교사는 글쓰기 과제에 키보드를 사용하는 것을 허용했습니다. 그의 책상은 제출하는 걸 잊어버린 문서와 끝내지 못한 과제, 오래된 음식, 작은 장신구가 쏟아져 나올 정도로 지독하게 엉망입니다. 종종 그는 듣지 않거나 공상에 빠진 것처럼 보입니다. 교사가 지시를 내리면, 반 친구들이 워크북을 꺼내 교사가 가리킨 페이지를 펴는 동안 Joseph는 조용히 앉아 생각에 잠깁니다. Joseph는 관심 없는 주제(보통 지리와 관련이 없는 모든 것)를 공부할 때 종종 지루함을 호소합니다. 부모는 교사에게 어떻게든 과제를 지리학과 관련되게 만들어 달라고 요청했지만, 교사는 그렇게 하는 것이 지나치게 Joseph의 응석을 받아주거나 반에서 두드러진 아이로 만드는 게 아닌지 걱정했습니다.

Hans Asperger는 처음으로 Joseph와 같은 아이들을 묘사했을 때, "이런 예외적인 사람은 예외적인 교육적 치료를 받아야 합니다. 이 아이들은 심리학과 교육에서 아주 중요한 질문을 제기합니다."라고 말하며, 그들의 특별한 인지 장점과 심각한 학습 단점을 강조했습니다. 그와 Leo Kanner가 1940년대에 오늘날 ASD라고 부르는 것을 설명했는데, ASD 어린이에게는 표준 교육 관행(practice)이 항상 효과가 있는 것이 아니며, 진정한 잠재력을 달성하려면 특별한 조치를 취해야 한다고 했습니다. 이 장에서 우리는 인지적 어려움이 있을 수 있는 고기능 ASD 어린이와 청소년이 학업에 성공하도록 도우려고 ASD의 특별한 장점을 활용하는 다양한 학교 서비스와 편의 조치를 간단히 소개합니다.

7.1 고기능 자폐 스펙트럼 장애가 있는 사람의 인지와 학업 프로필 THE COGNITIVE AND ACADEMIC PROFILE OF HIGHER-FUNCTIONING INDIVIDUALS WITH ASD

우리는 5장에서 ASD의 흔한 일부인 인지적 재능을 검토했고, 2장에서는 ASD 프로필의 흔한 일부인 인지적 어려움을 소개했습니다. Joseph는 (보편적이지는 않지만) 전형적인 패턴의 예입니다. 그의 학업 기술 가운데 일부는 고도로 발달했고, 다른 것은 나이에 비추어 적절하며, 다른 것은 아주 부족합니다. Joseph는 그가 보는 거의 모든 단어를 발음할 수 있지만, 그것이 무슨 뜻인지 항상 알지는 못합니다. 즉, 문자를 읽어 소리로 바꾸는

(reading decoding) 것과 독해 기술(reading comprehension) 사이에 해리가 일어납니다. 마찬가지로 수학에서도 덧셈과 뺄셈의 규칙을 이해하고 심지어 구구단을 외우기 시작했지만, 현실 세계에 이러한 기술을 적용하고 상식적인 방식으로 사용하는 데 어려움이 있습니다. 그는 종종 다른 아이들이 본질적으로(intrinsically) 관심을 두는 것에 알려는 동기가 없는 것으로 보입니다. 좋은 성적을 얻고 교사와 부모의 인정을 받는 것이 Joseph에게는 중요하지 않은 것처럼 보입니다.

Joseph의 가장 커다란 어려움 가운데 하나는 조직화와 계획, 목표 지향적 활동(종종 "실행(executive) 기능" 기술이라고 함)에 관한 것입니다. Joseph는 자주 공상하다가 교사가 말하는 것과 자신이 해야 할 일을 놓칩니다. 그는 주의력 결핍 과잉행동장애(ADHD)인 사람처럼 외부 자극으로 산만해지지는 않지만, 내적으로 생각에 완전히 몰두할 수 있으며 교실에서 무슨 일이 일어나는지 놓칠 수 있습니다. 또 Joseph는 시간을 관리하는 데 어려움이 있으며, 아주 느리고 꼼꼼하게 순서대로 작업합니다. 결국 그는 종종 수업에 뒤처져, 저녁 시간에 숙제를 더 하게 됩니다. 그는 조직할(organize) 수 없는 것처럼 보입니다. 숙제하려고 앉았을 때, 그는 과제를 완료하는 데 필요한 것을 잊어버립니다. 그것을 학교에 두었거나, 그것을 찾느라 자리를 뜨거나, 더 관심 있는 것으로 산만해집니다. 이러다가 한 시간이 지나갑니다. Joseph의 책가방은 뒤죽박죽이어서 제출할 숙제를 찾을 수 없거나, 숙제를 제출하는 마지막 단계가 필수적이라는 것을 잊어버립니다. 그는 학교에서 크리스마스 선물로 만들었던 크리스마스 장식품을 다음 해 2월 중순에 책상 서랍 아래에서 발견하여 가족에게 선물했습니다. Joseph는 세부 사항에 얽매이는 경향이 있으며, 사소한 문제 가운데 가장 관련이 있는 것을 구별하는 데 어려움이 있습니다. 그는 옆길로 새거나 중요하지 않은 것에 지나치게 집중하는 경향이 있습니다. 예를 들어 그가 과제로 독후감을 작성할 때, 저자의 생일을 알아내겠다고 많은 시간을 쏟았습니다. 엄마가 자정까지 그를 도왔지만, 그는 과제를 끝낼 수 없었습니다. 이런 장단점은 교사가 잘 아는 학습 장애와는 분명히 다릅니다. 예를 들어 가장 흔한 학습 장애인 난독증(독서 장애)이 있는 어린이는 본질적으로 Joseph와 반대되는 패턴을 보여줍니다. 이들은 언어로 된 말소리를 듣는 데 심각한 결함이 있고, 문자가 어떻게 소리와 어울리는지를 배우는 데 어려움이 있습니다. 따라서 이들은 단어를 소리로 말하지 못합니다. 소리 내어 읽으라는 요청을 받으면, 이들은 더듬거리며, 힘겹게, 많은 단어를 건너뛰거나 추측하며 읽습니다. 이러한 문제가 있어도 난독증 어린이는 읽은 내용을 묻는 질문에는 완벽하게 답할 수 있습니다. 읽기 오류와 인쇄된 페이지와 소리 내어 말한 것이 다른 것을 생각하면 대단한 능력입니다.

난독증은 교사가 될 때 훈련하며 배우는 패턴 가운데 하나입니다. 따라서 교사는 이것을 어떻게 다룰지 잘 압니다. 하지만 많은 교사가 글을 완벽하게 읽지만 그것의 의미를 잘 이해하지 못하는 학생은 한 번도 만난 적이 없습니다. 마찬가지로 조직하고 계획하는 데 어려움을 겪는 것은 학습 장애의 전형적 형태가 아닙니다. 교사는 종종 여러 면에서 똑똑한 아이가 오랫동안 계획한 현장 학습을 "잊어버리거나" 숙제를 끝내는 데 필요한 자료를 예상하지 못한다는 것을 믿지 못합니다. 이러한 학업 장애는 비교적 드문 일이라, 고기능 ASD 어린이는 이해심이 많은 교사와 부모도 좌절하게 만들 수 있습니다. 이러한 학습 장애는 때때로 어린이가 게으르거나, 고집이 세거나, 일부러 불순종하거나, 반항적이라는 오해와 부정적 원인 해석(attribution)으로 이어집니다. 많은 교사가(심지어 일부 부모도) "아이가 정말로 원한다면, 그것을 할 수 있다"고 생각합니다. 이런 태도는 해당 어린이에게 해로울 수 있습니다. 교사와 어린이 사이에 적대적인 관계가 만들어질 수 있습니다. 심지어 어린이가 학교생활이나 나중의 인생에서 성공하는 데 필요할 서비스나 편의 조정(accommodation)을 얻지 못하게 될 수도 있습니다. 또 이런 태도는 자녀의 자존감과 학교에 대한 감정에도 부정적 영향을 줍니다.

7.2 학습 장애와 고기능 자폐 스펙트럼 장애
LEARNING DISABILITIES AND ASD

ASD로 생긴 인지적 어려움과 학습 장애로 생긴 인지적 어려움 사이에는 커다란 차이가 있습니다. 하지만 한 어린이에게 둘이 모두 있을 수도 있습니다. ASD 어린이에게 난독증도 있는 일이 비교적 흔하지 않지만, 때때로 일어납니다. 자녀가 단어를 소리 내는 데(파닉스, phonics) 문제가 있으면, 반드시 난독증 검사를 받게 하십시오. 지역 사회의 대부분 학교 심리사와 많은 임상 심리사가 이러한 특수한 평가를 수행하는 훈련을 받았습니다.

고기능 ASD 어린이에게 자주 나타나는 학습 장애는 비언어성 학습장애(NLD, nonverbal learningdisability)입니다. 비언어성 학습장애(NLD)가 있는 어린이는 수학과 시공간 기술(예: 퍼즐 완성하기, 미로 찾기, 그림 그리기), 손글씨 쓰기에 선택적으로 어려움을 겪습니다. 하지만 활동이 주로 언어 기술(예: 읽기, 철자법, 질문에 응답)에 의존할 때는 비교적 괜찮게 기능합니다. 그들은 걸음을 시작하거나 자전거를 타는 것 같은 운동 기술의 발달이 종종 서툴고 늦습니다. 대부분 비언어성 학습장애(NLD) 어린이는 다른 사람의 감정을 읽는 데 어려움을 겪으며, 수줍음이 많거나 친구를 잘 사귀지 못하는 다른 사회적 어려움이 있을 수도 있습니다. 이러한 어려움 가운데 일부는 ASD의 어려움(사회적 문제나 지연된 운동 기술)과 중복됩니다. 반면에 다른 어려움(나쁜 시공간 기술)은 ASD에서는 비교적 드뭅니다. 비언어성 학습장애(NLD)로 진단하려면 수학 능력이나 시공간 기술, 비언어성 지능이 나쁘고, 비언어성 학습장애(NLD)에 특징적으로 나타나는 인지 증상과 학업 증상이 있어야 합니다. 사회성 및 운동 증상만 있으면 진단하기에 충분하지 않습니다. 자녀가 이러한 어려움 가운데 몇 가지를 나타내면, 학교에서 평가 기회를 요청할 만합니다. 평가의 목적은 어린이가 과외 수업을 받으면 수학을 배우는 데 도움이 될지, 작업 치료 서비스를 받을 자격이 되는지 아는 것입니다.

7.3 교육 서비스 EDUCATIONAL SERVICES

대부분 ASD 어린이는, 심지어 고기능이어도 학교생활 내내는 아니더라도 어떤 시점에는 특수 교육 서비스와 편의 조정(accommodation)이 필요합니다. 교육 서비스에 관해 부모가 첫 번째로 궁금한 것은 자녀를 배치할 학교입니다. 정규 교실과 특수 교육 교실 가운데 어느 것이 좋을까요? 공립학교나 사립학교 가운데 어느 것이 나을까요? 답은 ASD 어린이에 따라 다릅니다. 모든 ASD 어린이에게 적용되는 성공적 배치나 서비스는 없습니다. 부모는 특수 교육이 어떤 장소나 환경을 뜻하는 것이 아니란 걸 알아야 합니다. 특수 교육은 어린이에게 개별화된 서비스의 묶음이며, 어떤 맥락(정규 교과 과정 또는 특수 학급)이든 어린이가 학습하는 데 필요한 것을 지원하는 것입니다. 어떤 어린이의 특수 교육 계획이 마련되었으면, 그 계획은 서비스 시간이나 서비스 유형, 성인과 어린이의 비율, 서비스 장소(정규 교실, 특수한 환경 등)를 지정할 것입니다. 미국 대부분 지역과 많은 국가에서 수행 능력이 자기 학년 수준에 맞거나 가깝고, 문제 행동(예: 분노 폭발, 공격성, 끼어들어 방해하기)을 거의 나타내지 않는 어린이는 일반 교육 환경에서 적절한 지원을 받을 것입니다. 특별한 교육 서비스는 정규 교실에서, 교사와 보조 교사가 학교의 특수 교육 직원과 협의하여 제공합니다. 하지만 정규 교실은 학생 대 교사 비율이 높습니다. 따라서 바쁜 교사는 자녀가 이해하지 못한 것이나 자녀에게 도움이나 명료화가 필요한 때를 알아채지 못하기 쉽습니다. 어린이가 읽기나 계산 기술이 좋으면, 이해와 추상적 추론, 조직화의 문제를 알아차리지 못할지도 모릅니다. 놀림이 모니터링되지 않을 수도 있고, 특수 교육 교실에 있을 때보다 사회 기술 개발이 개선의 초점이 되지 않을 수도 있습니다. 따라서 정규 교실에서는 증상이 가볍거나 고기능인 ASD 어린이조차 성공을 돕는 얼마간의 특수한 편의 조정(accommodation)이 필요합니다.

4장에서 나온 주제(theme)를 다시 말하면, 당신은 자녀의 교육 프로그램에 적극적으로 참여해야 합니다. 당신은 자녀에 대한 전문가입니다. 당신은 자녀의 장점과 관심사, 일상의 틀, 촉발 요인(trigger), 과거에 효과가 있었던 것과 없었던 것을 이해합니다. 반면에 학교 직원은 학업 정책, 교실 환경과 옵션, 교육 원칙, 학년에 적합한 교육 과정에 관한 전문가입니다. "두 명의 머리가 한 명의 머리보다 낫다."라는 오랜 속담은 이 상황에 딱 맞습니다. 교육 목표와 커리큘럼을 정할 때 교사와 교장과 협력하십시오. 당신은 자녀의 특수한 필요(교사나 학교 행정 직원보다 당신이 잘 알 것입니다)를 주장하는 것과 학교와 연대하여 교육 전문가적 방식으로 함께 일하는 것 사이에서 균형을 유지해야 합니다(walk a fine line). 따라서 당신이 할 일은 어렵습니다. 싸워야 할 것만 싸우고, 기꺼이 타협하십시오. 우리가 모두 알듯이, 이것은 말하기는 쉽지만 행하기는 어렵습니다. 하지만 학교와 당신 사이에 적대 관계가 만들어지면 자녀에게 도움이 되지 않습니다. 이런 일이 일어나지 않도록 노력해야 합니다.

7.3.1 특수 교육 옵션 – IEP는 무엇입니까?

Special Education Options-and What Is an IEP?

1970년대부터 미연방법은 모든 장애 어린이에게 평등한 교육 기회를 제공하라고 명령했습니다. 1975년에 미국 의회가 공법 94-142를 제정했는데, 이 법은 장애 어린이가 "자유롭고 적절한 공교육"을 받을 권한을 기본 권리로 정했습니다. 또 이 법은 학교가 서비스받을 자격을 결정하고, 교육적 필요를 충족할 "가장 덜 제한적인" 환경에 어린이를 배치하기 위해 공정하고 편파적이지 않은 평가를 제공하도록 했습니다. 그 결과 해당 어린이가 필요한 특수 교육 서비스와 목표가 개별 교육 프로그램(IEP, Individualized Education Program)에 공식적으로 나열되어야 했습니다. 부모는 개별 교육 프로그램(IEP)을 정하는 팀의 일원으로, 자녀의 교육 의사 결정에 참여할 것이 강력히 권장되었습니다. 이제 이 법이 만들어진 지거의 40년이 되었고 수많은 개정이 이루어졌지만, 오늘날에도 그 정신은 남아 특수 교육을 받을 권한과 서비스 제공을 촉구합니다. 미국 상원은 2004년에 특수 교육을 관장하는 현행법인 장애인 교육법(Individuals with Disabilities Education Act, IDEA)을 재승인했습니다.

자녀에게 맞는 프로그램을 찾는 단계들

1. 진단을 받자마자 자녀 학교의 교장에게 연락하십시오.
   - 테스트 결과를 설명하십시오.
   - 특수 교육을 받을 자격을 결정하는 학교 직원에게 의뢰하도록 요청하십시오.

2. 자녀가 특수 교육을 받을 자격이 되면, 당신 지역의 여러 교실 옵션을 알아보십시오.
   - 여러 교실을 방문하고, 교사와 이야기를 나누십시오.
   - 어떤 편의 조정(accommodation)을 제공할 능력(availability)이 있는지, 그것을 기꺼이 제공하려는지 물으십시오.

3. 자녀가 특수 교육을 받을 자격이 안 되면, 지역의 "504 코디네이터"와 만나는 것을 요청하십시오.
   - 504 평가를 요청하십시오.
   - 어떤 편의 조정을 제공할 능력이 있는지, 그것을 기꺼이 제공하려는지 물으십시오.

이 법이 당신 자녀에게 특정한 교육을 받을 권리를 준다는 것과 이러한 권리를 얻는 것은 철저하고 빈틈없는(intense) 과정과 연결된다는 뜻이란 걸 이해해야 합니다. 어떤 프로그램이 한 어린이에게 자리 잡기까지는 발달(development)의 많은 단계(stages)와 여러 층(layers)을 거쳐야 합니다. 이러한 단계와 층을 보면 지역 학교가 협조적이고 새로운 아이디어에 개방적인지, 그 학교에 미리 설정된 의제(agenda)가 있어 타협 의지가 낮은지를 알 수 있습니다. 후자라면 당신이 자녀 편을 들어야 합니다. 당신은 반드시 자신의 권리와 의무를 알아야 합니다. 당신이 사는 주의 특수 교육 과정 정보를 얻으려면 주 교육부(state education department)에 연락하십시오.

ASD 진단(어떤 심리적 진단이나 정신과적 진단이라도)이 자녀에게 특수 교육 서비스를 받을 자격이 있다는 것을 보장하지 않습니다. 자격은 ASD가 학교 환경에서 학업 기술과 기타 기능 영역에 미치는 영향을 조사하여 결정합니다. 보통은 주마다 다른 방법으로 연방 지침을 시행합니다. ASD 진단을 받은 다음에 부모는 학교에 자녀의 진단서를 가지고 가서(또는 진단받은 곳에서 학교로 진단서를 보내라고 요청하십시오) 자녀에게 교육적 도움이 필요한지 평가해달라고 요청해야 합니다. 평가 결과, 자녀에게 특수 교육 서비스를 받을 자격이 없는 것으로 나타날 수도 있습니다. 그렇더라도 실망하지 마십시오. 학교가 지원하는 다른 옵션이 있으며, 이것은 교실의 편의 조정과 504 계획에 관한 것으로 장 후반에서 이야기할 것입니다.

당신 자녀에게 특수 교육을 받을 자격이 있으면, 당신 의견을 들으며 개별 교육 프로그램(IEP)이 준비될 것입니다. 개별 교육 프로그램(IEP)은 부모와 학교의 계약으로 자녀에게 알맞은 교육이 어떤 것인지, 서비스가 제공되는 방법과 장소, 서비스 효과를 어떻게 평가할 것인지를 정합니다. 특수 교육법(IDEA)은 "팀"이 개별 교육 프로그램(IEP)을 개발하고, 검토하고, 개정하도록 규정합니다. 개별 교육 프로그램(IEP)팀은 다음과 같이 구성합니다.

1. 특수 교육 서비스를 제공하거나 감독할 자격이 있는 학교 대표(교사 제외) (당신 지역에 있는 자폐증 전문가가 이 역할을 할 수 있으며, 특수 교육 책임자나 학교의 다른 관리자도 대신할 수 있음)
2. 자녀의 정규 교사나 특수 교육 교사
3. 자녀에게 서비스를 제공하는 학교의 다른 직원(예: 작업 치료사나

언어 치료사)

4. 부모
5. 어린이 자신 (나이가 적당하고 할 능력이 있는 경우)

개별 교육 프로그램(IEP) 팀원으로 당신은 의사 결정 과정에서 ASD가 아닌 자녀에게 하는 것보다 선택할 여지와 권한이 많습니다. 당신이 보기에 자녀가 학교에서 필요한 것이 있으면(예: 언어 서비스, 사회 기술 훈련, 목표 설정과 조직화에 도움을 받음, 독해 개인 교습, 보조 교사), 개별 교육 프로그램(IEP)에 넣도록 노력하십시오. 자녀의 필요에 관한 지식이나 전문성이 있는 사람을 팀에 넣어 달라고 요청할 수도 있습니다.

당신은 자신의 법적 권리를 알아야 합니다. 예를 들어 당신 생각에 자녀에게 필요한 것과 법이 약속한 것을 개별 교육 프로그램(IEP)이 제공하지 않는 것 같으면 서명하지 않아도 됩니다. 또 당신 자녀에게 최상의(best) 교육이 아닌 적절한(appropriate) 교육을 받을 권리가 주어진다고 법이 말한 것도 이해해야 합니다. 정규 교육과 마찬가지로 부모는 어떤 사립학교에서 자녀에게 최상의 교육으로 생각되는 것을 "구매"하는 선택을 할 수도 있습니다. 그렇더라도 교육 계획은 개별화해야 합니다. 교육 계획은 자녀의 고유한 필요를 충족하기 위해 맞춤화해야 합니다. 즉, 학교가 다른 어린이에게 제공하는 것과 관계없이 학생마다 고유한 계획을 개발해야 합니다.

당신과 학교가 '적절한'과 '최상'을 나누는 기준에 동의하지 않으면 어떻게 될까요? 예를 들어 부모는 특정 서비스가 ASD인 자녀에게 적절하기에, 학교 시스템이 자금을 지원해야 한다고 생각합니다. 하지만 학교 직원은 그 서비스가 최상의 기법이기에, 학교가 반드시 제공해야 하는 것은 아니라고 생각합니다. 우리 경험으로는 인내심과 협상할 의지의 결합이 개별 교육 프로그램(IEP)에서 부모가 바라는 것을 얻는 데 가까워지게 할 것입니다. 하지만 학교와 협상한 다음에도 학교에서 제공하는 프로그램이 적절치 않다고 생각하면, 주 교육부에 연락하여 다른 대안이 있는지 확인할 수 있습니다. 연방 정부는 모든 주에 특수 교육 과정을 완수할 때까지 부모를 돕는 지정 기관을 설치하라고 요구합니다.

개별 교육 프로그램(IEP)에는 자녀 교육에 필요한 구체적 목적(goal)과 목표(objective)가 들어 있습니다. 목적은 자녀의 학습과 기술, 행동에 일반적으로 바라는 변화이고, 목표는 그 변화의 구체적인 정의와 그것을 어떻게 측정할 지입니다. 목적은 광범위하고 장기적(보통 1년마다 설정)이며, 목표는 목적 달성에 필요한 적절한 진전을 정하는 단기 기준입니다. 예를 들어 개별 교육 프로그램(IEP)의 목적이 "독해력을 높이는 것"이면, 목표는 "그 시간에 단락을 묻는 질문에 75%를 정확히 답하는 것"입니다. 개별 교육 프로그램(IEP)에서 현실적이고 의미 있는 목적과 목표를 선택하는 것이 중요합니다. 당신은 자녀의 기능과 독립성, 나중의 성공을 돕는, 특화되고 획득할 수 있는 기술을 원할 것입니다. 하지만 개별 교육 프로그램(IEP)의 목표를 지나치게 높게 설정하면, 자녀가 기술 수준을 높이려고 안간힘을 쓰고 있어도 "실패"한 것처럼 보일 수 있습니다. 한편 목표가 지나치게 낮으면, 자녀가 적절하게 도전받지 못하여 유익한 수준의 개입을 받지 못할 수 있습니다. 개별 교육 프로그램(IEP)은 변경될 수 있다는 것을 기억하십시오. 개별 교육 프로그램(IEP)팀의 모든 구성원(부모를 포함하여)이 검토와 개정(revised)을 요청할 수 있습니다. 보통 일 년에 한 번 이런 검토와 개정 작업을 합니다. 필요하면 자주 할 수도 있습니다. 목표를 달성하지 못했거나, 달성 속도가 예상에 미치지 못하거나, 새로운 진단과 평가 결과가 있으면, 개별 교육 프로그램(IEP)팀 회의가 필요합니다(warranted).

개별 교육 프로그램(IEP)에는 목적과 목표 말고도 언어 치료와 작업 치료, 특수 체육(adaptive physical education), 사회 기술 훈련처럼 학교 환경에서 제공하는 서비스 목록이 포함됩니다. 어떤 ASD 어린이는 행동 장애나 이해력 부족으로 학업 과제나 활동(예: 그룹 활동)에서 일대일로 가르치지 않으면 교육이 잘 이루어지지 않습니다, 따라서 일대일 학습이 필요합니다. 이럴 때는 개별 교육 프로그램(IEP)에서 보조 교사(aides)를 요청할 수 있습니다. 보조 교사는 전일제나 시간제로 일할 수 있고, 학생 한 명마다 배정되거나 작은 학습 그룹에 배정되어 학생 몇 명을 함께 보살필 수 있습니다. 보조 교사는 소중한(valuable) 사람이지만, 보통은 고급 학위가 없는(심지어 공식적 훈련을 받지 않은) 준전문가(paraprofessional)입니다. 따라서 ASD인 학생을 대상으로 표준 교육 원칙이나 최적의 실습을 경험했거나, 특정 훈련을 받은 보조 교사를 요청해야 합니다. 보조 교사가 학생을 도우려고 달려드는 것보다는 학생이 기술을 "연습"할 기회를 주는 것이 중요합니다. 지나친 일대일 도움은 도움이 지나치게 적은 것만큼 나쁩니다. 지나치게 많은 도움은 ASD인 자녀를 어른의 지시에 의존적이게 만들 수 있습니다. 이러면 자녀의 자기 주도성과 독립적으로 기능하는 능력이 줄어듭니다. 보조 교사는 도움을 더 제공하려고 하기 전에, 어린이가 상호 작용하고 연습하고 도전할 기회를 뺏지 않는 미묘한 구조를 제공하는 방법을 알아야 합니다.

7.3.2 교실 옵션 *Classroom Options*

독립 학급(self-contained classroom)에서는 모든 구성원에게 특정한 어려움이 있고, 모두가 어떤 곳에서 특수 교육을 받습니다. 어린이는 독립 학급이나 정규 교실에서 특수 교육 서비스의 일부나 대부분을 받을 수 있습니다. 지난 수십 년 동안 미국을 비롯한 세계 여러 곳에서는 모든 기능 수준의 ASD 어린이를 정규 교육에서 보통 어린이와 "통합하려는(inclusion)" 움직임이 활발했습니다. 이것은 (할 수 있으면) 정규 교실에서 특수 교육 관계자와 협력하는 정규 교육 교사가 개별 교육 프로그램(IEP)에 적힌 서비스를 포함한 ASD 어린이의 교육을 제공한다는 뜻입니다. 이렇게 하면 ASD 어린이가 평범하게 발달하는 또래에게 둘러싸이고, 적절한 행동과 나이에 맞는 평범한 의사소통, 대인 관계의 좋은 모델을 접하게 됩니다. 실제로 특수 교육 법안의 기본 원칙 가운데 하나는 모든 장애 어린이가 장애 없는 어린이와 함께 "제한이 가장 적은 환경(least restrictive environment, 교사들은 종종 이 원칙을 "LRE"라고 말함)"에서 교육받도록 하고, 독립 학급에 보내는 것을 최소화하는 것입니다. ASD 어린이는 작업 치료 같은 특수 서비스를 받을 때만 정규 교실 "밖으로 나오는데(pulled out)", 이런 특수 서비스도 다른 어린이와 함께 하는 소그룹 형식으로 전달해야 합니다. "LRE"는 연방법의 일부입니다. 따라서 교직원은 항상 적절한 지원을 가지고, 당신 자녀에게 제한이 가장 적은 교육 환경을 제공하며 시작할 것입니다. 이런 환경에서 어린이의 필요가 충족되지 않는다는 증거가 있으면, 개별 교육 프로그램(IEP)팀이 채울 수 있습니다. 필요하면 서비스를 추가하거나 서비스가 제공되는 환경을 바꿀 수 있습니다.

7.3.3 공립학교 또는 사립학교?

Public or Private School?

부모는 종종 지역 공립학교에서는 자녀의 독특한 필요를 해결할 수 없다고 생각하여 사립학교로 눈을 돌립니다. 사립학교는 대개 공립학교보다 학급 규모가 작고, 개별화된 수업을 제공합니다. 따라서 이점이 있는 것처럼 보일 수 있습니다. 하지만 고려할 것이 있습니다. 가장 중요한 것은 사립학교는 "적절하며 무료인" 공교육을 요구하는 연방법의 적용 대상이 아닙니다. 사립학교 교육은 무료가 아니고, "적절한" 서비스를 제공할 의무가 없습니다. 따라서 사립학교로 옮기면 이러한 서비스를 받을 법적 권리를 잃는다는 것을 명심하십시오.

한편 다른 고려 사항은 학교의 통일성과 동질성입니다. 일부 사립학교는 다양성이 거의 없고, 모든 학생이 높은 성취를 향하도록 맞추어졌기에, ASD 어린이는 공립학교에서보다 두드러지게 됩니다. 일부 사립학교는 어린이가 적응하기가 훨씬 어려워 학교가 제공하는 다른 혜택은 의미가 없습니다.

마지막으로 종종 돈이 문제입니다. 많은 가정이 다양한 치료 옵션 가운데 선택을 해야 합니다. 즉, 혜택과 비용을 계속 따져야 합니다. 이 돈을 다른 곳에 쓰면 효과가 나을까요? 사립학교를 선택하면, 언어 치료나 사회기술 훈련을 포기해야 합니까? 이것은 "전력을 낭비하지 않게 이길 수 있는 전투를 고르는(Choose your battles)" 것과 비슷합니다.

한편 ASD 어린이에게 맞는 교육적 편의를 제공하는 데 동의하는 사립학교나 이런 편의 제공을 전문으로 하는 사립학교가 있습니다. 이런 학교는 자녀에게 좋은 환경이 될 수 있습니다. 이런 유형의 특수학교를 찾으면, 비(非)장애 학생과 통합하거나 함께 교육받을 기회가 있는지 확인하십시오. "제한이 가장 적은 환경" 원칙은 단순히 법과 정책이 아닙니다. 자녀의 사회성 개발을 돕습니다.

7.3.4 교실 편의 – 504 계획은 무엇입니까?

Classroom Accommodations-and What Is a 504 Plan?

앞에서 말한 것처럼 당신 자녀가 특수 교육과 개별 교육 프로그램(IEP)을 받을 자격이 되지 않는다고 희망이 없는 것은 아닙니다. 1973년에 만든 미국 재활법은 장애인의 시민권과 헌법적 권리를 보호하는 법률입니다. 이 법의 504조(나중에 미국 장애인법(ADA)으로 개명)는 모든 장애인에게 무료로 적절한 공교육을 제공하라고 명령합니다. 이 법안은 장애를 "학습"을 포함한 주요 삶의 활동 제한으로 폭넓게 정의합니다(특수 교육법(IDEA)은 더 폭넓게 정의합니다). 처음에는 이 법을 장애인이 교육 기회에 신체적으로 접근하도록 지원(예: 휠체어 타고 턱을 오를 수 있는 보도블록과 엘리베이터, 청각 장애자를 돕는 수화 통역자 등)할 의무로 해석했습니다. 하지만 최근에는 적절한 교육에 "접근"하는 것으로 의미가 넓어졌습니다. 특수 교육을 받을 자격은 되지 않지만, 여전히 교육적 지원이 필요한(법률용어로 "학습에 관한 제한(limits in learning)"이 있는) 어린이에게 서비스를 보장하는 504조(Section)의 사용이 증가하고 있습니다. 모든 학군(school district)에는 "504 코디네이터"가 있어, 504조 자격이 있는 어린이에게 필요한 서비스를 모으고 구성하는 것을 돕습니다. 즉, "504 계획"은 장애가 있는 어린이가 정규 교육 환경에서 성공하는 데 필요한 다양한 수정안(modifications)을 내놓은 문서입니다. 보통 이러한 편의는 개별 교육 프로그램(IEP)에서 제공하는 것보다 실행하기까지 시간이 적게 걸리고, 집중적 개입과 숙련된 직원이 덜 필요합니다. 개별 교육 프로그램(IEP)과 비교할 때 504 계획의 단점은 연방 기금의 지원이 없는 것입니다. 따라서 504계획으로 학교에 서비스 제공을 요청하는 것은 학교 기금으로 하든지, 추가 비용없이 해야 합니다. 다음 장에서는 학습과 행동에 어려움이 있어도 ASD인 자녀가 학교에서 성공하도록(단지 생존이 아니라) 돕는 504 계획에 추가할 수 있는 다양한 개입과 편의 조정을 간단히 설명합니다. 또 당신 자녀가 특수 교육법(IDEA)에 따라 특수 교육을 받을 자격이 있으면, 504 계획에서와 같은 편의가 개별 교육 프로그램(IEP)의 일부가 될 수 있다는 것도 알아두면 좋습니다(즉, 504 목표와 개별 교육 프로그램(IEP) 목표는 배타적이지 않습니다).

7.3.4.1 교사와 교실 특성 Teacher and Classroom Characteristics

학교 프로그램의 성공을 결정하는 중요한 요소 가운데 하나는 교사입니다. 교사의 유연성과 열린 마음, 긍정적 태도, 유머 감각, 새로운 것을 시도할 의지가 특히 중요합니다. 다양성을 존중하고, 학생을 있는 그대로 받아들이고, ASD 어린이의 독특함을 즐길 수 있는 교사는 소중한 자산입니다. 이러한 자질은 정규 학급이나 독립 특수 학급, 사립학교의 교사에게서 발견할 수 있습니다. 고기능 ASD 어린이(또 다른 특별한 도움이 필요한 어린이)를 성공적으로 돌보는 교사의 학급에서는 종종 다음과 같은 특징이 나타납니다.

- 일관된 루틴과 규칙

- 과제로 낼 자료(assignment material)를 보관하고, 제출한 과제(assignments)를 모으는 일관된 장소
- 수업 일정의 게시
- 모호하지 않고, 분명하고 단순한 언어 사용
- 서면 지시(예: 칠판에 적은 지시) 제공
- 교사 근처에 특별한 학생(preferential)의 책상을 배치하여, 창문이나 복도 같은 산만한 것에서 멀어지게 함
- 소음이나 다른 산만한 것이 작업을 방해할 때 제공하는 특별한 칸막이 공부 책상(work station)
- 지시하는 데 충분한 시간을 할당하고, 지시를 반복하고, 학생을 개별적으로 지원함(assistance)
- 학생의 작업 속도와 작업 결과물을 자주 감독함
- 학생이 작업을 이해하고, 주목하는지를 확인하려고 질문함
- 노력과 생산성에 대한 강화를 포함하여, 수행(performance)에 즉시 피드백을 줌

일부 학군에서는 학교가 어디에 있든지 부모가 여러 교실을 방문하여 앞에 나온 특성이 있는 교사와 교실을 고를 수 있습니다. 또 아직은 이렇게 하지 않는 교사들도 요청이 있으면 기꺼이 할 것입니다. 이런 일 가운데 많은 것이 학급의 모든 학생에게 도움이 됩니다. 또 교사가 이런 일을 하는 데 시간이 오래 걸리지도 않습니다. 이것들은 504 계획이나 개별교육 프로그램(IEP)에 넣을 수 있는 수정 사항(modification)의 대표적인(prime) 예입니다.

자녀를 도울 다양한 추가 편의(accommodation)가 504 계획이나 개별교육 프로그램(IEP)에 추가될 수 있습니다. 이러한 편의 가운데 일부는 학생이 많은 학급에서 곡예 하듯 과중하게 일하는 교사에게 추가되는 일거리입니다. 또 일부는 자녀가 원치 않는 관심을 받게 하고, 당신이나 교사

에게 용납될 수 없을 방식으로 자녀를 두드러지게 만들 수 있습니다. 교직원은 때때로 한 어린이에게 어떤 서비스를 제공하면, 다른 어린이에게서도 비슷한 요청이 봇물 터지듯 쏟아질까 걱정합니다. 따라서 당신의 편의 요청에 저항할 수 있습니다. 504 계획에 나열한 수정 사항을 제공하는 데 학교가 정부에서 추가 자금을 받지 않는다는 것을 기억하십시오. 따라서 다음에 제시할 아이디어 가운데 요청할 것을 현명하게 선택해야 합니다. 실제로 자녀에게 도움이 될 것을 구체적으로 요청해야 합니다.

7.3.4.2 작업량 Workload

자녀는 매일 저녁 숙제하느라 몇 시간을 보낼지도 모릅니다. 학급의 다른 학생보다 훨씬 많은 시간이 필요할 것입니다. 이는 특별한 관심사에 몰두하거나 세부 사항으로 산만해져 비효율적으로 느리게 작업할 뿐 아니라 ASD 어린이에서 자주 보이는 덜 발달한 시간 개념 때문일 것입니다. 자녀가 숙제를 끝내려면, 당신의 구조화와 감독이 많이 필요합니다. 이것은 종종 부모에게 커다란 부담이 됩니다. 우리는 클리닉에서 아들이 숙제하는 시간과 숙제를 완수하라는 지시에 대한 아들의 저항으로 크게 스트레스를 받았던 부부를 보았습니다. 이 일은 부부에게 끔찍한 마찰을 일으켰고, 결국 부부는 (다른 스트레스가 합쳐져) 이혼했습니다. 당신 상황이 이것과 비슷하면(앞 부부처럼 극단적이지는 않더라도), 자녀의 교사에게 시간 관리를 돕는 다음과 같은 옵션을 고려해 달라고 요청할 수 있습니다.

자녀가 시간이 지나는 것을 알아차리지 못하는 것 같으면, 부엌 타이머나 알람시계 사용 같은 간단한 개입으로 자녀가 자신의 작업 속도를 모니터링하도록 도울 수 있습니다. 이런 장치는 작업의 시작과 끝을 알리는 구체적 신호를 보낼 뿐 아니라, 마감 시간을 미리 경고합니다. 다른 옵션은 자녀의 작업량을 줄이는 것입니다. 요구하는 문제의 수를 줄일 수 있습니다 (예: 다른 학생은 수학 문제 20개를 풀어야 하지만, 자녀는 10개만 풀면 됨). 과제를 짧게 할 수도 있습니다(특정 주제를 네 단락을 쓰는 대신, 한 단락만 쓰면 됨). 자녀가 많은 문제를 풀지 않고도 개념을 익힐 수 있으면 이렇게 할 수 있습니다. 또 다른 옵션은 한 페이지에 실린 분량을 줄여 (실제로는 그렇지 않더라도) 작업량이 적게 보이게 하는 것입니다. 한 페이지에 수학 문제가 10개 있으면, 자녀가 압도될 것입니다. 하지만 문제가 적게 실린 몇 페이지(한 페이지에 문제 3개 정도)를 본 자녀는 할 만하다고 생각할 것입니다. 중 · 고등학교나 대학에 다니는 자녀에게 이 원칙을 다른 형태로 적용하면, 과목 수를 제한하는 것입니다. 다른 학생이 학기에 4~5개 강좌를 등록한다면, 2~3개 강좌를 등록하는 것이 최선일 것입니다. 강좌 시간이 길거나 강좌가 어려울 때 특히 그렇습니다. 또 교수가 많은 관심을 기울이고, 인원이 적은 강좌를 추천합니다. 반대로 인기가 적은 강좌를 선택할 수도 있습니다(우리는 스페인어 대신 러시아어를 선택한 ASD 대학생을 압니다). 이때는 학급 규모가 더 작을 수 있고, 교수에게 학생을 유지하려는 의욕이 강할 수 있습니다. 한편 외국어 수업처럼 많은 ASD인 사람에게 어렵다고 증명된 교과 과정 요구 조건을 면제해 달라고 요청할 수도 있습니다. 자녀에게는 평범한 일정을 따르는 것보다 성공적인 경험을 하는 것이 중요합니다.

7.3.4.3 시각적 전략 Visual Strategies

이 책 전체에서 강조한 것처럼 ASD 어린이와 청소년은 종종 시각 학습자입니다. 따라서 시각적 입력과 구조를 되도록 많이 제공하면, 대부분의 ASD 학생에게 도움이 됩니다. 예를 들어 교사에게 전체 학급에 주는 지시 사항을 칠판에 적어 달라고 요청할 수 있습니다. 그러면 당신 자녀가 잠깐 주의를 기울이지 않았거나 구두 지시 사항을 빨리 처리할 수 없더라도, 해야 할 것의 기록과 상기할 기회를 얻을 수 있습니다. 또 교사는 당신 자녀에게 책상에 붙이는 색인 카드에 상기시킬 것, 해야할 것을 쓴 형태로 개별 지시 사항을 제공할 수 있습니다. 시각적 구조를 제공하는 다른 예는 자녀에게 최종 목표나 완성된 결과물의 모델을 보여주는 것입니다. 최종 결과물이 추상적이거나 무형적일 때보다 자녀가 해야 할 것을 볼 수 있을 때 결론을 향해 작업하는 일이 더 쉬워집니다.

7.3.4.4 실행 기능에 대한 도움 Executive Function Help

당신 자녀는 실행 기능 문제라는 조직화와 계획하기의 어려움을 나타낼 수 있습니다. 이것을 보완하는 데 몇 가지 전략을 사용할 수 있습니다. 그 가운데 하나는 주간 숙제 일지(weekly homework log, 학교와 집을 오가며 예정된 숙제와 진행 상황의 정보를 교환합니다)입니다. 자녀는 일지에 숙제와 마감일에 관한 설명을 종종 교사의 도움을 받으며 적습니다. 교사는 당신 자녀가 집으로 돌아가기 전에 숙제와 관련한 자료를 가져가는지 확인할 수도 있습니다. 부모는 일지에 서명하여 자녀가 집에서 과제를 했다는 것을 알리고, 교사는 과제가 제출되었을 때 서명합니다. 교사가 제때 숙제를 마치지 않은 횟수나 성적을 표시할 수도 있습니다. 또 당신이 교사에게 과제 마감일을 (다른 학생 앞에서라도) 자녀에게 미리 경고해 달라고 요청할 수 있습니다. 그러면 자녀가 과제를 마칠 시간을 가질 것입니다.

압도될 정도로 커다란 과제를 다룰 만한 단위로 나눌 때는 종종 과제 체크리스트(Assignment checklists)를 사용합니다. 과제 체크리스트에는 시작하는 방법("예: 4페이지의 7번 문제에서 시작"), 할 것(예: 하나 걸러 한 문제씩), 과제의 완료를 알아차릴 방법(예: "10개 문제를 끝냄"), 완료한 결과물을 보관하거나 제출하는 곳(예: 현관 근처에 있는 책가방), 청소하라는 메시지에 대한 정보 등이 있을 수 있습니다. 과제가 더 크면, 하위 목표의 리스트와 함께 시간표를 제공할 수도 있습니다. 예를 들어 자녀가 월말까지 독후감을 내야 하면, 당신이나 교사는 이 커다란 목표를 작은 목표(도서관 방문하기, 책을 선택하기, 책 읽기, 중심 내용 요약하기 등)로 나누고, 각각의 하위 목표에 마감 시간을 정할 수 있습니다. 이렇게 하지 않으면 자녀가 작은 목표 각각에 필요한 시간을 깨닫지 못해, 하루나 이틀 전이 되어야 과정을 시작할 것입니다. 또 각 과제에 필요한 물품의 목록

(예: 계산기, 종이와 책, 필기구 등)을 제공하는 것도 도움이 됩니다. ASD인 학생이 숙제를 마치지 못하는 흔한 까닭 가운데 하나는 숙제를 하려고 앉았을 때 필요한 물품이 없는 것입니다.

많은 성인이 사용하는 단순한 형태의 일일 계획표(Day planner)도 자녀를 조직화하는 데 도움이 될 수 있습니다. 지정된 시간이 있는 모든 일이 계획표에 기록되어야 합니다. 예를 들면 일어나는 시간과 아침 먹는 시간, 버스 정류장에 도착하는 시간, 주요 학교 활동과 방과 후 일정, 저녁 식사 시간, 숙제 시간, 휴식 시간, 취침 시간 등입니다. ASD 어린이는 활동을 마치고 각 항목 옆에 그려진 빈 상자에 체크 표시를 하거나 스티커를 붙이는 것을 좋아합니다. 이것은 완료한 일과 앞으로 할 일을 구별하는 구체적인 시각적 단서를 줍니다. 일일 계획표는 자녀를 또래 가운데 두드러지지 않게 만드는 경향이 있어 널리 쓰입니다. 부모가 자기 일에 일일 계획표를 도입하여 사용하는 방법을 자녀에게 보여주면 좋습니다. 또 계산기나 필기구, 돈, 수집 카드 등 자녀가 좋아하거나 특별하게 여기는 것을 일일 계획표 주머니에 넣으면, 자녀가 계획표와 자주 연결되고, 계획표의 가치가 높아져 집이나 학교에서 그것을 "잊을" 확률이 줄어듭니다. 자녀가 자라 자신의 전자 기기(핸드폰이나 태블릿)를 가지게 되면, 해당 기기에 있는 달력을 사용하는 기술을 배울 것입니다.

마감 시간은 없지만 끝내야 할 과제를 다루는 "해야 할 일(심부름, 전화 통화, 집안일 등)" 목록이 일일 계획표에 포함될 수 있습니다. 당신은 자녀에게 완료한 항목은 줄을 그어 지운 다음에 매일 저녁 아직 마치지 못한 항목을 다음날 목록으로 옮기는 것을 가르쳐야 합니다. 목록의 항목은 번호를 매기거나 색깔로 분류하는 시스템으로 우선순위를 표시할 수 있습니다.

7.3.4.5 도움을 구하는 루틴 Help-Seeking Routines

ASD인 학생은 사회성과 상호 작용 시작에 어려움이 있어 도움이 필요할 때, 종종 도움을 요청하지 않습니다. 따라서 교사에게 도움이 필요한지 주의 깊게 지켜볼 것과 주기적으로 확인하며 작업을 감독할 것, 자녀가 도움이 필요할 때 사용할 신호 또는 루틴을 만들 것을 요청해야 합니다. 때때로 이것은 아이에게 손드는 것을 가르치는 것처럼 간단합니다. 하지만 어린이가 남의 시선을 많이 의식하고, 이러한 방법으로 자신에게 관심이 집중되는 것을 싫어하면, 교사는 (어린이가 도움이 필요할 때 사용할) 눈에 잘 띄지 않는, 특정 행동을 하도록 할 수 있습니다. 예를 들어 몸을 옆으로 돌리기(turn sideways)나 책상 아래에 발을 똑바로 놓기보다는 발을 통로 쪽으로 향하게 하기(feet toward the aisle)나 책상(desktop) 위에 특정한 물건을 놓기가 있습니다.

7.3.4.6 그룹 학습 Group Learning

ASD 어린이의 사회적 어려움은 그룹 작업에도 방해가 될 수 있습니다. 1990년대부터 미국 학교에서는 협동 학습을 뚜렷한 교육 원칙으로 삼았습니다. 아이들은 그룹으로 작업하며 공동의 결과물을 완성합니다. 이런 형태의 교육 목표는 함께 일하고, 협상하며, 서로 돕는 것을 배우는 것입니다. 어린이가 개인적 목표나 과제 일부에 집중하는 것으로는 충분하지 않습니다. 약한 연결 고리가 하나만 있어도(one weak link), 전체 프로젝트는 낮은 점수를 받습니다. 이런 관행은 많은 분명한 교육적 이점과 덜 분명한 사회적 이점이 있는 것으로 보입니다. 하지만 당신도 상상하겠지만 ASD 어린이에게는 이런 작업이 무척 어렵습니다. 이것은 가장 나쁜 경우에 학습 과정이 사회 기술에 지나치게 의존하기에, 자녀가 그 학습 과정으로 특정한 개념을 배우지 못한다는 뜻입니다. 그렇다면 당신이 자녀에게 다른 학습 형식(예: 개별 숙제)을 주라고 요청할 수도 있습니다. 반면에 당신 자녀가 그룹 활동(exercises)에 참여할 능력을 어느 정도 보여준다면, 이 활동은 훌륭한 사회적 기회가 될 것입니다.

학생들이 짝이나 팀을 스스로 선택하는 작업 방식에서도 어려움이 일어날 수 있습니다. ASD인 학생에게 "선택을 받지 못하는" 유일한 학생이 되는 것은 드문 일이 아니며, 커다란 고통을 남길 수 있습니다. 이런 상황에서는 부모가 교사에게 제비뽑기(draw numbers)하거나, 다른 방법을 사용하여 짝을 지으라고 요청할 수 있습니다.

7.3.4.7 필기체 대안 Handwriting Alternatives

많은 ASD인 사람이 글씨체가 나쁩니다. 읽기가 어려울 뿐 아니라 결과를 내는 것도 느리고 어려울 수 있습니다. 이것은 종종 불안과 필기와 관련한 활동에 대한 저항, 마지막 장에서 설명할 몇 가지 어려운 행동 등을 일으킵니다. 이러한 문제 가운데 일부를 완화하려고 당신은 교사에게 쓰는 과제를 줄이거나 추가 시간을 달라고 요청할 수 있습니다. 손글씨를 잘 쓰게 하려고 고안한 과제가 아니면, 다른 형식으로 숙제를 제출하게 해달라고 요청할 수도 있습니다(컴퓨터 타이핑, 오디오 녹음, 자녀가 말한 것을 또래나 부모가 받아 적음). 지금은 많은 학교에서 교실 중앙 컴퓨터나 프린터에 연결된 노트북 컴퓨터나 키보드를 쓸 수 있습니다. 또 자녀의 성적은 손글씨의 깔끔함이나 가독성이 아니라 내용이 우수한 정도로 매겨져야 합니다.

손글씨 쓰기의 어려움은 ASD인 학생에게 노트 필기를 어렵게 합니다(ASD인 학생의 느린 청각 처리와 세부 사항이나 특수 관심사에 몰두하는 경향도 그렇게 만듭니다). 교사가 자신의 필기 사본이나 학급 토론의 줄거리를 ASD인 학생에게 제공하면(되도록 미리) 크게 도움이 됩니다. 그러면 ASD인 학생이 필기에 좌절감을 느끼지 않으며 강의를 들을 수 있고, 교사가 말하는 것에 집중할 수 있습니다. 또 다른 방법은 반 친구에게 그의 필기 사본을 ASD인 학생에게 제공해달라고 부탁하는 것입니다. 강의를 녹음할 수 있게 하는 것은 노트 필기를 돕는 또 다른 방법입니다. 한편 ASD인 학생에게는 칠판 내용을 베끼는 것도 어렵습니다(이때는 두 과제, 즉 읽기와 쓰기를 끊임없이 오가야 합니다). 교사나 반 친구의 노트에 접근할 수 있으면, 이 문제도 크게 줄어들 것입니다. 어떤 부모는 이러한 편의로 자녀가 불필요한 주목을 받을까 걱정합니다. 하지만 우리 경험으로는 이러한 학습적 조정(modification)이 있으면, 자녀가 더 잘 적응할 수 있고, 자녀가 주목받는 일도 실제로 줄어듭니다. 대학 수준에서는 교사가 학생에게 강의 개요를 제공하는 것은 예외적인 일이 아니라 규칙입니다. 당신은 교사에게 ASD인 학생뿐 아니라 모든 학생에게 강의 노트를 제공하라고 권할 수 있습니다.

7.3.4.8 시험 치르기 Test Taking

시험을 치를 때는 시간 관리와 필기 문제, 불안, 실행 기능 문제 등이 결합되어 일어납니다. 따라서 ASD 어린이, 심지어 대부분 고기능 어린이도 특별한 어려움을 겪습니다. 이런 어려움을 덜기 위해 시험에서 대체 형식(예: 구두 설명이나 공백 채우기 등)이나 추가 시간을 제공하거나, 조용한 방에서 혼자 치르게 하거나, 구조와 동기를 제공하고 질문을 해석하고 시간을 관리해 주는 교사나 보조 교사(aide)를 동반하도록 할 수 있습니다.

> ASD인 열한 살 Alberto는 정규 교실에서 교육받습니다. 과학 수업에서 Alberto는 좋아하고 잘하는 주제인 종의 분류를 배웠습니다. Alberto는 기억력이 뛰어나 라틴어 이름과 범주를 쉽게 배울 수 있었습니다. 어느 날 그는 학교에서 치른 동물 분류 시험지를 집으로 가져왔습니다. 이때 엄마는 시험지 상단에 표시된 빨간색 F 점수를 보고 깜짝 놀랐습니다. 엄마가 과학 교사와 상담하러 가서 시험 형식이 다른 시험과 아주 달랐고, Alberto와 반 친구들이 자료를 배우고 공부했던 방법과도 달랐다는 것을 발견했습니다. 특히 교사는 학생들에게 동물 이름을 종이 한 페이지에 적어 주었습니다. 학생들은 동물 이름을 종이에서 잘라내 종에 따라 차트에 나열해야 했습니다. Alberto는 이름과 분류를 알았지만, 이 지식을 이런 새로운 형식에 유연하게 적용할 수 없었습니다. 엄마는 교사에게, Alberto가 차트에 있는 모든 동물에 대한

질문에 빈칸을 채우는 식 등으로 어떻게 답할 수 있는지를 시연했습니다. 또 실제로 엄마가 Alberto에게 과제를 설명하고 종이를 잘라내 차트에 나열하는 예를 한 번 보여주자, 그가 차트를 완성했습니다. 엄마는 새로운 개별 교육 프로그램(IEP) 회의를 요청하고, Alberto가 모든 시험을 자료실에서 보도록 허용하고, 자료실 교사가 Alberto의 작업을 감독하고 필요하면 지원과 명료화를 제공할 것을 개별 교육 프로그램(IEP)에 서면으로 요청했습니다. 또 Alberto의 개별 교육 프로그램(IEP)에 그가 치르는 시험이 표준 형식(빈칸 채우기와 단답형 문제)을 따라야 한다는 내용도 넣었습니다. 어쩔 수 없이 다른 형식을 따라야 하는 시험이 있으면, 엄마와 자료실 교사가 사전 통보를 받는 것이 보장되었습니다. 따라서 엄마와 자료실 교사는 다른 형식의 시험에 어떻게 반응할지를 Alberto에게 가르치고, Alberto가 어떻게 해야 하는지를 이해했는지 확인할 수 있었습니다.

7.3.4.9 이해력과 추상적 개념화 기술

Comprehension and Abstraction Skills

일부 고기능 ASD 어린이는 학업을 시작하고 몇 년 동안은 어떠한 학업 문제도 나타내지 않을 것입니다. 부모는 자녀의 학업 능력이 다른 아이와 비슷하거나 일부 영역에서는 훨씬 앞섰다는 말을 들을 것입니다. 하지만 일부 어린이는 시간이 지나며 장점이 줄어들고, 학년이 오르며 반 친구보다 뒤떨어지기 시작합니다. 이것은 학교에서 가르치는 개념이 학년이 오를수록 추상적으로 되어 해석과 통합, 일반화가 더 필요하기 때문입니다. 즉, 기억력과 시각화 같은 5장에서 설명한 대부분 ASD 어린이의 장점은 저학년에서는 강조되지만, 학년이 오를수록 덜 요구됩니다. 반면에 ASD의 인지적 결손 프로파일의 핵심 부분인 이해력과 추상화 기술을 더 요구합니다. 자녀가 이런 기술을 발휘하도록 도우려면 어떻게 해야 할까요?

이 질문에 대한 대부분 답은 이미 이 장 어딘가에 있습니다. 되도록 구체적이고 시각적인 개념을 만들고, 미리 작업을 조직화하고, 할 수 있으면 특별한 관심사나 기술을 사용하는 것입니다. 우리는 이러한 원칙을 사용하여 독해와 수학 개념 이해에서 단점을 보완하는 방법에 관한 몇 가지 구체적인 예를 제공하겠습니다.

독해. 교사와 부모는 ASD의 규칙을 따르는 장점을 이용하여 이야기를 이해하는 데 필요한 규칙을 가르칠 수 있습니다. 특히 초등학생에서는 대부분 이야기가 "(1) 누가, (2) 무엇을 했고, (3) 그런 다음에(and then), (4) 결말"이라는 네 요소를 포함하는 구조입니다. 즉, 어떤 사람("누가")이 어떤 일("무엇을")을 하거나 참여했고, 상황이 어떻게 해결되었고, 어떤 결말이 나왔는지가 뒤따릅니다. 교사는 이야기에서 이러한 요소에 밑줄을 긋거나 사전에 정한 색 잉크로 표시하여 강조할 수 있습니다. 교사는 같은 색의 잉크로 질문 목록을 제공하는 방법으로 시각적 장점을 활용하여 이해력을 높일 수 있습니다. 또 교사가 학생에게 이야기의 결말을 대체하게 하거나, 자신의 그럴듯한 결말을 만들게 하거나, 해당 이야기를 학생이 다시 말하게 하는 식으로 주요 논점을 바꿔 표현하라고 요청할 수 있습니다(이 연습을 구체적으로 만들려고 그림이나 시각적 순서도를 사용하기도 합니다). 교사는 이야기를 진정으로 이해하지 않고 말하는 기계적 암기나 암기된 반응(생각을 자신의 말로 고쳐 말하지 않고 문장을 그대로 따라 하는 것)에 주의해야 합니다. 장소("where")나 설정, 인물의 의도와 동기("why") 같은 이야기의 문법 요소는 어린이가 다룰 수 있는 만큼 추가할 수 있습니다. 하지만 마지막 항목은 조심해서 추가해야 합니다. ASD 어린이는 종종 어떤 상황의 바탕에 있는 인간의 동기와 대인 관계 역학을 판단하는 것이 어렵습니다. 따라서 이야기의 나머지 구조를 합리적으로 이해할 수 있더라도 이것 때문에 실패할 수 있습니다.

ASD인 열여섯 살 Alex는 자신이 11학년 영어에서 어떻게 낙제했는지를 설명했습니다. "제 교사들은 항상 저에게 그들이 답을 아는 것을 질문합니다. 하지만 저는 모릅니다. 내가 소설 주홍글씨에서 어떤 사람이 왜 그 일을 했는지 알려고 노력했을 때도 교사가 생각하는 이유와 달랐습니다. 나는 상황이나 일에 관하여 교사들과 생각이 다를 뿐입니다. 나는 특히 어떤 사람이 어떤 일을 왜 했는지 짐작하는 것을 싫어합니다. 내가 말할 수 있는 것은 내가 왜 어떤 일을 했는지 뿐입니다." Alex는 동물, 특히 멸종 위기에 처한 종에 푹 빠졌고, 이 주제에 관한 "why" 질문에서 주홍글씨의 주인공인 Hester Prynne에 관한 "why" 질문보다 훨씬 잘 대답할 수 있었습니다.

수학. 읽기에서(그리고 이 장에 있는 다른 많은 편의들과)와 마찬가지로 추상적인 것을 구체적이고 시각적인 것으로 만들면, 수학 개념을 이해하는 능력을 키우는 데도 도움이 됩니다. 사칙연산 같은 추상적 개념을 나타낼 때 ASD인 학생에게는 재료(막대나 토큰, 콩 등)를 사용하는 것을 허용해야 합니다. 또 문장제(문장 형식으로 표현한 시험 문제)에서는 구성요소를 나타내기 위해 실제로 해 보거나 그림을 그리는 것을 허용해야 합니다. 문장제의 중요한 측면을 교사가 미리 강조하거나 색상을 정해 표시할 수도 있습니다. 그러면 학생이 어떤 수학 연산을 해야 하는지, 어떤 변수를 처리해야 하는지 알아차릴 것입니다. 문장제가 어떻게 수학계산문제에 해당하는지 알기 위해 학생이 특별한 관심사를 중심으로 자신의 문장제를 만들 수도 있습니다. 예를 들어 "7 - 5"는 "당신에게 열차 일곱 대가 있는데, 다섯 대를 잃어버리면, 몇 대가 남았을까요?"가 됩니다. 이런 연습은 자연스럽게 일어나지 않습니다. 실제 삶의 상황에 수학 기술을 일반화하는 명시적인 연습이 있어야 합니다. 분수 계산은 요리 레시피를 따르는 걸 배우며 연습할 수 있습니다, 뺄셈은 패스트푸드 가게에서 거스름돈을 제대로 받았는지 계산하며 연습할 수 있습니다. 좋아하는 식당에 가서 음식과 메뉴판을 사용하여 돈의 개념을 가르칠 수 있습니다.

7.3.4.10 행동 문제 Behavioral Issues

학교와 함께 당신 자녀가 학교에서 보일 수 있는, 교육에 영향을 미칠 비(非)학업적 문제 행동(예: 끼어들어 방해하기, 다른 학생을 산만하게 하기, 특별한 관심사인 주제를 계속 이야기하기, 공격성)을 다루는 행동 계획이나 계약을 설정할 수도 있습니다. 4장과 6장에서 설명했던 여러 가지 행동 개입이 학교 설정에서 도움이 될 수 있습니다. 이런 개입은 바람직한 행동을 자주 강화하기(토큰 등을 이용하여), 사소한 잘못된 행동을 무시하기, 자기 관리 기술을 가르치기, 문제 행동의 기능을 철저히 분석하기, 같은 목표를 얻는 대안적이고, 받아들여지기 쉬운 행동을 제공하기 등입니다. 많은 교사가 이런 기법을 훈련받습니다. 그래서 ASD인 학생뿐 아니라 모든 학생에게 이 기법을 사용합니다.

7.3.4.11 전환 Transitions

새 학년이 되면 부모와 자녀가 모두 불안해집니다. 초등학생에서 중학생이 되는 시기는 특별히 어렵습니다. 이제는 여러 교사, 여러 교실과 협의해야 합니다. 여름이 끝날 때쯤 새로운 학교를 방문하여 새로운 학교 건물을 조사하고, 교실과 라커, 학교 식당, 버스 정류장의 위치를 알아두면, 불안을 어느 정도 줄일 수 있습니다. 자녀가 사물함 자물쇠에 비밀번호를 입력하는 것을 연습해야 할 수도 있습니다. 학교에 미리 비밀번호를 알려달라고 요청한 다음에 비슷한 자물쇠를 사서 집에서 연습합니다(자녀가 비밀번호 숫자를 외우고, 다이얼을 적절한 방향으로 돌리는 연습을 합니다). 교직원에게 자녀의 수업 일정을 짤 때 건물의 물리적 배치를 고려해 달라고 요청하면 도움이 됩니다. 교직원이 여러 교실과 비교적 가까운 사물함을 배정하거나, 서로 가까운 교실들에서 수업을 받도록 배려할 수 있습니다. 그러면 자녀의 이동 시간과 혼란, 지각할 확률을 최소화할 수 있습니다. 수업 순서대로 번호를 매기고 강조 표시를 한 학교 교실 지도도 쓸모 있는 시각적 도구가 됩니다.

과목마다 교사들이 바뀌면서, 여러 교사의 개별적 기대와 기준에 맞추는 것도 ASD 학생에게 어려운 일입니다. 이 문제를 최소화할 방법은 학교 상담 교사나 자료 교사(resource teacher)처럼 지지적인 중심 접촉 인물(central contact person)을 지정하고, 그가 서비스를 조정하고, 진행 상황을 모니터링하고, 미팅 일정을 잡고, 필요할 때 위안과 지지를 주도록 하는 것입니다. 개별 교육 프로그램(IEP)이나 504 계획의 일부로 지정되는 코디네이터 같은 사람을 요청하십시오. 학교에 자폐증 팀이 있으면, 이 팀에 있는 사람을 선택하십시오. 자녀의 필요와 부모의 욕구, 교사의 스타일, 교육 시스템의 제약 등을 절충하는 것은 까다로운 일입니다. 따라서 이런 "도움을 얻으려고 찾을" 사람은 담임 교사가 아닌 다른 사람이어야 합니다.

7.4 결론적인 생각 SOME CONCLUDING THOUGHTS

이 장에서 설명하는 문제 가운데 일부는 학교 직원이 ASD인 학생의 학습 스타일에 관해 교육을 받으면 해결될 수 있습니다. 이런 교육은 당신이 자녀의 진단명을 학교에 알릴 때 시작됩니다. 일부 부모는 진단명을 학교나 교사와 공유하면 자녀에게 부정적인 "딱지가 붙어", 기준에 미달한 교육을 받거나 학업이나 행동에 대한 기대가 부적절하게 감소할 것을 걱정합니다. 우리 경험으로는 이런 일은 잘 일어나지 않습니다. 실제로는 이 장에서 말했던 것처럼 자녀가 학교에서 성공하는 데 도움이 될 다양한 특별 서비스나 치료, 편의가 학교에서 무료로 제공될 것입니다. 그런 서비스를 이용하려면 당신이 자녀의 교육적 필요에 대한 구체적 특성을 알려야 합니다. 진단 정보와 관련한 다른 검사 결과도 공유해야 합니다. 이런 것을 알리며 교육자나 관리자가 ASD에 관한 자료와 정보에 관심을 기울이도록 이끌 수 있습니다. 이 책 뒷부분에 있는 자료들(resources)에는 교직원과 공유하면 도움이 될 ASD인 학생의 교육적 필요에 맞는 자료가 있습니다.

중요한 고려 사항은 자녀의 교과 과정이 앞으로 인생에서 성공하는 데 필요할 기능적이고 적응적인 기술을 다루는 것입니다. 증상이 가벼운 ASD 어린이와 청소년이 학교에서 이룰 중요한 결과는 좋은 작업 습관과 긍정적 자기 개념, 독립적 생활 기술을 얻는 것입니다. 이것은 자녀가 표준 교과 과정을 따르지 않고 자녀만의 교과 과정을 디자인해야 한다는 뜻입니다. 또 상당한 유연성이 필요하다는 뜻입니다, 부모와 교사는 "이것이 이 아이의 장기 목표에 이바지하는가?"라는 질문을 계속해야 합니다. 이것이 일반적인 교과 과정 개요(outline)를 따르게 하거나 졸업에 필요한 학점을 걱정하는 것보다 훨씬 중요합니다.

마지막으로, 자녀의 장점을 활용하여 학습의 어려움이나 학교에서의 단점 영역을 보완해야 합니다. 이 장에는 이렇게 하는 예가 많습니다. 시각적 보조물을 사용하여 언어 지시를 보완하는 것은 자녀의 잘 발달한 시각화 기술을 사용하여 자녀의 약한 기술을 보완하는 예입니다. 마찬가지로 자녀에게 서면으로 된 지시나 규칙을 주는 것은 자녀의 읽기 기술을 이용하여 초점을 유지하고 적절한 행동을 가르치는 예입니다. 자녀의 특별한 관심사를 이용하여 자녀에게 수업에 열중할 동기를 부여할 수도 있습니다.

Joseph의 교사는 그가 지리학이 아닌 다른 과목을 지루해하고 관심을 기울이지 않는 것을 막으려고 그의 지리학에 대한 관심을 이용하기로 했습니다. 부모는 틈틈이 Joseph에게 가르치는 과목과 기술에 지리와 관련한 것을 넣으라고 제안했습니다. 예를 들어 역사 수업에서 연대표 만들기를 배울 때는 Joseph가 탐험가들이 세계 곳곳을 발견한 연대표를 만드는 것을 허용해 달라고 요청했습니다. 과학 수업에서 학급의 다른 학생이 캘리포니아의 지질학을 배울 때, Joseph에게는 그가 좋아하는 나라인 브라질의 지질학을 공부하는 것이 허용되었습니다. 수학 수업에서 Joseph의 교사는 캘리포니아의 도시 사이의 주행 거리와 관련한 문제를 고안했습니다. 읽기 수업에서 교사는 학생들이 함께 읽는 책과 상관없이 Joseph에게는 어떤 책이든 읽도록 허용했습니다. 이런 식으로 부모와 교사는 Joseph의 지리학에 대한 강한 관심을 긍정적으로 사용해서 공부할 동기를 부여하고, 다른 과목에서 성적이 곤두박질하는 것을 막았습니다. 이런 비교적 간단한 개입이 성공하는 것을 본 다음에 Joseph의 교사는 (원래는 3학년 교과 과정이 아니었지만) 전체 학급에 지리 단원(unit)을 추가하여, 그 교과 과정 동안 Joseph가 "조교(assistant teacher)" 역할을 하도록 했습니다. 또 Joseph에게 더 어린 학생 학급에 가서 책을 읽어 달라고 요청했습니다. 이 "특별한 임무(job)"는 Joseph가 학교에서 겪는 놀림과 다른 실패에도, 자신의 일부 능력을 중요하게 생각하고 좋게 느끼게 했습니다. 다른 사람을 돕는 것은 종종 자기 존중감과 자기 효능감을 키우는 성공적인 방법입니다.

자녀의 재능을 이용하여 학교에서 성공을 모색하는 다른 방법은 자녀의 재능을 사용하는 또는 자녀의 특별한 관심사와 관련한 학교 동아리나 활동에 참여하는 것입니다. 자녀를 컴퓨터 동아리나 독서 동아리에 등록하게 하십시오. 학교에 이런 동아리가 없으면, 직접 만들어 운영하십시오. 자녀가 철자 맞추기에 재능이 뛰어나면, 철자 맞추기 대회에 참가하도록 격려하십시오. 이러한 활동은 자녀가 학교생활에 융화되고, 변두리 구성원이 아니라 학교 공동체의 일부로 느끼도록 도울 것입니다. 학교에서는 많은 사회적 문제가 나타납니다. 부모에게 가장 고통스러운 것은 사랑하는 자녀가 놀림이나 괴롭힘을 당하는 것입니다. 8장에서 우리는 건드리면 아픈(tender) 주제를 다룹니다.

고기능 자폐 스펙트럼 장애가 있는 어린이와 청소년의 사회적 세계
The social world of Children and adolescent with high-functioning ASD

8.1 "안녕, 친구 - 이제 가버려."
"HELLO, FRIEND-NOW GO AWAY."

ASD 진단을 받은 모든 사람은 사회적 교류, 특히 상호성(reciprocity)이라고 부르는 것(즉, 사회적 만남을 구성하는 주고받는 상호 작용)에 문제가 있습니다. 아주 동떨어져 보이는, 말을 하지 않는, 증상이 심한 ASD 어린이에게는 상호성의 어려움이 분명합니다. 하지만 고기능 ASD 어린이와 청소년에게는 상호성 문제가 미묘할 수 있습니다. 부모는 자녀와의 상호 작용에서 받는 일방적인 느낌을 묘사합니다. 때때로 부모는 자녀와 어떤 의미 있는 연결감을 만들려고 상호작용을 지지하고 단계적으로 끌어주면서(scaffolding), 부모 자신이 전체 관계를 책임져야 하는 것처럼 느낍니다. 부모가 대화를 시작하거나 특정 질문을 하지 않으면, 자녀는 거의 말을 하지 않거나 온전히 혼자서 만족하는 것처럼 보입니다. 다른 부모는 자녀에게 자신만의 의제(agenda)가 있다고 설명합니다. 자녀는 부모를 주목하지 않거나, 부모의 말이나 행동에 반응하여 자기 행동을 바꾸지 않으면서 부모가 해야할 것을 말하거나 쉬지 않고 이야기합니다.

Seth가 주식 시장이나 국가 채무에 관해 이야기하기 시작하면, 아무도 그를 멈출 수 없습니다. 저녁 식사 시간에 그는 부모에게 그날 나스닥 현황을 이야기하고 싶어 합니다. 저녁 식탁에서 부모는 대화 주제를 바꾸려고 계속 시도하다 화가 났습니다. 그 결과 부모는 Seth가 경제 얘기를 할 때 그를 무시하고, 자신들끼리 이야기하게 된다는 것을 알아챘습니다. 부모가 Seth를 주목하지 않고 자신들끼리 이야기를 계속하는 것을 Seth는 알아차리지 못하는 것처럼 보였습니다. 부모는 이것을 걱정해야 할지, 안심해야 할지 몰랐습니다. 부모가 의견을 말하거나 관련 정보를 추가하려고 하면 Seth는 정중하게 말을 멈춥니다. 하지만 부모 말이 끝나면 부모가 한마디도 안 한 것처럼 자신이 멈췄던 곳에서 다시 말하기 시작합니다. 부모는 이것도 작은 성공이라고 생각합니다. 일 년 전에 Seth는 말하는 도중에 누군가가 어떤 언급을 하면 몹시 화를 내며, "중단" 지점 전에 자신이 말했던 것을 모두 새롭게 반복했습니다.

사회적 상호성 문제는 또래와 있을 때 분명해질 수 있습니다. ASD 어린이와 십대는 종종 "겉돌고 있다(on the periphery)"고 묘사됩니다. 놀이터 둘레를 걸으면서도 주변에서 벌어지는 활기찬 놀이에는 참여하지 않습니다. 관심이 없는 것처럼 보일 수 있습니다. 자신의 규칙을 다른 아이들이 따라야 한다고 주장하며, 통제하려는 강한 욕구(need)를 나타낼 수도 있습니다. 또래들이 이렇게 하지 않으려 하면, ASD 어린이가 불평이나 슬픔을 표현할 수도 있습니다. "내가 놀고 싶어 하는 것을 다른 애들은 놀고 싶어 하지 않아요."라고 하는데, 협상하거나 타협할 동기와 능력이 거의 없는 것 같습니다.

Seth의 부모는 종종 교사에게 그가 다른 아이에게 "이래라저래라 한다(bossy)"는 말을 들었습니다. 부모는 학교 심리사에게 놀이터에서 노는 Seth를 관찰하여 이런 행동의 예를 모아달라고 요청했습니다.

그러면 학교생활의 특정한 상황과 예를 사용하여 부모가 집에서 Seth와 작업할 수 있을 것입니다. 심리사는 Seth가 휴식 시간 대부분을 놀이터 울타리 주변을 걸어 다니고, 속삭이듯 혼잣말을 하며 보낸다고 했습니다. 다른 아이들이 그를 불렀을 때, 보통은 알아채지 못하는 것처럼 보였습니다. 때때로 그는 진행 중인 게임에 마지못해 참여하곤 했습니다. 심리사가 관찰하는 동안 Seth가 얼음 땡 놀이를 함께 하자는 제안을 받아들였지만, 아무도 자신을 만지지 못하게 했고, 자신이 곧바로 "술래"가 되어야 한다고 주장했습니다. 그는 큰 소리로 저항했고, 자신을 터치하려는 아이를 때리려고 했습니다. 결국 Seth는 울타리로 돌아가 다른 아이들과 멀리 떨어져서, 놀이터의 가장자리를 빙빙 돌 듯 울타리에 막대를 대고 끌기 시작했습니다.

학교나 스카우트 조직처럼 구조화된 설정에서는 일부 ASD 어린이와 십대가 다른 아이들과 상호 작용할 수 있습니다. 심지어 다른 아이들과 유대감을 느낄 수도 있습니다. 하지만 이러한 설정 밖에서는 이런 관계를 거의 추구하지 않습니다. 극히 일부 ASD 어린이가 미리 준비된 상황 밖에서 다른 아이를 찾지만, 관계의 깊이가 부족하고 완전히 상호적이기 어렵습니다. 즉, 한 사람이 다른 사람보다 관계에 관심이 많고, 더 헌신적입니다. 이 관계는 주로 공유된 관심사가 중심이라서 초점이 제한되기 쉽습니다. 예를 들어 아이들은 비디오 게임을 같은 장소에서 할 수 있지만, 그 밖의 것은 함께 하지 않습니다. 우정도 그 나이의 아이에게 기대되는 수준의 친밀감(예: 비밀과 감정을 공유하기, 지지와 도움을 위해 서로 의지하기)과 연결되지 않을 수 있습니다. 연구 조사는 많은 고기능 ASD 어린이에서 우정 개념이 아주 제한된 것을 보여줍니다. 친구가 무엇을 뜻하는지 물으면, 그들은 간단하고 구체적인 설명("자신에게 친절한 사람", "자신과 함께 노는 사람")을 합니다. 나이가 비슷한 다른 아이보다 동지애나 애정, 선별성(selectivity), 신뢰 같은 특성을 훨씬 적게 언급합니다.

ASD 소년인 Derrick은 자신은 친구가 많다고 자신해서 말했습니다. 하지만 "그들 가운데 몇몇만 나에게 의미가 있습니다."라고 고통스럽게 덧붙였습니다. 질문을 더 하자 Derrick은 누구든지 자신이 이름을 알면 친구라고 여긴다는 사실이 드러났습니다. 많은 ASD 어린이처럼 사회적 순진함과 다른 사람과 관계하는 독특한 스타일 때문에 Derrick은 놀림당하기 쉬웠습니다. 그는 전날에 반 친구가 사탕을 어떻게 주었는지 자세히 이야기했습니다. Derrick이 맛을 본 다음에 그 아이는 Derrick에게 사탕에 "마약"이 들었다고 "알렸"습니다. Derrick은 그날 학교에서 나머지 시간동안 걱정하고 울며 보냈습니다.

ASD 어린이와 청소년이 친구가 없는 것과 또래의 거절에 반응하는 방법은 다양합니다. 어떤 아이는 간절히 친구를 원하고, 자신이 소외되었고 외롭다고 느낍니다. 어떤 아이는 친구가 없는 것에 상당히 만족하는 것처럼 보입니다. 그들은 친구가 없다는 것을 알아차리지 못하거나 상관하지 않습니다. 그들은 정말로 속마음부터 "혼자 있기 좋아하는 사람(loners)"입니다. 하지만 나머지 아이들은 나이와 설정에 따라, 또는 시시각각으로 외로움과 고독의 즐거움 사이를 오가며 다양하게 반응합니다. 우리 클리닉의 사회적 지지 집단에서 ASD인 일부 성인들은 다른 사람과의 접촉에 대한 갈망을 분명하게 나타내지만, 간단한 상호 작용에 대해서도 참을성(tolerance)이 부족합니다("안녕, 친구 - 이제 가버려"라는 인터넷 챗방이 이것을 잘 요약합니다).

사회적 상호성 문제는 대화에서 분명하게 나타납니다. ASD인 사람은 다른 사람이 말하려 한다는 단서를 잘 알아차리지 못합니다. 따라서 대화를 ASD인 사람이 독점하고, (Seth처럼) 주고받는 것이 거의 없을 수 있습니다. 고기능 ASD 어린이는 다른 사람에게 질문하지 않을 수 있습니다. 특히 다른 사람의 견해와 감정, 경험을 묻지 않습니다. 또 대화를 계속 유지하는 데 어려움을 겪을 수도 있습니다(특히 직접적인 질문이 제기되지 않을 때).

Seth는 집 앞 보도에서 액션 피겨를 가지고 놀고 있었습니다. 나이가 비슷한 이웃 소년이 와서 Seth에게 피겨를 어디서 구했느냐고 물었습니다. Seth는 그를 쳐다보지도 않고, "디즈니랜드"라고 말했습니다. 그 소년은 흥분해서 "오, 나도 디즈니랜드에 갔었어!"라고 말했습니다. Seth는 아무 말도 하지 않았고, 결국 그 소년은 떠났습니다.

많은 ASD인 사람이 무언가를 알아내려할 때는 질문하지만, 말참견하거나 잡담할 때는 훨씬 덜 편안해합니다. 실제로 그들은 사교적 대화를 나누는 것에 어려움을 겪을 수 있습니다. 그들이 순전히 사교적인 목적으로 이야기하는 것은 드문 일입니다.

Clint는 사회적 지지 집단이 모이는 건물 4층으로 올라가는 엘리베이터에 있었습니다. 집단의 치료자는 2층에서 엘리베이터를 타고 Clint에게 미소 지었습니다. 지난주 집단의 대화 주제는 잡담을 나누는 것이었고 그들은 엘리베이터에서 짧게 상호 작용하는 동안 무슨 말을 할지에 관해 역할극을 했었습니다. 몇 가지 주제가 언급되었습니다. 날씨나 교통량 같은 것이었습니다. 지금 실제 엘리베이터 안에서 Clint는 새로운 것을 시도하기로 마음먹었습니다. 그는 배운 대로 치료자의 눈을 똑바로 바라보며 말했습니다. "세상에, 그런 끔찍한 냄새는 뭐죠?" 치료자는 점잖게 미소 지으며, 모르겠다는 듯이 어깨를 으쓱하며 말했습니다. "나는 잘 모르겠어요. 오늘 당신 드라이브는 어땠나요?" Clint는 집요하게 계속 말했습니다. "맙소사, 정말로 여기에 뭔가 나쁜 냄새가 나요!"

사회 지지 집단에 속한 다른 청년인 John은 대화에 관한 집단 토론 후에 다음과 같이 말했습니다. "나는 '상호성(reciprocity)' 이라는 것이 있다는 걸 압니다. 나는 그것을 들었습니다. 또 그 단어가 뜻하는 것을 압니다. 그것이 존재한다는 것도 압니다. 나는 단지 그것을 이해하지 못할 뿐입니다. 그것이 일어날 때 나는 그것을 알아볼 수 없습니다. 인간이 박쥐(그의 관심사)의 초음파 탐지에 대해 느끼는 것과 비슷합니다. 우리는 초음파 탐지가 있다는 것을 압니다. 단지 들을 수 없을 뿐입니다. 듣지 못하는 상태에서 초음파가 우리의 청각 범위 안에 있다고 가정할 때 그게 어떻게 들릴지 묻는다면 우리는 그것을 이해할 방법을 알지 못한다고 대답할 것입니다. 이것이 나에게 상호성이 어떤 것인지에 관한 대답입니다."

ASD 어린이는 다른 사람이 사용하는 종류의 사회적 신체 언어를 사용하지 않는 경향이 있습니다. 시선 접촉이 제한적일 수 있고, 다른 사람에게 미소 짓지 않을 수 있고, 자세가 관심과 주의를 기울인다는 것을 전달하지 못할 수 있고, 끄덕임과 같은 사회적 고무를 일으키는 몸짓을 사용하지 않을 수 있습니다. 이런 것들은 ASD인 사람이 대화에 진심으로 참여하지 않거나, 대화를 듣지 않거나, 지루해한다는 인상을 줄 수 있습니다. 또 공격성이나 지나치게 무뚝뚝한 의사소통 스타일(의도하지는 않았더라도, 때때로 무례하거나 모욕적이라고 해석되기도 함)처럼 ASD에서 때때로 볼 수 있는 다른 문제도 사회적 관계를 위협합니다. ASD인 사람의 특별한 관심사도 지나치게 집중되고 특이하여, 다른 사람과 공유하기 어려운 탓에(또는 Seth처럼 ASD인 자녀가 공유하려 하지 않아서) 빈약한 상호성에 이바지합니다. 많은 부모의 설명과 연구 자료가 ASD인 사람에게 공감 부족과 다른 사람의 관점 취하기 어려움이 있다는 것을 증명합니다. 대체로 ASD 어린이는 몹시 자기중심적으로 보입니다. 그들에게 이기적으로 되겠다는 의도가 없고, 행동의 배후에 나쁜 뜻이 없더라도, 이러한 사회적 단점은 그들의 관계와 학업, 직업을 비롯한 삶에 부정적인 영향을 폭넓게 미칠 수 있습니다.

당연히 부모는 어린이나 십대인 자녀가 사회에서 사회적 존재가 되는

법을 배우도록 도우려 합니다. 하지만 어떻게 해야 할까요? 자녀가 친구를 원하지만 친구를 만들 수 없으면, 어떻게 도울까요? 그의 교사는 무엇을 할 수 있을까요? 당신은 치료자에게 무엇을 기대할 수 있을까요? 자녀가 친구에 관심이 거의 없는 것처럼 보여도, 언젠가는 독립적으로 생활하고 직업을 유지하도록 사회적 행동을 하는 데 공을 들여야 합니다. 그때 당신이 도움을 요청할 곳이 어디일까요? 고기능 ASD 어린이에게 사회적 상호성을 개선하려는 전략은 다음과 같습니다.

8.2 자녀의 사회적 행동을 향상시키는 전략 STRATEGIES FOR IMPROVING CHILDREN'S SOCIAL BEHAVIOR

사회 기술은 다양한 환경에서 가르칠 수 있습니다. 전통적인 방법은 학교나 클리닉의 조직화된 사회기술 훈련집단에서 가르치는 것입니다. 그런데 이 장에서 보겠지만, 당신이 자녀가 중요한 사회 기술을 얻도록 도울 장소와 시간은 다양합니다. 집, 이웃, 치료가 아닌 집단 설정(예: 스카우트) 등입니다. 전형적인 치료 집단에서 사용하는 많은 원칙과 기법을 집에서 부모가 사용할 수 있습니다. 실제로 사회기술 훈련집단도 집에서 후속 작업으로 보충될 때 훨씬 효과적입니다. 따라서 자녀가 그런 집단에 참석하든 안 하든, 더 적절한 사회적 행동을 강화하려면 당신이 클리닉 밖에서 무엇을 할 수 있는지 알아야 합니다.

8.2.1 당신 자녀의 치료자가 제공할 수 있는 것 *What Your Child's Therapist Can Offer*

8.2.1.1 집단 사회 기술 훈련 Group Social Skills Training

당신 가족은 자녀의 사회적 결핍에 적응할 수 있습니다. 따라서 가정의 일상생활에서는 이 문제를 대수롭지 않게 여길지도 모릅니다. 하지만 사회적 어려움은 집단이나 또래 사이에서 두드러지는 경향이 있습니다. 따라서 실제로 학교나 지역 놀이터, 스카우트에서 자녀의 사회성 문제가 뚜렷하게 나타납니다. 우리는 ASD인 사람이 한 상황을 다른 상황으로 일반화하는 데 어려움이 있는 것을 잘 압니다. 따라서 어려움을 겪는 상황과 비슷한 환경에서 사회 기술을 가르쳐야 합니다. 고기능 ASD 어린이에게 사회적 행동을 가르칠 때, 치료자나 교사는 그 어린이가 새로운 기술을 빠르게 배우는 것을 보고 놀랍니다. 하지만 결국 이 기술이 실제 환경에서 또래와 있을 때 형편없이 적용되는 것에 놀랄 것입니다. 따라서 반드시 집단적인 맥락에서 가르쳐야 합니다.

특정 기술을 순서대로 가르치는 공식적인 지침이 필요합니다. 대부분 부모는 이런 형태의 교육을 제공하기 어렵습니다. 따라서 치료자나 교사가 치료를 제공하는 외래 환자 클리닉이나 학교에서 어떤 그룹을 찾아야 할 것입니다. 하지만 이것은 당신이 그 과정의 일부가 아니라는 뜻은 아닙니다. 자녀를 돌보는 관리자로서 당신은 자신을 교사나 치료자가 자녀에게 제공할 수 있는 사회 기술 훈련의 소비자로 생각해야 합니다. 자녀에게 제공되는 집단 훈련이 여기서 설명한 것과 상당히 달라 비건설적이거나 비생산적으로 보이면, 당신은 다른 곳에서 프로그램을 찾거나, 나중에 이 장에서 간략하게 소개할 사회 기술을 가르칠 다른 방법에 집중해야 합니다.

고기능 ASD 어린이와 청소년에게 사회 기술을 가르치려고 출간한 매뉴얼이 몇 가지 있습니다(예: 책 뒷부분 자료들(Resources)에 있는 어린이 우정 훈련(Children' s friendship training)). 또 인터넷에도 다양한 접근법이 있습니다(이것도 책 뒷부분 자료들(Resources)에 있습니다). 마지막 장에 요약할 학교에서의 개입처럼, 자녀의 장점을 활용하여 사회 기술을 가르치는 몇 가지 기본 원칙이 있습니다. 우리는 글 상자(Box)에 이러한 원칙을 요약하고, 치료 그룹에서 어떻게 구현되는지 사례를 제공할 것입니다. ASD 어린이의 사회 기술 훈련은 평범한 어린이 대부분이 자동으로 배우는 복잡한 사회적 행동을 구체적인 단계와 규칙으로 나누어야 합니다. 이러면 ASD 어린이가 이것들을 기억하고, 다양한 설정에서 연습할 수 있습니다. 우정이나 생각, 감정 같은 추상적 개념은 시각적이고, 분명히 보이고, “직접 해보는(hands-on)” 활동을 통해 되도록 많이 소개되어야 합니다. 예를 들어 치료자가 자녀의 얼굴 옆에서 골판지 화살표를 들고 있을 수 있습니다. 이것은 자녀가 누구에게 말하고 있는지를 나타내는데, 시선 접촉을 배우고 연습하는 것을 돕기 위한 것입니다. 쓰여진 과제 스케줄은 자녀의 타고난 읽기 능력을 사용하여, 불안을 최소화하면서 한 과제에서 다른 과제로 전환하도록 돕습니다. 예측할 수 있는 일상의 틀(routine)은 자녀의 기억력과 규칙을 따르는 장점을 이용하여 집단의 다른 활동을 예상하도록 돕습니다. 또 집단 구성원을 위한 개별 목표와 보상을 전달하는 구체적인 시스템을 명시하는 행동 계획이 있어야 합니다. 당신 자녀는 사회기술 훈련이 어려울 것입니다. 하지만 모든 사람들 처럼 자녀도 이런 상당히 도전적일 수 있는, 덜 선호하는 활동에 참여하도록 안내되어야 합니다.

마지막으로 중요한 요소는 부모와 협력하여 일반화를 촉진하는 것입니다. 일주일에 한 번 클리닉에서 치료하며 배운 기술을 치료실 밖 상황에서 날마다 연습하고 강화하지 않으면, ASD인 사람의 부족함이 바뀌기 어려울 것입니다. 따라서 당신은 자녀가 무엇을 배우는지 알아야 하고, 가정이나 이웃, 학교에서 어떻게 특정 기법과 기술을 구현하거나 연습하는지 배워야 합니다. 이것은 부분적으로 숙제로 해결할 수 있습니다. 또 치료자나 교사는 그룹 밖으로 지역사회 견학 같은 것을 통해서 자녀에게 자연스러운 환경(예: 교실이나 공원, 비디오 게임방, 볼링장, 식당)에서 기술을 연습할 명시적인 기회를 제공해야 합니다. 자녀와 작업하는 치료자나 교사는 당신에게 자녀가 클리닉이나 학교 밖에서 연습하는 것을 도울 방법과 장소를 알려줘야 합니다. 이렇게 하지 않으면 치료자나 그룹 리더와의 개인적인 세션을 요청하십시오. 당신이 자녀의 치료에 더 관여하고 싶고, 집에서 배운 기술을 후속 조치하는 특정한 과제나 절차를 요청한다고 말하십시오.

사회 기술 교육의 기본 원칙

추상적인 것을 구체적으로 만들기	• 규칙을 제공하십시오(예: "대화를 시작할 때 5초 동안 눈을 맞추십시오") • 복잡한 행동을 여러 단계로 나누십시오(예: "한 대화는 시작과 중간, 끝으로 구성됩니다"). 또 각 단계를 가르치십시오 • 시각적 신호를 사용하십시오(예: 대화 순서 바꾸기나 주고받기를 보여주려는(depict) 양방향 화살표) • 직접 해보는 활동으로 연습하십시오(예: 역할극 대화)
전환(transition)을 돕기	• 그룹 활동을 순서대로 요약한 서면 일정표를 제공하십시오 • 세션 할때 마다 예측할 수 있는 루틴을 사용하십시오(예: 개회 토론, 집단 활동, 역할극, 간식, 농담, 작별 인사)
동기 부여	• 어린이마다 현실적인 목표를 정하십시오 • 목표를 달성할 때 보상을 제공하십시오
일반화	• 부모와 치료자의 소통과 협력을 수립하십시오 • 클리닉 밖에서 완수할 숙제를 주십시오(예: 다른 그룹 구성원에게 전화하고, 대화하기) • 지역 사회로 나가(outing) 기술을 연습하십시오(예: 식당에서 대화하기)

ASD인 어린이와 청소년을 돕는 사회기술 훈련집단에서는 다양한 주제를 다루어야 합니다. 이때는 적절한 시선 접촉과 사회적 거리, 목소리 크기, 표정처럼 사회적 상호 작용에 중요한 비언어적 행동을 가르치는 것이 기본이 될 겁니다. 우리는 이것을 사회적 신체 언어라고 합니다. 또 일반적인 프로그램에는 다음과 같은 주제가 포함될 수 있습니다.

- 친구 관계 기술: 다른 사람에게 인사하기, 어떤 집단에 합류하기, 주고받는 대화하기(taking turns), 공유하기, 협상하고 타협하기, 집단의 규칙을 따르기, 좋은 친구의 특성을 이해하기
- 대화 기술: 대화를 시작하고 유지하고 마치기, 주고받는 대화하기, 논평하기, 다른 사람에게 질문하기, 다른 사람에 관한 관심을 표현하기, 적절한 주제를 선택하기
- 생각과 감정을 이해하기: 공감을 보여주기, 다른 사람의 관점을 취하기, 어려운 감정을 다루기
- 사회적 문제 해결과 갈등 관리하기: "안 돼(no)"라는 말을 듣거나, 놀림당하거나, 소외될 때 대처하기
- 자기 인식: 자폐 스펙트럼 장애, 개인적 장점, 독특한 차이, 자기 수용을 배우기

8.2.1.2 인지 행동 치료 Cognitive-Behavioral Therapy

ASD 청소년과 청년(어린이보다 추상성(abstraction)을 더 견딜 수 있는 사람)에게 사회 기술을 가르치는 데 도움이 되는 또 다른 클리닉 기반 치료 모델은 인지 행동 치료입니다. 이것은 원래 우울증 환자를 도우려고 개발되었습니다. 우울증 환자는 종종 자신에게 몹시 비판적이며 비관적이고 중립적 사건을 부정적인 시각으로 해석할 확률이 높습니다("잔이 반이나 남았다고 생각하지 않고, 반이나 비었다"고 생각하는 사람). 이 치료법은 치료받는 사람에게 생각이 감정에 어떻게 영향을 미치는지와 부정적 "혼잣말"이 슬픔이나 우울 감정과 어떻게 관련이 있는지(심지어 원인이 되는지)를 보여줍니다. 인지 행동 치료 모델에서 치료 방법은 긍정적인 혼잣말을 배우고, 부정적인 생각을 긍정적인 것으로 바꾸고, 자신과 세상에 대한 새로운 사고방식을 배우는 것입니다. 인지 행동 치료는 과학적으로 효과가 있는 것으로 밝혀졌고, 우울증이나 불안증을 비롯한 심리 장애 치료에 널리 쓰입니다.

인지 행동 치료는 사람들이 자기 행동의 원인과 결과뿐 아니라, 행동에 수반하는 감정과 생각에 집중하도록 돕습니다. 고기능 ASD인 사람과 인지 행동 치료가 관련이 있다는 것은 이미 밝혀졌습니다. ASD인 사람은 종종 환경에서 사회적 단서를 정확하게 읽어내는 데 어려움을 겪습니다. 따라서 이상하거나 예기치 않은 행동을 하게 됩니다. 그들은 종종 자신의 감정을 이해하고 비슷한 감정을 구분하는 데 어려움을 겪습니다. 예를 들어 일부 ASD인 사람은 "기분 나쁘다"고 말할 수 있지만, 슬프거나 화가 났는지 확신할 수 없습니다. 또 자신이 얼마나 "기분 나쁜지"(격노했는지, 살짝 짜증이 났는지) 가늠할 수 없습니다, 그 결과 대체로 혼란스러워하며, 왜 그렇게 느끼는지 잘 모릅니다. 또 그들은 종종 자기 행동의 결과를 제대로 이해하지 못합니다. 따라서 인지 행동 접근이 ASD인 사람에게 어느 정도 도움이 될 수 있습니다.

ASD인 열다섯 살 Josh는 치료 그룹에 와서 학교에서 퇴학당해서 기분 나쁜 한 주를 보냈다고 발표했습니다. 어찌 된 상황인지 묻자, 그는 다른 소년의 머리를 식수대로 밀어 넣었다고 간단히 대답했습니다. 다른 설명은 나오지 않았고, Josh는 일어난 일을 의아해하는 것처럼 보였습니다. Josh와 다른 그룹 구성원이 상황과 반응, 결과의 연결고리를 이해하도록 도우려고 인지 행동 모델이 사용되었습니다. 그룹 리더는 Josh 상황의 네 가지 측면, 즉 누가, 무엇을, 언제, 어디서 했는지의 중요성을 강조했습니다. Josh는 간단한 설명으로 시작했습니다. "이 아이는 학교에서 나를 화나게 만들었어요." 서면 목록의 구조적 도움을 받아 Josh는 결국 상황의 많은 특정 사항들인, 관련한 소년에 관한 세부 사항과 그가 했던 일(그가 Josh를 "뚱뚱보"라고 불렀음), 사건이 일어난 시각, 사건이 일어난 정확한 위치를 설명할 수 있었습니다. 그런 다음에 치료 그룹은 Josh 반응의 세 가지 측면, 즉 감정과 행동, 생각(또는 혼잣말)을 살펴보았습니다. Josh는 소년의 머리를 식수대로 밀어 넣는 자신의 행동을 쉽게 알 수 있었지만, 그의 감정(수치심, 당혹감, 분노)과 특히 혼잣말은 잘 보지 못했습니다. 그룹은 Josh 반응의 단기와 장기 결과를 논의했습니다. Josh는 한 가지 결과(퇴학)는 분명히 이해했지만, 행동의 다른 결과는 잘 인식하지 못하는 것으로 보였습니다(예: 다른 소년이 다쳤고, Josh의 극단적 반응 때문에 앞으로 다시 놀림을 당할 수 있음). 인지 행동 모델을 사용하여 Josh가 상황을 이해하게 하자, 미래에 이런 일이 재발할 것을 예방하는 능력이 크게 향상되었습니다. 또 치료 그룹은 Josh의 반응을 바꾸는 방법도 다루었습니다. 더 긍정적인 혼잣말로 대체하고, 이완 기법을 사용하고, 놀림당할 때 교사에게 알리는 것 등입니다.

그룹이나 개인 치료 형식으로 제공하는 인지 행동 치료는 ASD 청소년과 성인에게 도움이 될 것입니다. 이것은 이런 사람에게 기분과 불안 문제가 흔하기 때문만은 아닙니다. 이 치료 모델은 ASD인 사람에게서 연결하기 어렵던 상황과 반응, 결과, 개념 사이의 명시적인 연결을 만들기 때문입니다. 인지 행동 치료는 다른 형태의 심리 치료보다 구체적이고 구조화된 것입니다. 이것은 다른 치료 모델보다 통찰과 판단력에 덜 의존합니다. 대신 실제적인 문제 해결에 초점을 맞추어 치료를 "자폐증과 친화적(autism-friendly)"으로 만듭니다. 하지만 인지 행동적 접근법은 ASD 어린이 대부분에게는 너무 복잡합니다. 따라서 이러한 치료법을 시도하는 것은 추상적 사고력(abstraction)이 성숙하는 청소년기와 성인기가 될 때까지 기다려야 합니다.

8.2.2 클리닉 밖에서의 사회 기술 교육 전략

Strategies for Teaching Social Skills Outside the Clinic

앞에서 우리는 집단 환경에서 사회성의 문제를 다루는 것이 중요하다고 말했습니다. 사회성의 문제는 대개 집단에서 일어납니다. 따라서 집단은 자녀가 사회적 행동을 연습해야 하는 곳입니다. 또 우리는 틈날 때마다 집에서 자녀에게 최근에 생기는 사회적 능력을 연습시키고 지지하라고 권합니다. 사회 기술 훈련을 일주일에 한 시간 클리닉에서만 해서는 원하는 결과가 잘 나오지 않습니다. 우리는 앞으로 다양한 설정에서 누구나 사용할 수 있는, 사회 기술을 연습하는 다양한 자료(resources)와 기법을 설명합니다. 이들 기법은 자녀가 클리닉이나 학교처럼 훈련된 전문가와 함께 있지 않을 때도 사회적 행동을 하는 능력을 키우도록 도울 것입니다. 당신은 이 일의 핵심 주체(key player)입니다. 다음과 같은 접근 방법이 구현되는 데는 전문적인 학위가 필요 없습니다. 단지 시도하는 데 관심이 있고, 기꺼이 계속 시도하려 하고, 유연성과 유머 감각이 있으면 됩니다. 한 번에 한 가지 개입을 시작하는 것이 좋습니다. 그래야 당신이 그것의 성공을 모니터링하고, 목표 행동에 변화가 일어났는지(또 왜 일어났는지)를 알 것입니다. 언제나 그렇듯 기술 습득 속도를 높이고 일반화할 확률을 높이려면, 설정을 통해 개입하는 것이 좋습니다. 또 집에서 이러한 중재를 시도할 때 문제가 생겼거나 조언이 필요하면, 경험이 많은 ASD 전문가에게 도움을 구하십시오.

8.2.2.1 피드백과 모델링 Feedback and Modeling

부모와 형제는 ASD 어린이에게 소중한 역할 모델이 될 수 있습니다. 하지만 이것이 효과가 있으려면, 당신이 모델링하는 기술과 그것이 자녀의 주의를 끄는 방식이 명시적이고 구체적이어야 합니다. 이것은 다양한 방법으로 할 수 있습니다. 하지만 가장 강력한 방법은 상호 작용을 촬영하여 나중에 검토하는 것입니다. 대부분 어린이가 이 방법을 좋아합니다. 어린이는 자신의 영화에서 "주인공"이 되는 걸 좋아합니다. 또 이러면 "실시간"으로 화살표 신호(pointer)를 제공할 수 있습니다. 나중에 그 상황을 재구성하려고 노력하는 것보다, 바로 그 순간 동영상을 멈추고 문제를 강조하거나 제안하는 것이 더 효과적인 전략입니다. 에너지를 효율적으로 쓰십시오(Choose your battles). 먼저 당신이 강조하려는 기술이 무엇인지 결정하십시오(예: 시선 접촉, 교대로 대화하기, 적절한 대화 주제, 놀이하는 동안 공유하기). 또 특정한 기술에 당신의 언급을 집중하십시오. 자녀가 잘하는(괜찮은 정도라도) 일은 꼭 칭찬하십시오. 또 자녀가 향상시킬 행동으로 부드럽게 안내하십시오. 실수에 집중하거나 "~를 하지 말라(don' t)"는 말을 많이 하는 대신, 자녀가 향상할 수 있는 것의 예를 들며 제안을 긍정 화법으로 하려고 노력하십시오. 때로는 비슷한 상호 작용에 참여하는 형제나 또래를 촬영하면 도움이 됩니다. 그 아이들이 잘한 일을 지적하십시오("내가 Amanda에게 말하는 동안, Amanda가 내 눈을 똑바로 보고, 끄덕이는 게 보이지?"). 이 행동이 이루어져야 할 방식에 명시적으로 자녀의 주의를 끌려는 뜻입니다. 또 정상 어린이의 상호 작용에서 원활하게 진행되지 않는 것도 지적하십시오. 그러면 ASD인 자녀가 부당하게 자신이 지목되었다거나 비판받는다고 느끼지 않을 것입니다.

부모와 형제는 숙제나 피아노 연습을 하는 시간을 두는 것처럼, 날마다 집에서 대화 기술을 연습할 시간을 두어야 합니다. 이것은 당신과 자녀가 구조화한 방식으로 날마다 10분 동안 이야기하는 것일 수 있습니다. 당신은 미리 이야기 주제를 적어 두고, 주제를 유지할 것을 권하고, 이야기가 더 선호하는 주제로 흐르지 않게 하고, 자녀가 미리 몇 가지 아이디어를 만들어 내도록 도와야 합니다. 마분지 화살표나 회전 포인터(spinner) 같은 것으로 이야기 순서를 나타내거나, 제안된 질문이나 언급이 있는 대본 같은 시각적 교구를 사용할 수도 있습니다. 또 방금 설명한 대로 나중에 검토하고 연습하려고 대화를 촬영할 수도 있습니다.

자녀가 자발적으로 당신과 공유하려는 사적인 정보가 무척 적어 당신은 이미 여러 번 좌절했을지도 모릅니다. 따라서 당신이 개인 정보를 지나치게 공유하는 것을 조심해야 한다는 말이 모순처럼 보일 수도 있습니다. 많은 ASD 어린이는 공유하기로 결정할 때, 어디서 선을 긋고 자신과 주위 사람에게 어색한 상황을 만드는 것을 끝내야 하는지 모릅니다. 고기능 ASD인 한 젊은 여성은 자신이 반 친구에게 이성적 매력을 느끼는 것이 아닌지 궁금했습니다. 그래서 그녀는 점심시간에 구내식당에서 갑자기 큰 소리로 이것에 관해 말하기 시작했습니다. 많은 반 친구가 그녀의 이런 갑작스럽고 지나친 공개를 불편하게 느꼈고, 그녀를 피하기 시작했습니다. 이러한 상황을 예방하는 한 가지 방법은 자녀에게 아주 명시적인 피드백을 제공하는 것입니다. 대부분의 ASD 어린이와 십대는 자기 행동에 대한 다른 사람의 미묘한 의견을 알아차리지 못합니다. 따라서 자녀에게 적절히 공유할 만한 주제를 규정할 때는 명시적이어야 합니다. 목록을 적는 형태가 좋을 것입니다. 자녀가 자신의 말에 다른 사람이 관심 없어 하거나 불편해한다는 것을 보여주는 몇 가지 몸짓을 인지하게 가르치십시오. 예를 들면 놀라는 모습이나 주제를 바꾸려는 시도, 얼굴 붉힘 등입니다. 그런 다음에 자녀가 적절한 대화 주제로 되돌아가도록 하십시오.

8.2.2.2 **동호회나 활동, 놀이 약속을 최대한 활용하는 방법**

How to Get the Most Out of Clubs, Activities, and Play Dates

자녀를 다른 어린이와 함께 두는 것만으로는 자녀의 사회성 문제를 해결할 수 없습니다. 우리가 이곳에서 하는 제안은 자녀를 또래에게 노출하는 과외 활동에 단지 등록하는 것을 뛰어넘는 것입니다. 스카우트 같은 사회적 집단이 도움이 될 수 있지만, 보통 이러한 상황을 도움이 되게 만들려면 명시적인 구조화와 구체적 개입이 있어야 합니다. 자녀의 관심사와 재능을 중심으로 하는 사회 집단 활동을 선택하는 것과 그 경험을 자녀의 마음에 들게 만드는 것과 마음이 맞아서(like-minded) 자녀를 더 받아들이고 인정할 것 같은 사람과 접하게 하는 것이 좋습니다. 많은 지역 사회에는 자녀의 관심을 끌 컴퓨터나 독서, 과학 동아리가 있습니다. 해당 지역에 대학이 있으면, 비슷한 주제(theme)를 중심으로 하는 청소년 프로그램이 있는지 문의하십시오.

연극 동아리도 ASD 어린이에게 도움이 될 수 있습니다. 당신 자녀가 처음에는 남의 시선을 의식하거나 그런 집단에 참여하는 것을 꺼릴지도 모릅니다. 하지만 이런 집단에 참여하면 혜택이 상당할 수 있습니다. 연기란 결국 특정 사회적 상황에서 무엇을 말하고, 어떻게 행동하고, 어떻게 목소리를 내고, 어떤 표정을 지을지 지시받는 것입니다. 우리는 몇 명의 고기능 ASD 어린이가 연극 동아리에서 성장해 나가는 것을 보았습니다.

상황이 적절하게 구조화하면 부모는 "또래 놀이 만남(play date)"으로 ASD인 어린 자녀를 이끌고, 만남을 성공적인 학습 경험으로 만들 수 있습니다. 하지만 다른 어린이에게 놀러 오라고 초대하는 것으로는 부족합니다. 자녀와 친구가 함께할 활동을 선택하는 것이 중요합니다. 그들 스스로 어떤 상호적인 것을 생각해 낼 것으로 믿지 마십시오. 많은 어린이가 전체 시간 동안 나란히 앉아 비디오 게임을 합니다. 보드게임 하기, 간단한 레시피로 요리하기, 예술 작업하기 같은 상호 작용을 요구하는 활동을 하게 하십시오. 한 아이에게는 밀가루를 주고 다른 아이에게는 계량컵을 주거나, 한 아이가 다른 아이를 위해 쿠키를 장식하는 것처럼 명시적인 사회적 기회를 만드십시오. 이런 과정으로 자녀는 요청과 공유, 교대로 하기, 관점 취하기를 연습할 기회를 가집니다. 두 참가자가 모두 이런 활동을 좋아하는지 확인하십시오. 또 자녀가 먼저 당신이나 형제와 게임을 하거나 요리를 만들어, 필요한 행동을 수행하는 방법을 미리 알도록 하십시오. 놀이 만남을 어떤 게임의 규칙을 배우는 것으로 만들지 마십시오. 놀이 만남의 목표를 사회적이고 순수하며 단순하게 하십시오. 즉, 자녀가 지금까지 익힌 기술을 또래와 함께 사용하게 하십시오. 대부분의 상호 작용 동안 당신이 참석해야 할 수도 있습니다. 그래서 교대로 하기와 공유하기, 협상하기 등을 두 아이에게 촉구하고 상기시켜야 합니다. 심지어 당신은 시각적 보조물을 사용하여 상호 작용을 구조화하면 도움이 된다는 걸 발견할 것입니다(예: 차례를 나타내는 회전 화살표(spinner), 모든 재료 그림이 있는 조리법, 게임 규칙의 서면 목록). 당신의 목표는 아이들이 어른 도움 없이 함께 놀 수 있을 때까지 당신의 개입과 감독을 줄이는 것입니다. 이렇게 되기까지는 시간이 걸릴 것입니다. 하지만 단순히 또래를 집에 초대하는 것보다 당신이 먼저 구조를 제공하면, 그렇게 될 확률이 높아질 것입니다.

평범하게 발달하는 아이들을 포함하여 어린이 대부분은 성공적인 놀이 만남을 하려면 많은 구조가 필요합니다. 사소한 말다툼을 극복하고 다른 사람과 공유하고, 다른 사람에게 맞추는(accommodate) 능력은 어린이의 사회적 발달에서 핵심이 되는 부분(part and parcel)입니다.

8.2.2.3 사회적 대본 Social Scripts

사회적 대본은 흔한 사회적 상황에서 무엇을 말하고 어떻게 행동할지를 글로 적어 상기하게 하는 말이나 지침에 불과합니다. 당신은 이런 대본을 사용하는 것을 의식하지 못하겠지만, 우리 대부분에게는 특정한 사회적 상황에서 사용할 다양한 사회적 대본의 레퍼토리가 있습니다. 예를 들어 우리는 새로운 사람을 만날 때 해야 할 행동과 말을 압니다. 우리는 손을 내밀고, 인사하고, 자신을 소개하고, 다른 사람의 이름을 물을 것입니다. 또 우리 대부분에게는 식당에서 음식을 주문할 때와 전화에 응답할 때 사용하는 일관된 사회적 대본이 있습니다. 그런데 ASD인 사람은 대개 그런 사회적 대본을 만들지 않았거나, 그것에 접근할 수 없습니다. 따라서 고기능 ASD인 사람 대부분의 배우는 방식에 적합한 형식으로(예를 들어 쓰인 단서나 다른 시각적 구조를 사용하여) 이러한 대본을 제공하는 것은 커다란 도움이 됩니다. 보통 기억력이 뛰어난 ASD 어린이는 대본의 요소를 잘 기억할 것입니다. 따라서 나중에는 글로 쓴 지침이 필요 없게 됩니다. 대본은 작성하기가 어렵지 않습니다. 당신이 자녀의 입장이 되고, 당신이(또는 자녀가) 그 상황에서 말하거나 행동할 것을 적는 것 이상이 필요하지 않습니다.

Clint는 직장에서 알게 된 여성에게 자신이 다니는 교회에서 열리는 무도회에 함께 가자고 요청하고 싶었습니다. 하지만 그녀에게 전화하는 것을 몹시 불안해했습니다. Clint의 아버지는 자신도 청년이었을 때 여성에게 데이트하자고 전화하기가 어려웠던 것을 기억하고, 그에게 말해야 할 중요한 것을 요약한 "전화 대본"을 사용하자고 제안했습니다. Clint는 조심스럽게 동의했습니다. 아버지는 다음과 같은 대본을 만들었습니다.

"여보세요, Cindy 좀 바꿔 주시겠어요?"
"안녕, Cindy, 나는 Clint에요, 같은 직장 다녀요." (그녀가 네가 누군지 확실히 알 때까지 잠시 멈출 것)
"잠시 통화할 수 있을까요?"
"아니요"라면: "언제 다시 통화할 수 있을까요?" (대답을 위해 잠시 멈출 것) "좋아요, 내일 직장에서 봐요. 안녕."
"예"라면: "이번 토요일 저녁에 내가 다니는 교회에서 무도회가 있어요. 당신이 시간이 나는지, 가고 싶을지 궁금해요."
"아니요"라면: "아쉽네요. 다음 주말에 다른 것을 하는 건 어때요? 영화 같은?"
"예"라면: "좋아요. 우리 아빠가 우리를 태워줄 거에요. 우리가 저녁 7시에 당신을 데리러 갈게요. 주소가 어떻게 돼요?"

당신이 어린이나 청소년 자녀에게 제공할 대본에는 확실히 알아듣지 못했다는 것(uncertainty)을 나타내기, 도움을 청하기, 상점에서 물건 사기가 있을 수 있습니다. 자녀가 밖에서 대본을 사용할 것을 기대하기 전에 자녀와 함께 대본을 몇 번 연습해야 합니다. 다시 말하지만 대본으로 된 상호 작용을 촬영하고 검토하면 커다란 도움이 될 것입니다.

8.2.2.4 사회성 이야기 Social Stories

6장에서 말한 사회성 이야기는 사회적 상황에 관한 정보를 나타내는 쓰인(때로는 그려진) 이야기입니다. 이것은 Michigan 공립학교 시스템의 교육 컨설턴트인 Carol Gray가 개발했습니다(자세한 내용은 책 뒷부분 자료들(Resources) 참고). 이것이 사회적 대본과 다른 점은 훨씬 덜 지시적이라는 것입니다. 무엇을 하고 말해야 하는지 가르쳐주는 대신, 단지 사회적 상황에 대한 중요한 정보를 제공합니다. 즉, 특정한 사회적 단서와 다른 사람의 동기 및 기대를 강조합니다. 가장 중요한 것은 사회성 이야기가 자녀에게 행하고 말해야 하는 까닭을 제공한다는 사실입니다. Carol Gray는 다음 예로 타당한 까닭이 왜 필요한지를 설명합니다. 누군가 우리에게 구석에서 머리를 땅에 대고 물구나무서기를 하라고 하면, 우리는 거절하거나 (그 사람이 독촉하고 우리를 쳐다보는 동안) 한 번만 하고 다시는 하지 않을 겁니다. 왜일까요? 그 상황에서 그 행동을 이해하기 어려운 탓입니다. 우리의 ASD인 자녀도 마찬가지입니다. 우리가 행하거나 말하라고 가르치는 것이 그들에게는 완전히 이질적(alien)인 것일 수 있습니다. 따라서 자녀가 꼬박꼬박(regularly) 사회적 행동을 사용하기를 원하면, 그렇게 행동해야 하는 까닭을 알려주는 것은 우리의 의무입니다. Carol Gray는(다른 많은 연구자도) 실제로 사회적 행동의 "까닭(why)"을 이해하지 못하는 것이 ASD와 관련한 많은 어려움의 핵심이라고 했습니다.

Carol Gray는 효과적인 사회성 이야기를 작성하도록 돕는 몇 가지 구체적인 규칙을 설명했습니다. 예를 들면 지시문(어린이에게 무엇을 하고, 무엇을 말할지 가르치는)보다 정보를 제공하는 문장(사회적 단서를 설명하거나 까닭을 제공하는)이 많아야 합니다. 또 지시문은 긍정문으로 말해야 합니다("그것을 하지 마라"보다 "이것을 해라"). 이 장에서 사회성 이야기를 쓰는 구체적인 지침을 모두 설명하지는 않습니다. 부모들이 널리 사용하고 고안하기 어렵지 않은 이런 이야기에 관심이 있으면, 책 뒷부분에 있는 자료들(Resources)을 참고하십시오. 다음은 한 어린이가 학교 식당(cafeteria)에서 적절하게 행동하도록 도운 사회성 이야기의 예입니다.

고기능 ASD인 아홉 살 Tracy는 점심 식사 상황의 여러 측면에서 어려움을 겪었습니다. 그녀는 줄 서 기다리는 것을 좋아하지 않았고, 디저트만 먹고 싶었습니다. 그녀는 점심 카드에 펀치 구멍이 뚫렸을 때 울면서 성질을 부렸습니다. 그녀 부모가 작성한 사회성 이야기는 그녀가 왜 이 일을 해야 하는지 이해하도록 도왔습니다. 또 그것은 그녀에게 따를 수 있는 분명하고 구체적인 규칙을 주었습니다. 그녀의 교사는 그 사회성 이야기에서 글머리 기호(bulleted) 항목을 별도의 종이에 넣었고, 각 페이지를 설명하는 그림을 Tracy가 그리게 했습니다. 또 그것을 점심 식판 위로 들고 다니게 했습니다. 이런 개입은 카페테리아에서 Tracy가 행동을 바꾸도록 도왔습니다. 곧바로 그녀의 성질부리기가 극적으로 줄었습니다. Tracy의 부모는 다른 많은 곤란한 사회적 상황에서 그녀가 행동하는 방법을 이해하게 하려고 사회성 이야기를 만들기 시작했습니다. 여기에는 아기 남동생에게 친절하기, 샤워하기, 식사 시간 일과(routine)를 따르기, 유대교 회당에서 조용히 앉아 있기, 쇼핑몰에서 에스컬레이터를 타기가 포함되었습니다.

학교 카페테리아에서 식사하기

- 점심시간이 되면, 담임 선생님이 반 학생에게 식당에 갈 시간이라고 알려준다.
- 나는 다른 아이들과 함께 식당으로 걸어간다. 나는 천천히 걸으려고 노력한다.
- 음식을 먹으려면 줄을 서서 기다려야 한다. 나는 점심을 먹으려고 내 차례를 기다린다. 차례를 기다리는 것은 중요하다. 내가 다른 아이를 밀치고 앞지르면, 그들이 나를 좋아하지 않는다. 나는 다른 아이들이 나를 좋아하기를 원한다.

- 판매대 뒤에 있는 여성은 아주 친절하다. 그녀는 내게 무엇을 원하는지 묻는다. 나는 메인 코스, 채소, 디저트, 음료를 선택한다. 나는 이 음식을 가리키고, 그녀는 그것을 내 식판에 놓는다.
- 나는 디저트를 한 개만 먹을 수 있다. 디저트를 많이 먹으면 나는 아플 수 있다.
- 나는 점심 식사를 도와준 여성에게 "감사합니다."라고 말한다.
- 내 식판을 줄 끝까지 밀고 가, 계산대에 있는 사람에게 점심 카드를 준다. 그녀는 그것에 펀치 구멍을 낸다. 이 구멍은 그들에게 내가 점심값을 냈다고 알려준다.
- 나는 식판을 내 테이블로 가져가 수잔, 제인과 함께 먹는다.

사회성 이야기는 사회적 행동에 합당한 까닭을 제공할 뿐 아니라, 시각적으로도 아주 구조화한 것이라 커다란 도움이 됩니다. 사회성 이야기는 쓰인 결과물(product)로 제공되어, 어린이가 교실에서 적절한 사회적 행동(손들기, 줄 서 기다리기, 수업 일정의 변화를 다루기 등)을 상기하려 할 때 언제든지 참고할 수 있습니다. 사회성 이야기는 인덱스카드에 쓸 수도 있고, 어린이의 책상에 테이프로 붙일 수도 있습니다. 많은 어린이가 노트북 컴퓨터나 태블릿에 정리된(organized) 그들의 사회성 이야기를 보관합니다. 어린이는 사회성 이야기를 가족과 여러 번 되풀이해 읽는 것을 좋아합니다. 또 사회성 이야기가 더는 필요하지 않은 것을 자신이 발전했다는 증거로 보관하는 것을 좋아합니다.

8.2.2.5 생활을 서술하기 Narrating Life

사회성 이야기의 목표는 자녀에게 사회적 단서를 설명하고, 특정한 사회적 행동이 합당하고 중요하다는 걸 보여주는 것입니다. 이 목표를 달성하는 다른 방법이 있습니다. 그 가운데 하나는 UCLA에서 ASD인 사람을 전문적으로 돕는 사회 복지사인 Linda Andron이 개발한 "생활을 내레이션하기(narrating life)" 기법입니다. Kansas대학 Medical Center의 Brenda

Smith Myles 교수는 이 접근법을 "혼잣말하기(thinking out loud)"라고 부릅니다. 이 기법은 이름에서 알 수 있듯이, 당신의 행동과 사고 과정을 중계방송하듯 논평하는 것과 관련이 있습니다. 예를 들어 당신이 무엇을 하는지, 왜 그것을 하는지, 당신이 어떻게 결정했는지, 다른 행동 대신에 그 행동을 왜 선택했는지, 당신이 알아차린 단서가 무엇인지를 말로 설명합니다. 이 기법은 사회성 이야기와 상당히 비슷합니다. 하지만 시각적이지 않고, 구체적인 결과물도 없습니다. 일부 어린이에게는 이것이 덜 유용하겠지만, 믿을 수 없을 만큼 쉽게 구현할 수 있고 언제 어디서나 할 수 있는 장점이 있습니다.

Seth의 엄마가 식료품 가게에 갔을 때, 물건을 고르고 사는 모든 단계를 수행하며 Seth에게 큰 소리로 말했습니다. 그녀는 한 수프 브랜드를 선택하며 "나는 오늘 이 브랜드를 살 생각이야. 우리는 너무 오랫동안 한 브랜드를 먹었어. 나는 우리가 그것에 질렸다고 생각해. 게다가 이 제품은 세일 중이야."라고 말했습니다. 그녀는 특별한 물건을 찾으며 큰 소리로 말했습니다. "내가 무언가를 찾을 수 없으면, 나는 여기서 일하는 사람에게 물어본다. 보통은 명찰을 달았는지 보면 상점 직원인지 알 수 있어." Seth의 엄마는 계산대 줄 가운데 하나를 선택하며 말했습니다. "이 계산원은 계산이 빨라 보이고, 줄도 꽤 짧아. 또 손님 모두에게 미소 짓는 것을 보니 친근한 사람 같구나." 그들이 줄을 서서 기다릴 때, 엄마는 Seth에게 말했습니다. "때로는 긴 줄에 서서 기다리는 것이 어려워. 하지만 다른 사람을 밀치며 앞지르는 것은 무례한 일이고, 그렇게 하면 다른 사람이 나에게 화낼 거야. 또 기다리면 나에게 계산대 옆에 있는 잡지를 볼 기회가 생긴단다." 그녀는 지갑을 열며 말했습니다. "우리가 떠나기 전에 나는 이것들의 값을 치러야 해. 내게 충분한 현금이 없으면, 체크 카드나 신용 카드를 쓸 수 있다." 그들이 함께 식료품 가게를 나간 다음에, 엄마는 Seth에게 말했습니다. "그 계산원은 분명히 친절했어. 나는 항상 계산원과 잡담하는 것을 좋아해. 할 말이 떠오르지 않으면, 나는 날씨를 언급한단다."

8.2.2.6 친구 관계 파일 Friendship Files

'아스퍼거 증후군(The Complete Guide to Asperger' s Syndrome)' 의 저자인 Tony Attwood는 자녀가 또래에 관한 정보가 담긴 인덱스카드를 만들도록 부모가 도우라고 말합니다. 이런 형태(format)로 다른 아이들의 속성과 관심사, 좋아하는 활동에 관한 정보를 지니면, 자녀가 정보를 더 쉽게 회상하고, 더 구체적인 방식으로 상호 작용을 준비할 수 있습니다. 자녀가 카드를 사용하여 다음과 같은 일을 하도록 도우십시오.

- 적절한 대화 주제를 선택하기
- 다른 사람을 칭찬하기(다른 사람의 속성을 미리 알아서)
- 또래가 좋아할 활동을 선택하기

따라서 친구 관계 파일은 친구 관계를 증진할 뿐만 아니라 다른 사람의 관심사에 자신을 맞추고, 파트너에 맞춰 상호 작용을 조정하는 것 같은 관점 취하기라는 중요한 기술을 가르칩니다.

8.2.2.7 또래 코치 Peer Coaching

사회 기술을 가르치는 데 사용할 아주 다른 유형의 전략으로 또래 중재(mediation)가 있습니다. 이것은 같은 연령대의 "평범한(typical)" 아이들(ASD가 아닌)이 ASD인 어린이 또는 십대와 자연스러운 환경에서 상호 작용하는 것입니다. 가깝게 배치하는 것만으로는 충분하지 않습니다(이미 학교에서도 이렇게 하지만, 여전히 자녀는 사회성의 어려움을 겪습니다). 또래 중재에서는 평범한 또래가 어떻게 상호 작용을 시작하고, 사회적 반응을 촉구하고, 피드백을 주고, ASD 어린이를 강화하는지를 명시적으로 배웁니다. 또 평범한 또래에게 ASD 어린이와 상호 작용할 때 필요한 몇 가지 간단한 지침을 줍니다. 이 지침은 ASD인 어린이와 가까이 머무르고, 그들의 활동에 참여하고, 말을 건네고, 사소한 상호적 행동에도 그들을 칭찬하고, 끈기를 가지는 것입니다. ASD에 관한 일반 정보를 평범한 또래와 공유할 수도 있습니다. 또 평범한 또래에게 역할 놀이로 일어날 수 있는 상황(예: ASD 어린이가 또래를 무시하거나, 파충류 이야기를 계속하는 경우)을 알려, 이런 일이 일어났을 때 소통하도록 돕습니다. 한편 이런 일을 가르쳐준 성인은 치료자로서 행동하지 않고, ASD 어린이와 직접 상호 작용하지도 않습니다. 대신 또래가 ASD인 어린이와 함께 행동하고 상호 작용합니다. 치료자는 필요할 때 ASD 어린이를 지지하고 격려하고 보호하려고 남아 있지만, 평범한 또래를 통해 치료를 전달하려고 노력합니다. 치료자는 사실상 자신을 제거하며 "중개인(middle man)" 역할을 합니다. 또래 중재(mediated) 개입이 자주 일어나는 곳은 학교이지만, 클리닉이나 지역 사회 환경에서도 구현될 수 있습니다. 심지어 가정에서도 이런 개입이 이루어지도록 조정되었습니다(다음 내용 참고). 연구 결과는 또래 중재 접근에 분명한 이점이 있다고 말합니다.

한 연구에서는 유치원 교실에서 또래 개입이 있은 다음에 무언가를 요청하기나 다른 어린이의 관심을 얻기, 차례 기다리기, 시선 접촉하기가 2~3배 증가한 것으로 나타났습니다. 또 이런 경험을 한 ASD 어린이는 새로운 기술을 다른 설정으로 일반화하고, 시간이 지나도 잘 유지했습니다. 성인 치료자에게 새롭게 배운 사회 기술을 비슷한 연령대의 평범한 또래에게 이전할 필요가 없어졌기 때문일 것입니다.

당신은 학교 당국에 교실에서 어떤 형태의 또래 중재 개입이 이루어지는지 물을 수 있습니다. 또 집에서 사용하려고 이 접근법을 수정할 수 있습니다. 이때 형제나 이웃 어린이가 또래 코치 역할을 합니다. 당신이 이런 방법을 쓰기로 했으면, 미리 "또래"를 준비하고 훈련해야 합니다. 당신은 자녀의 특별하고 별난 점과 사회적 어려움을 잘 압니다. 따라서 또래가 일어날 문제를 대처하도록 준비하고, 문제를 다룰 방법을 역할 놀이하십시오. 또래에게 상호 작용을 안내하는 몇 가지 규칙을 제공하십시오(예: John 근처에 머무르기, John과 놀려고 계속 시도하기, John이 혼잣말할 때 무시하기). 처음에는 구조화한 또래 놀이 만남 섹션에서 설명한 것처럼 상호 작용을 감독하십시오. 그런 다음 뒤로 물러나 아이들끼리 상호 작용하게 하십시오.

8.2.2.8 친구의 원 Circle of Friends

친구가 거의 없는 어린이가 집단의 일부가 되고, 사회적 활동에 포함되도록 도우려고 고안한 활동입니다. 이것은 교실이나 다른 자연스러운 집단 환경(예: 스카우트 캠프나 종교 수업)에서 가장 잘 구현됩니다. 동심원으로 이루어진 사회 "지도"가 만들어지는데, 중심에는 해당 어린이가 있고, 안쪽 원에는 가족이 있고, 다음 원에는 다른 지지자(교사나 치료자, 성직자)가 있고, 바깥쪽 원에는 친구들이 있습니다. 교사는 처음에 교실에서 평범한 몇몇 어린이에 대한 친구의 원(Circle of Friends)을 그릴 수 있습니다. 그런 다음에 교사는 ASD인 어린이를 위한 친구의 원을 그립니다. 바깥 원이 평범한 또래보다 엉성할 것입니다. 어쩌면 비었을지도 모릅니다. 이제 교사는 자원자들에게 ASD 어린이 친구의 원에 머무르라고 요청합니다. 자원자에게는 다양한 과제가 주어집니다. 과제는 ASD 어린이가 학급에 들어올 때 인사하기에서 놀이터에서 ASD 어린이를 놀이에 초대하기, 대화에 초대하기, 점심 식사 때 ASD 어린이과 함께 앉기까지 다양합니다. 친구의 원 프로그램의 성공은 "자원자 친구"를 면밀하게 모니터링하는 것에 달렸습니다. 사전 교육도 필요합니다(또래 코치에서 또래 중재자에게 했던 것처럼 많이). 교육에는 ASD에 관한 기초 정보, ASD 어린이를 참여시키는 데 도움이 되는 조언, 특이한 행동이 일어날 때의 대처 방안, 잠재적인 상황에 대한 역할극이 포함되어야 합니다. 개입이 시작되면, 짧더라도 정기적인(매주) 회의가 필요합니다. 담임 교사나 자료실 교사,

다른 교직원이 자원자를 만나 그 주에 ASD 어린이를 어떻게 도왔는지 듣고, 발생한 문제를 논의하고, 역할 놀이나 다른 방법으로 그 문제를 어떻게 다룰지 알려줘야 합니다.

집에서도 비슷한 개입을 할 수 있습니다. 이때는 이웃 또래가 자원자 친구 역할을 합니다. 학교에서처럼 집에서 친구의 원을 만들 때도 또래와 긴밀히 협력하고, 또래에게 적절한 지도와 후속 조치를 주어야 합니다. 자녀의 친구가 되도록 당신이 선택한 아이들이 기꺼이 열심히 하고, 당신 자녀에 대한 정보로 무장되게 하십시오. 그래야 그들이 성공적일 수 있습니다.

Joseph의 엄마인 Linda는 친한 이웃들과 친구의 원을 조직하기로 했습니다. 그녀는 Joseph와 나이가 비슷한 아이가 있는 세 이웃을 만나 프로그램을 설명하고, 그들의 아이가 Joseph와 놀려고 할지 물어보도록 부탁했습니다. 여덟 살인 두 소년이 Joseph의 친구의 원에 있겠다고 했습니다. 그들이 이미 Joseph를 알았기에, 그의 별난 점도 어느 정도 알았습니다. 하지만 Linda는 그들에게 ASD를 자세히 설명하기로 했습니다. 그녀는 Joseph가 아주 똑똑하다고 강조하고, 그의 타고난 재능과 특별한 기술을 이야기했습니다. 또 Joseph가 때때로 무엇을 이야기할지나 언제 이야기를 멈출지를 아는 데 어려움을 겪는다고 말했습니다. 그녀는 소년들과 함께 이러한 일이 일어났을 때 어떻게 해야 하는지 역할극을 했습니다. 예를 들어 Joseph가 지리학에 관해 이야기하기 시작했을 때, 또래가 "아, 그것 정말로 재미있는데, 너는 혹시 어젯밤 농구 경기를 봤니?"라고 말하도록 했습니다. 그녀는 또래에게 Joseph가 횡설수설하기 시작하면, 둘째손가락을 들어 보이며 "와! 내가 뭘 말해도 돼?"라고 말한 다음에 적절한 방식으로 대화 방향을 바꾸라고 가르쳤습니다. 그녀는 소년마다 특정한 과제를 주었는데, 버스에서 Joseph와 함께 앉기, Joseph와 동네의 막다른 골목에서 함께 자전거 타기, Joseph에게 전화하기였습니다. Linda는 일이 어떻게 되는지, 어떤 문제가 있는지, 소년들이 다룰 방법을 모르는 상황에 직면했는지를 알려고 매주 소년과 엄마들에게 전화했습니다. Linda는 소년들이 Joseph와 함께 있는 걸 진심으로 즐기기를 희망했지만, 그들에게 비디오 가게 상품권이나 피자 가게와 비디오 게임방 야유회 같은 선물을 가끔 주는 것이 도움이 된다고 생각했습니다. 이렇게 하는 것이 Linda에게는 작지 않은 일이었지만, 또래에게 오는 전화를 받거나 또래에게 함께 자전거를 타자는 요청을 받을 때 Joseph 얼굴에 번지는 즐거움을 보면 그럴만한 가치가 있었습니다.

8.3 자녀의 감정을 다루는 능력을 향상시키는 전략
STRATEGIES TO IMPROVE YOUR CHILD'S ABILITY TO HANDLE EMOTION

아동기의 주요 과제 가운데 하나는 감정 반응을 조절하는 방법을 배우는 것입니다. 많은 ASD 어린이가 감정적 자기 조절 과정 발달이 늦습니다. 따라서 그들이 강한 감정을 적절히 다루는 것을 배우려면 추가 도움이 필요합니다. 예를 들어 대부분의 걸음마기 어린이와 많은 미취학 어린이는 좌절을 겪거나 마음대로 되지 않으면 성질을 냅니다. 하지만 초등학교에 입학할 무렵에는 평범하게 발달하는 어린이는 대체로 성질부리는 일이 아주 적거나 없습니다. 반면에 고기능 ASD 어린이는 나이가 들어도, 심지어 청소년이 되어도 성질부리는 일을 계속할 수 있습니다. 감정을 어떻게 조절하는지를 아직 배우지 못했기 때문입니다. 이런 행동은 사회적으로 어울리는 것을 방해하고, 사회적 거절과 고립의 원인이 될 수 있습니다.

감정 조절의 한 가지 중요한 측면은 몸의 내부 상태와 감정적 흥분을 나타내는 신호를 알아차리는 것입니다. 예를 들어 어떤 사람은 좌절을 느끼면 근육이 긴장합니다. 얼굴에 뜨거운 피가 쏠리고, 에너지가 급격히 상승하는 것을 느낄 수 있습니다. 많은 ASD 어린이가 이런 감정 흥분의 생리적 효과를 잘 알아차리고 해석하지 못합니다.

Mateo의 형제는 집 근처 게임방에 가는 것을 좋아해, 종종 엄마에게 그곳에 데려가 달라고 졸랐습니다. 엄마는 마음이 아팠습니다. 고기능 ASD인 소년 Mateo가 게임방에 있으면 곤란한 일이 생기기 때문입니다. 그는 처음에는 게임방의 경험을 즐겼습니다. 하지만 번쩍이는 불빛과 소리에 지나치게 사로잡혀, 곧 통제 불능이 되었습니다. 그는 걷잡을 수 없게 낄낄거리고, 거칠게 날뛰고, 다른 어린이를 방해했습니다. 결국 가족 야유회는 슬프게 끝났고, 모두에게 재앙처럼 느껴졌습니다. Mateo의 형제는 다음에는 Mateo를 집에 남겨 두라고 엄마에게 간청했습니다.

ASD 청소년인 Tim은 영재 학생입니다. 하지만 수학 능력이 반 친구보다 훨씬 뛰어난데도 낙제 점수를 몇번 받았습니다. 좌절에 관한 그의 참을성 역치는 지나치게 낮아서, 수업 중이라도 연필을 뾰족하게 갈아야 할 때나 교사의 도움을 빨리 얻을 수 없을 때 자주 감정이 폭발했습니다. 긴장이 신체적 감정 폭발로 그를 압도할 때까지, 그는 몸에서 커지는 긴장을 모니터링할 수 없는 것처럼 보였습니다. 그 순간 그는 책과 서류를 바닥에 던지며 "나는 참을 만큼 참았어!"라고 악을 쓰고, 교실 밖으로 걸어 나갔습니다. 다른 학생은 그를 빤히 쳐다보고, 소곤거리고, 비웃기 시작했습니다.

앞에 있는 두 예는 흥분 수준을 모니터링하지 못하고, 결국 사회적 어려움을 겪는 어린이를 보여줍니다. 자녀가 감정을 조절하는 것을 배우도록 돕는 데 부모가 사용하는 몇 가지 전략이 있습니다. 첫째는 자녀가 말을 사용하여 자신의 감정을 표현하도록 격려합니다. 미취학 어린이는 말로 표현하는 것을 배우는 시기에 성질부리는 일이 급격히 줄어듭니다. 즐거움이나 분노, 슬픔 같은 감정을 경험하는 것을 알아차리게 자녀를 가르치는 것으로 시작하십시오. 그런 다음에 이런 감정 상태에 언어로 라벨을 붙이십시오. 또 자녀가 이런 감정을 말로 표현하도록 격려하십시오(예: "나는 화나요!"). 필요하면 시각적 단서를 제공할 수도 있습니다. 이것은 종이 한 장에 몇 가지 감정을 묘사한 것으로, 자녀가 자신의 감정 상태를 알도록 도우려는 뜻입니다(책 뒷부분에 있는 자료들(Resources)의 "소프트웨어 및 응용 프로그램" 섹션에 더 많은 정보가 있습니다).

자녀가 말이나 그림을 사용하여 감정을 표현한 다음에는 감정을 자극하는 상황에 대처할 방법을 몇 가지 제공하십시오. 먼저 당신이 제안할 수 있는데, 대처 전략의 목록을 줄수도 있습니다. 예를 들어 "네가 좌절을 느끼면, 너는 도움이나 휴식을 요청할 수 있어. 그렇게 하지 않으면 새로운 문제가 생길 수도 있어."라고 말할 수 있습니다. 그런데 결국 당신은 자녀에게 스스로 해결책을 생각해 내라고 요청하기를 원할 것입니다. 당신이 제공한 전략에 자녀가 추가적 대안을 생각하도록 유도하십시오("네가 좌절을 느끼면, 너는 그밖에 무엇을 할 수 있겠니?").

때로는 자녀의 감정 상태가 지나치게 강해서 감정과 그것에 대처할 방법을 논의하기 전에 스스로 진정할 기법이 필요할 것입니다. 이때 종종 도움이 되는 것으로 점진적 이완 기법이 있습니다. 자녀가 등을 기대고 숨을 깊게 쉬며, 발끝부터 머리까지의 근육을 긴장하고(숨을 들이마시며), 이완하는(숨을 내쉬며) 방법을 말로 차근차근 알려줍니다. 자녀가 이런 과정에 편안해지면, 스트레스가 많은 상황에서 사용하도록 몸 전체를 빠르고 미묘하게(subtly) 긴장하고 이완하는 방법을 가르칠 수 있습니다. 이 빠른 이완 기법의 추가적 이점은 그 교육 과정으로 어린이가 긴장과 이완과 관련한 신체 상태를 더 잘 인식하게 된다는 것입니다. 두 번째 진정 전략은 MP3 플레이어나 스마트폰으로 음악 듣기, 껌 씹기, 그림 그리기, 등 부위 마사지하기, 부드러운 담요와 좋아하는 애완동물의 털처럼 위로가 되는 것을 생각하기 같은 이완 활동에 참여하는 것입니다. 덜 직접적인 전략은 자녀에게 자신이 과잉 흥분할 것 같으면, 도움을 요청하거나 그 상황에서 벗어나라고 가르치는 것입니다. 앞에 나온 Tim은 좌절을 경험했을 때, 교사의 허락을 받아 2분 동안 방을 떠나면 좋아졌습니다. 부모와 교사가 어린이가 한숨 돌릴 확실한 공간과 계획과 함께, 어린이가 다른 사람에게 혼자 있을 시간이 필요하다는 것을 알리는 특정한 신호나 "휴식 카드"를 제공하면, 이런 벗어나는 체계(system)를 쉽게 활용하도록 할 수 있습니다. 이 방법을 사용할 수 있다는 걸 알기만 해도, ASD인 자녀에게 도움이 됩니다. 이러한 전략을 조합하여 사용하면 대부분 어린이에서 감정 통제를 배우고 유지하는 효과가 나타날 것입니다.

8.4 놀림과 괴롭힘을 다루기
DEALING WITH TEASING AND BULLYING

많은 ASD 어린이와 십대가 학교에서 놀림과 비하와 괴롭힘(bullied)을 당합니다. Paul Shattuck 박사팀의 최근 연구에서는 ASD 어린이의 거의 절반이 괴롭힘을 당하는 피해자인 것으로 나타났습니다. 앞에서 설명한 또래 중재 접근법은 또래의 수용을 촉진하여, ASD 어린이의 삶에서 흔한 부분일 또래에게 당하는 피해의 빈도를 줄일 수 있습니다. ASD 어린이에게 또래 친구(Peer buddies)가 있다면 점심시간이나 휴식 시간처럼 학교생활의 비구조화 시간에 특히 도움이 됩니다. 괴롭히는 어린이가 그룹의 일부인(둘이서 짝을 지었을 때도) 어린이는 거의 대상으로 삼지 않는다는 것은 널리 알려진 사실입니다. 그들은 혼자 있고 그래서 취약한 어린이를 쫓아다니는 경향이 있습니다.

놀림이나 괴롭힘이 일어날 확률을 줄이는 것으로 알려진 몇 가지 기법이 있습니다. 많은 부분이 또래 중재 프로그램에서 사용한 요소와 비슷한데, 반 친구에게 자폐증에 관한 정보를 제공하고, ASD 어린이와 평범한 또래가 정기적으로 상호 작용하는 기회를 만드는 것이 포함됩니다. 또 도움을 요청하기, 안전한 교사나 장소를 찾아내기, 떠나버리기, 유머를 사용하기 등과 같이 괴롭힘에 맞서는 구체적 기법을 어린이에게 가르치고, 자기주장을 훈련하는 것과 관련이 있는 프로그램도 있습니다. 자녀가 괴롭힘을 당한다는 의심이 들면, 즉시 자녀의 교사와 교장에게 연락하십시오. 가장 중요한 일은 자녀가 보호받는 것입니다. 자녀를 보호한다는 것은 다양한 상황을 다루는 구체적 계획의 개요를 만들고, 학교 주위에 "안전한" 구역을 설치하고, 괴롭힘(harassment)이 일어날 수 있는 덜 구조화한 활동과 상황을 잘 모니터링하는 것을 뜻합니다. 이 책 뒷부분에 있는 자료들(Resources)에는 괴롭힘을 멈추게 하고, 모든 어린이에게 안전한 환경을 만들려고 학교와 학부모가 사용하는 다양한 프로그램이 있습니다. 최근에는 학교 폭력이 자주 일어나(ASD인 학생이 학교 폭력의 가해자인 경우는 아주 드물지만, 괴롭힘이나 놀림 당함은 많은 ASD인 학생과 관련이 있습니다.) 많은 학교가 이미 이런 프로그램을 하고 있습니다. 괴롭힘을 당하는 전형적인 어린이는 대부분 친구나 다른 지지 없이, 불안정하고 불안하며 사회적으로 "표류하고(adrift)" 있습니다. 어린이에게 뭔가 다른 것이 있어 놀림을 당할 수도 있습니다. 당신 자녀도 이런 경우일 것입니다. 앞에서 설명한 학교 기반 해결책에 덧붙여, 당신은 자녀가 자신이 남과 다르다는 것에 자부심을 느끼게 하여 괴롭힘에 대한 저항력을 키우도록 도울 수 있습니다. 자신감 있는 아이는 놀리기 어렵습니다.

ASD인 열 살 Brent는 놀이터에서 조롱을 당했고, 바이러스와 박테리아에 대한 관심으로 "바이러스 소년"이라고 불렸습니다. 놀림을 당하는 장면을 보았던 교사는 Brent가 몸을 돌리고 다음과 같이 말했다고 했습니다. "글쎄, 나는 ASD라서 바이러스를 좋아해. 또 ASD라서 너보다 읽기와 비디오 게임을 훨씬 잘해." Brent는 이전에 우연히 ASD의 이런 특별한 장점을 강조하는 사회 기술 그룹에 등록했습니다. 괴롭히던 학생은 말문이 막혀 떠났습니다.

손을 펄럭거리고, 혼잣말하고, 소음을 내는 것 같은 특이한 행동이 자녀가 놀림을 당하는 주요 원인이면, 당신은 또래 주위에 있거나 공공장소에서 자녀가 이런 행동을 더 인식하고 최소화하도록 도울 수 있습니다. 당신은 자녀를 촬영한 다음에 이런 행동이 일어나는 때를 지적하여, 자녀가 이런 행동을 확실하게 식별하도록 가르칠 수 있습니다. 자녀가 이런 행동을 인식하면, 보상 제도(4장에서 설명한 자기 관리 프로그램과 비슷한)를 도입하여 이런 일이 일어나는 것을 줄일 수 있습니다. 또 이러한 특이한 행동에 특정한 기능이 있는 것으로 보이면(예를 들어 흥분을 표현하거나 지루함을 덜려는 것이라면), 6장에서 설명한 대로 적절한 대체 행동을 가르칠 수 있습니다. 예를 들면 손을 펄럭거리는 대신 손뼉을 치거나, 특이한 소음을 내는 대신 "오, 예!"라고 말하는 것입니다. 한편 자녀와 ASD 진단에 대한 명시적인 토론을 하여, 자녀가 자신이 남과 다른 점, 특히 괴롭힘이 일어날 수 있는 다른 점을 인식하도록 도울 수 있습니다. 부모인 당신은 여건이 허락할 때마다 특별한 장점 같은 긍정적인 측면을 강조하면서, ASD의 기본적 특징에 관해 자녀와 이야기할 수 있습니다. 이러면 이야기가 ASD와 관련한 비정상적인 행동과, 이것이 어떻게 놀림의 위험을 불러올 수 있는지로 이어질 수 있습니다. 사람들의 눈에 띄는 방식을 이야기할 때 고릴라와 홍학의 비유는 커다란 도움이 됩니다. "고릴라"는 공격성과 성질부림 같은 부정적인 행동으로 눈에 띄게 되고, "홍학"은 독특하고 재미있는 면에서 다른 것과 달라 두드러져 보입니다. 자녀가 눈에 띄지 않기를 원하는 행동 범위에서 방금 설명한 기법을 사용하여, 그가 자신을 고릴라나 홍학처럼 만드는 행동을 확인하고 모니터링하는 것을 배우도록 도울 수 있습니다. 또 당신은 자녀와 함께 고기능 ASD인 사람이 쓴 사적인 이야기(예: Temple Grandin의 책)를 읽거나 ASD인 등장인물이 나오는 영화를 보며, 자녀가 ASD의 특징을 분명히 보고 쉽게 식별하도록 할 수 있습니다. 자녀에게 ASD를 소개하는 데 도움이 될 책이 있습니다. Peter Vermeulen의 'I Am Special' 과 Catherine Faherty의 'Asperger ´s: What Does It Mean to Me?' 입니다(자세한 내용은 책 뒷부분 자료들(Resources)을 참고하십시오). 우리는 다음 장에서 자존감과 자기 정체성에 관해 이야기하며, 청소년과 성인에서 일어나는 특정한 일을 다룹니다.

앞일을 내다보며: 청소년기 후반과 성인기에서 고기능 ASD
Looking Ahead: High-Functioning ASD in Late Adolescence and Adulthood

나는 사납게 부는 바람에 용감히 맞섰습니다.
나는 가장 강한 폭풍우에서 살아남았습니다.
나는 날려가며 낙원의 골짜기를 통과했습니다.
나는 흠뻑 젖었습니다.
나는 살아남았습니다.
나는 나일 뿐입니다!
- ASD인 한 청소년

ASD 어린이가 자라며 그와 부모에게는 많은 새로운 도전 과제가 생깁니다. 중학교와 고등학교는 초등학교보다 더 복잡하고 덜 구조화한 교육 환경을 제공합니다. 따라서 ASD 어린이는 교실을 옮겨 다니는 것 같은 빈번한 전환을 경험하고, 더 큰 독립성과 유연성을 계발할 것을 요구받습니다. ASD 어린이가 겪는 조직화와 실행 기능 기술의 어려움(7장에서 다룸)은 완전한 독립생활을 달성하는 것을 특별히 어렵게 할 수 있습니다. 나이가 들면 사회적으로 해야 할 것도 늘어납니다. 초기 청소년기에는 사회적 표준(norm)을 준수하려는 욕구가 최고조에 달하는데, 태어날 때부터 또래와 다른 어린이에게는 이것이 특별히 어려울 수 있습니다. 실제로 많은 ASD 어린이가 이때 자신이 다른 어린이와 얼마나 다른지 처음으로 인식하게 됩니다. 이처럼 해결해야 할 새로운 것이 주어짐과 함께 십대는 더 성숙하게 행동하고, 사회적 관계에서 더 복잡해진 사회적, 감정적 역할을 해내라는 기대가 주어집니다.

9.1 나이 먹는 것에 관한 좋은 소식
THE GOOD NEWS ABOUT GROWING OLDER

다행히도 청소년기와 젊은 성인기에는 긍정적인 면도 있습니다. 이 시기까지 일부 ASD인 사람에게는, 특히 수년 동안 적절한 치료를 받은 사람에게는 사회적 상황을 탐색하는 든든한 도구가 있습니다. 사회적 상호 작용의 "규칙"에 친숙해지는 것은 아동기 동안 다른 사람과 어울리게 하고, 또래에게 부정적인 주목을 덜 받도록 돕습니다. 같은 시기에 ASD인 사람 주위에 있는 평범하게 발달하는 청소년과 젊은 성인은 성숙해지고, 다른 사람의 차이점을 더 수용하게 됩니다. 물론 당신은 그들의 너그러움에 전적으로 의지할 수는 없습니다. 십대 가운데 일부의 잔인함은 잘 알려졌습니다. 부모로서 당신은 8장에 나온 방법으로 놀림이나 괴롭힘을 계속 다루기를 원할 것입니다. 하지만 보통 이 문제는 고등학교 때 줄어들고, 성인기에 아주 낮은 수준으로 떨어집니다.

당신 자녀가 그럴지는 모르지만, 때때로 고등학교 시절에는 별난 점(eccentricity)과 특이함(idiosyncrasy)이 사회적 자산이 될 수 있습니다. Charles를 예로 들겠습니다. 초등학교 시절에 그는 권위에 의문을 제기하고 규칙의 논리에 도전하는 성향으로 그는 자주 교장실에 불려갔습니다. 그는 겉보기에 자의적인 것 같은 규칙이나 숙제에 논쟁을 벌이며, 계속 학급에서 분란을 일으켜 반 친구들을 짜증나게 했고, 자신을 인기 없게 만들었습니다. 하지만 Charles가 고등학생이 되자 권위 있는 인물(authority figure)의 논리적 오류와 그들이 학생에게 기대하는 것이 부당하다고 지적하는 것을 의무라고 생각하는 사람들에게 둘러싸였습니다. Charles는 여전히 또래에게 별나게 보였지만, 학급의 이단아(maverick)로 존경도 조금 받았습니다.

성숙에는 또 다른 이점이 있습니다. 성인기에는 특정한 관심사를 중심으로 사회생활을 배치하고 수행하는 것이 더 받아들여집니다. 많은 평범한 성인이 주로 동료와 어울리는데, 사무실에서 일어난 일이나 그들이 공통으로 다루는 일을 중심으로 대화가 이루어집니다. 이것은 자신의 특별한 관심사를 다루는 것을 직업으로 선택한 ASD인 사람은 익숙하지 않거나 관심이 없는 주제를 말할 기회가 적어지고, 사회 불안이나 불편이 줄어들 수 있다는 뜻입니다. 또 성인은 여가 시간이 부족하여 흔히 동호회나 인터넷 등의 방법으로 관심이 비슷한 사람을 찾습니다. 이런 것도 ASD인 사람이 힘겨워하지 않고 사회생활을 유지하도록 돕습니다. 예를 들어 어린 시절에 또래들은 Ellie가 남북전쟁에 관심을 기울이는 것을 이상하게 여겼습니다. 하지만 어른인 된 그녀는 역사적 전쟁을 재현하는 것을 즐기는 사람들과 활동적이고 성공적인 사회관계(social circle)를 맺습니다. 실제로 그 사람들은 그녀 지식의 폭과 깊이를 존경했습니다.

아마도 ASD 청소년(다른 평범한 십대도)의 성숙 단계에서 가장 중요한 것은 자율성 확대로 자신만의 경험을 만들고, 이것을 바탕으로 자신의 강점과 관심사에 어울리는 "자신에게 꼭 맞는 일(niche)"을 찾는 기회를 얻는 것입니다. ASD인 젊은 여성 Robin은 전체 아동기 동안 다른 사람이 사진에 대한 자신의 관심사를 인정하지 않아 좌절했습니다. 부모와 교사는 계속 그녀가 사진에 매달리는 것을 그만두고 공부하게 하려고 노력했습니다. 또 아이들은 항상 Robin이 사진 기술에 관해 길게 말하는 것을 듣지 않으려고 했습니다. 하지만 고등학교에서 Robin은 사회적 지위와 자존감을 모두 얻었습니다. Robin은 졸업 앨범 스태프로 참여했고, 모든 학생이 그녀의 뷰파인더 안에 조금이라도 들어가려고 쫓아다니는 걸 발견했습니다. Robin의 가족은 그녀의 이런 관심사를 현명하게 활용하여, 그녀가 사진작가의 조수 일자리를 찾도록 도왔습니다.

성숙은 자신의 사회화 수준과 형태를 선택할 자유를 가져다줍니다. 따라서 ASD인 십대와 성인도 아동기 때보다 많은 사회적 옵션을 가집니다. 사회적 성공을 거둔 경험이 있고, 대인 관계 상호 작용이 보람 있다는 것을 발견한 일부 사람은 스스로 사회적 "주류"가 되기를 선택하고, "평범한(typical)" 사회화의 경로를 가기로 선택합니다. 반면에 다른 사람은 여전히 사회적 활동이 그것에서 오는 보람보다 불편합니다. 따라서 이러한 젊은 남녀들은 계속 혼자 하는 활동을 선호할 수 있습니다. 당신이 사회 기술을 수년 동안 가르쳤는데도 자녀가 청소년기에 혼자 사는 경로를 선택하면, 당신은 실패했다고 느낄 수도 있습니다. 또 당신의 궁극적 목표인 자녀가 행복한 성인으로 사는 일이 일어나지 않을 것으로 걱정할 수 있습니다. 이때는 자녀가 가장 편안한 사회화의 수준이 무엇이든, 그것이 그를 행복하게 할 확률이 가장 높은 것이라는 걸 기억하십시오. 부모로서 당신 일(job)은 자녀에게 사회화에 필요한 기술을 제공하며 돕는 것이지만, 이러한 기술을 어떻게 사용할지는 자녀가 결정합니다. 이것은 자폐 스펙트럼이 있는지와 상관없이 모든 사람에게 적용됩니다. 모든 부모는 자신의 눈에 최선인 것과 자녀가 선호하는 것 사이에서 균형을 맞추는 데 어려움을 겪습니다. 대부분 부모는 자녀가 행복하고 생산적인 삶을 살기를 바랍니다. 하지만 행복하고 생산적인 삶에 관한 당신과 자녀의 정의가 일치하지 않을 수 있다는 것을, 특히 사회적 접촉의 양과 형태 측면에서 그렇다는 것을 기억해야 합니다,

1장에 나온 Lauren은 고등학교 때 사교적인 욕구가 거의 없었습니다. 그녀가 반 친구의 무도회 초대를 거절했을 때 어머니는 무척 실망했습니다. 하지만 Lauren은 대학에 입학해서 "인연(soulmate)"을 만났습니다. 그는 또 다른 외톨이로 같은 물리학을 전공했고, 그녀처럼 영화를 좋아했습니다. 두 사람은 많은 주말 저녁을 영화관에서 보냈습니다. 어머니가 Lauren에게 이 친구와 무슨 이야기를 하는지 물었을 때, 그

녀는 "아무 말도 안 해요."라고 대답했습니다.영화 보기 전에 함께 저녁을 먹으러 간 적이 있는지, 그 친구에게 커피를 마시자고 요청한 적 있는지 물었을 때, Lauren은 "아뇨"라고 대답했습니다. Lauren의 엄마는 그 관계를 발전시키려고 대본과 다른 지원을 주려고 했습니다. 하지만 시간이 지나며 Lauren이 관계 자체로 만족과 즐거움을 얻는다는 것이 분명해졌습니다. 엄마는 Lauren과 친구가 평범한 성인의 낭만적 관계를 가지지 않아 조금 애석했지만, Lauren이 만족했고 어느 때보다도 사회적이라는 걸 깨달았습니다.

청소년기에 관한 다른 좋은 소식은 ASD 자녀에게 청소년기가 당신이 두려워하는 것보다 쉬울지도 모른다는 것입니다. 심지어 평범한 아이보다 쉬울 수도 있습니다. 많은 ASD인 아이가 어른과 함께 있는 것을 편안해하고, 규칙에 잘 동의합니다. 따라서 규정 위반이나 한계 시험하기, 위험한 행동, 권위(authority)에 저항하기 같은 평범한 청소년에게 많은 것이 ASD 청소년에게는 거의 없습니다. 우리는 ASD 십대의 부모에게 어려움이 없다고 말하는 것이 아닙니다. 초록색으로 머리 염색하기나 바디 피어싱, 마약 사용에 직면할 일이 상당히 드물다는 것입니다.

9.2 청소년기와 성인기의 중요한 사안
CRITICAL ISSUES DURING ADOLESCENCE AND ADULTHOOD

고기능 ASD 청소년과 성인은 어린 시절에 직면했던 것과 같은 많은 어려움에 직면합니다. 이것은 부모가 자녀를 도우려고 사용했던 아이디어가 여전히 도움이 된다는 뜻입니다. ASD인 사람 가운데 많은 사람이 나중에도 지지가 계속 필요합니다(시간이 흐르며 필요한 지지의 양은 줄겠지만). 당신은 자녀가 어렸을 때 했던 것처럼 자녀가 장점을 발휘하게 하는 일을 계속해야 합니다. 자녀의 훌륭한 기억력이나 시각화 기술을 활용하면, 성숙해가는 자녀가 더 높은 교육 과정과 직장으로 이동하게 하는 일이 더 쉬워집니다. 7장에서 우리가 제안한 편의사항들 대부분은 자녀가 고등학교와 대학교에 가도 도움이 될 것입니다. 6장에서 우리가 제안한 집에서의 삶을 편하게 하는 많은 전략은, 십대나 성인이 된 자녀가 다른 주거 환경에 살아도 도움이 될 것입니다. 8장에서 다룬 사회적 어색함을 줄이고, 친구 관계를 만드는 제안은 대부분 여전히 효과 있을 것입니다.

하지만 당신은 다음과 같이 말할지 모릅니다, 내 아이는 엄청난 호르몬 변화를 겪었습니다. 그 아이는 지금 직업이 있습니다. 나머지 세상이 아이에게 거는 기대는 나이가 들수록 높아집니다. 우리는 아무것도 변하지 않은 것처럼 계속 나아갈 수 있습니까? 실제로 성숙해지면 고기능 ASD인 사람에게도 변화가 옵니다. 당신은 어느 때보다 독립성과 기능을 강조해야 합니다. 당신은 새로운 상황이나 설정과 협상하는 방법을 배워야 합니다. 그래야 자녀가 그렇게 하도록 도울 수 있습니다. 지원(support)을 제공하는 것과 십대나 성인인 자녀가 스스로 해결하도록 노력하는 것 사이에서 균형을 맞추기가 점점 어려워집니다. 이 장은 자녀에게 일어나는 변화와 당신이 직면할 새로운 투쟁에 언제 새로운 접근법이 필요한지 당신이 알도록 돕습니다.

십대 부모라면 모두 알겠지만, 청소년기는 어려운 시기입니다. 당연히 그 시기는 ASD에 의해 복잡해집니다. 앞으로 우리는 다양한 청소년기의 사회적 사안을 다룰 때, 자녀의 장애를 어떻게 고려할지를 논의합니다. 그런데 자녀의 행동이 ASD 탓인지, 청소년기 자체 탓인지 아는 것도 중요합니다. 우리는 당신이 이것을 알도록 돕겠습니다.

이 장에서 당신은 우리가 자녀에게 여전히 많은 지지와 구조가 필요하다고 생각한다는 것을 알게 될 것입니다. 이런 사실이 당신을 맥 빠지게 한다면, 우리가 고기능 ASD 청소년과 성인에 관해 아는 것 대부분이 십대와 청소년일 때 진단된 사람을 연구해서 나왔다는 것을 이해해야 합니다. 당신 자녀가 상당히 고기능이고 여러 해 개입을 받았다고 가정하면, 위 사람들은 (당신 자녀가 받았을) 초기 개입과 장기간 치료의 혜택을 받지 못했을 것입니다. 따라서 이 사람들은 당연히 당신 자녀보다 많은 구조와 개입이 필요할 것입니다. 한편 지금은 고기능 ASD 진단이 수십 년 동안 이루어졌습니다. 따라서 이런 사람을 대상으로 하는 연구로 조기 개입을 받았던 ASD인 성인이 필요로 하는 것이 점차 분명해지고 있습니다. 하지만 지금은 당신이 다음 사항을 자세히 살펴 십대나 성인 자녀에게 필요한 것을 알아내야 합니다.

9.2.1 지지하는 사람 *Support People*

자녀가 성장하며 당신은 (아마도 교사와 치료자의 도움을 받아) 자녀가 종종 어려움을 겪는 세상에서 조력자(facilitator)나 통역자(translator), 가이드의 역할을 했을 것입니다. 당신은 자녀가 필요한 서비스를 받도록 무엇이든 하는 옹호자였습니다. 당신은 자녀에게 날아온 수많은 오해로 인한 사회적 차별을 풀어 주고, 자녀가 저지른 수많은 고의가 아닌 사회적 실례를 수습했습니다. 당신은 힘든 학교생활을 한 자녀를 안아주고, 자녀가 사회적 사건에 성공한 다음에 하이파이브하려고 손을 내미는 사람이었습니다. 당신의 엄청난 노력과 성공에도 불구하고, 자녀는 성숙하면서 다른 곳에서 지지를 찾을 필요가 있습니다. 자녀가 독립적으로 될수록, 당신의 도움이 덜 필요하게 됩니다.

부모는 때때로 자녀가 나이가 들수록 자녀의 삶에 덜 간섭해야 한다고 느낍니다. 열 살 때는 받아들여질 만했던 것이 십대 때에는 유치하게 보일 수 있습니다. 예를 들어 지금까지는 당신이 날마다 자녀를 학교에 데려갔지만, 자녀가 고등학교에 가면 이렇게 하는 것이 적절한지 궁금해질 것입니다. 일부 ASD 청소년은 이런 지지를 계속 원할 것입니다. 당신은 자녀의 개인적 필요와 바람에 따라 행동하십시오.

일부 ASD 십대는 부모에게 독립을 요구하고, 부모의 지지를 “간섭”으로 여기기 시작합니다. 자녀가 독립심을 키우려는 과정에서 자연스럽게 일어나는 이런 필요를 당신이 보기 시작할 것입니다. 하지만 평범하게 발달하는 보통 십대보다는 조금 늦게 나타날 것입니다. 고기능 ASD인 십대 자녀가 당신이 제공하는 지지를 못마땅해하기 시작하면, 당신은 대응 방법을 알아야 합니다. 십대나 성인 자녀는 여전히 어려울 때는 조언과 도덕적 지지, 동정을 구하고, 승리한 다음에는 즐거움을 공유할 필요가 있습니다. 어떻게 하면 당신이 청소년 자녀에게 필요할 거라고 믿는 구조를 받아들여질 만하고 건설적인 방식으로 계속 제공할 수 있을까요?

자녀가 성장하며 부모로부터 지지 역할을 적절히 변경할 수 있는 한 가지 방법은 지역 사회나 자녀가 봉착한 자연스러운 환경에서 "도우미(helper)"를 모집하는 것입니다. 친구나 사례 관리자, 치료자, 직장 동료, 다른 환경에 있는 사람이 지지를 제공할 수 있습니다. 그런 다음에 당신 자녀가 사춘기에 접어들면 문제가 있을 때 의지할 사람을 적극적으로 모집해야 하는 필요를 이해하도록 도와야 합니다. 자녀에게는 직업 코치처럼 지속적인 직업적(professional) 지지가 필요할 수 있습니다. 하지만 그렇지 않더라도 여러 환경에서 지지하는 사람이 많으면 자녀의 불안이 크게 줄 것입니다.

John의 엄마는 아들이 고등학교 수영부에 들어가 기뻤습니다. 하지만 라커룸이나 팀 버스에서처럼 그녀 아들이 해독하기 어려운 많은 사회적 환경이 나타난다는 것도 알았습니다. 그녀는 John에게 어떤 상황에서 혼란스럽거나 불확실하게 되는 것에 대비하여 "찾아갈 사람(go to)"을 갖는 것이 좋겠다고 말했습니다. John은 보조 코치를 좋아했고, 그와 이야기하면 편안했습니다, 따라서 John과 엄마는 보조 코치가 멘토가 될 수 있다는 데 동의했습니다. 그들은 함께 John이 도움이 필요할 때 보조 코치가 도울 방법을 설명하는 노트를 썼습니다. John은 다음 주에 연습을 마친 다음에 보조 코치에게 노트를 보여주었습니다. 코치는 기꺼이 동의했습니다. John은 그 시즌에 "멘토"가 소중하다는 것을 알았습니다. 그는 특정 시기에만 다른 팀원을 껴안는 것이 옳다는 것과 심판에게 자기 팀의 파울을 지적하는 것이 불필요하다는 것, 라커룸에서 나누는 상스러운 잡담(the more colorful locker room quotes)은 다음 날 그 게임을 자세히 이야기할 때 반복하지 않는 게 좋다는 것을 John이 이해하도록 도왔습니다.

John의 엄마는 일부러 "찾아갈 사람(go-to person)"이라는 용어를 사용했습니다. 미리 자녀와 의지할 사람이 필요하다는 것을 논의할 때는, 자녀에게 독립성과 자립성(self reliance)이 필요하다는 것을 존중해야 합니다. "도우미 (helper)" 같은 용어를 사용하여 자녀가 기술이 없다는 것을 암시하는 것은 좋지 않습니다. 자녀의 전문성을 강조하는 "멘토"나 "코치"를 사용하십시오. 자녀와 함께 "전문가의 의견"이 도움이 될 학교나 직장 방과 후 동호회 등에서 일어나는 많은 다양한 상황을 브레인스토밍하십시오. 각 설정에서 자녀가 편하게 조언을 구할 사람을 선택하십시오. 상황을 더 공식적(official)으로 만들고, 지지할 만한 사람이 역할을 기꺼이 받아들일지 확실히 해야 합니다. 후보자에게 자녀가 어떤 질문을 하려하거나 주어진 환경에서 혼란스러워할 때, 자녀가 다가갈 사람이 되어주면 좋겠다고 설명하십시오. John과 엄마가 했듯이 하십시오. ASD인 한 청년은 직장에서 감독관과 비슷한 장소에 배치되어 일했습니다. 일이 조금이라도 혼란스러울 때마다, 일을 다루는 방법을 확실히 알지 못할 때마다 그는 감독관이 자신의 질문에 기꺼이 응답할 것이란 걸 알았습니다. 실제로 그는 이처럼 "찾아갈(go-to)" 사람이 없으면 안 된다고 판정받았습니다. 따라서 그 감독관이 없으면 대신할 사람이 준비되었습니다.

9.2.2 진단을 공개하기 *Disclosure*

자녀가 나이를 먹으며 증상이 줄어들고, 자녀가 새로운 환경(setting)으로 확장해나가면, 자녀의 장애를 공개할지를 결정하는 것이 어려울 때가 많아질 것입니다. 자녀가 ASD라는 것을 다른 사람에게 말할 것인지 처음 결정하는 일에 당신이 참여할 것입니다. 예를 들어 캠프 상담자나 스포츠 코치, 이웃 부모에게 자녀가 ASD라는 것을 알릴지 당신이 결정해야 합니다. 하지만 결국 결정은 자녀 몫입니다. 따라서 의사 결정의 시작과 과정에 초기 청소년인 자녀가 참여해야 합니다. 자녀는 앞으로 고용주와 동료, 친구, 지인, 심지어 이성 친구에게 진단 사실을 공개할지 결정해야 합니다.

공개의 장단점은 맥락과 상황에 따라 다를 수 있습니다. 하지만 ASD 진단 사실과 관련 정보를 자녀가 접촉할 사람과 공유하면, 혜택이 많다는 걸 당신과 자녀가 알아야 합니다. 학교나 단체, 스포츠팀, 직장 환경 같은 많은 상황에서, ASD 진단 사실을 공개하면 자녀가 다른 사람에게 이해나 특별한 편의를 얻기 쉽습니다. 어떤 특이한 행동에 대한 오해나 차갑다는 오해를 피할 수 있습니다. 이러면 ASD인 사람이 증상을 숨기며 느끼는 걱정이나 집단의 변두리에 있다는 걱정을 덜 수 있습니다.

Marcus는 부모 집에서 현관을 들락거리며 서성였습니다. 어제는 컴퓨터 회사에서 일을 시작한 첫날이었습니다. Marcus는 처음으로 직업 코치 없이 독립적으로 일했습니다. Marcus는 스물두 살 고기능 ASD입니다. 그는 어제 자신이 사무실에 들렀을 때 동료에게 이상하다는 인상을 주었을까 걱정했습니다. 엄마는 그의 불안한 행동을 주목하고, 그에게 무엇을 걱정하는지 물었습니다. 그가 상황을 설명했을 때, 엄마는 그의 동료에게 그의 진단명을 설명할 미팅을 열자고 제안했습니다. 처음에는 Marcus가 저항했습니다. 그는 여러 해 동안 ASD를 극복할 만큼 열심히 일했습니다. 엄마에게는 그가 받아들일 만한 아이디어가 있었습니다. 그들은 Marcus가 새로운 동료를 만나거나 어떤 상호 작용을 걱정할 때 사용할 짧은 대본을 만들었습니다. 대본은 다음과 같습니다. "나는 자폐 스펙트럼 장애가 있습니다. 때때로 나는 대화를 나누거나 사회 상호 작용에서 무엇을 말해야 하는지 잘 모릅니다. 내 행동이 무례하게 보였으면 사과드립니다. 당신이 자폐 스펙트럼 장애에 관해 더 알고 싶다면, 나는 당신과 이야기할 수 있어 기쁠 것입니다." Marcus는 기억력이 뛰어나 대본을 쉽게 외웠습니다. Marcus는 이 접근법을 사용하여 몇몇 동료에게 자신의 진단명을 공개했습니다. Marcus는 그들이 이 정보에 마음을 열고 받아들이고, 더 많은 것을 배우려 하고, 어떤 식으로든 자신을 도우려 한다는 것을 발견해서 기뻤습니다.

Marcus는 긍정적인 경험을 했지만, 공개에는 어느 정도 위험이 있을 수 있습니다. 공개는 ASD인 사람을 다른 사람과 관계할 수 없고, 의미 있는 기여를 할 수 없다고 생각하는 사람에게는 편견을 불러올 수 있습니다. 지난 30년 동안 고기능 ASD에 관한 대중의 인식과 이해가 높아져 이런 일이 일어날 확률은 크게 줄었습니다. 심지어 자녀의 증상이 잘 느껴지지 않으면, 다른 사람이 자녀가 자신의 부적절한 행동에 ASD를 핑계로 삼는다고 생각할 수도 있습니다. 하지만 넓게 보았을 때 당신 자녀의 진단명을 공개하는 것은 일어나는 현상을 정당화하고, 다른 사람이 ASD가 얼마나 흔하고 ASD인 사람이 얼마나 유능할 수 있는지를 알도록 돕습니다. 그 결과 ASD인 모든 사람을 돕게 됩니다. 우리 경험으로 볼 때 자녀의 남과 다른 점이 다른 사람에게 분명히 드러난다면, 진단명을 공개하고 설명할 때 얻는 혜택이 낙인(stigma)이 찍히는 것 같은 위험보다 큽니다.

반면에 자녀의 증상이 단지 "별난 점"이나 성격의 경향으로 다루어질 만큼 가벼워 기능을 손상하지 않으면, 진단명을 공개하는 것은 도움이 되지 않을 수도 있습니다. 아스퍼거 증후군이 있는 성인인 Liane Wiley는 여러 번 공개 결정을 내렸습니다. 그녀는 자신의 책 '아스퍼거 증후군이 아닌 척하다(Pretending to Be Normal)'에서 공개할 때 고려해야 하는 몇 가지 중요한 요소를 말했습니다. 당신이 그것을 사용할 수도 있습니다(자세한 내용은 책 뒷부분에 있는 자료들(Resources)을 참고하십시오). 또 다른 고기능 ASD인 Steven Shore는 공개 경험에 관한 글을 모아 'Ask and Tell: Self Advocacy and Disclosure for People on the Autism Spectrum' 라는 책을 출간하였습니다. 직장이나 교육 환경에서 진단명을 공개했을 때 부정적 영향이 상당했으면, 차별 금지법에 따른 자녀의 법적 권리를 살펴볼 수도 있습니다.

십대나 성인 자녀의 진단 사실을 다른 사람과 공유하기로 했으면, 이 정보를 전달할 전략도 함께 결정해야 합니다. 전략은 정보를 받을 사람에 따라 다양할 것입니다. Marcus처럼 예행연습이 잘된 발언은 공개에서 적절한 첫번째 통과 수단(first pass)입니다. 어떤 사람에게는 "명함"처럼 생긴, ASD가 무엇인지 설명하는 카드가 도움이 될 수 있습니다. 자녀는 이런 카드를 작은 지갑(wallet)이나 주머니, 핸드백(purse)에 넣고 다니다, 어색한 상황에서 다른 사람에게 건넵니다. 카드에는 다음과 같이 적을 수 있습니다. "나는 자폐 스펙트럼 장애가 있습니다. 이것은 사회적 이해에 관한 감각에 영향을 미치는 장애입니다. 나는 때때로 사회적 상황에서 어떻게 행동하거나 말할지 모릅니다. 이해해 주셔서 감사합니다."

많은 사람, 특히 자녀와 계속 긴밀히 접촉해야 하는 사람들은 ASD에 관해 더 알고 싶을 것입니다. 당신은 이 사람들에게 ASD에 관한 책이나 출간된 체험담을 제공할 수 있습니다. 예를 들면 '아스퍼거 증후군이 아닌 척하다(Pretending to Be Normal)' 나 '나를 똑바로 봐(Look Me in the Eye)' 같은 것입니다(책 뒷부분에 있는 자료들(Resources)을 보십시오). 또 ASD를 깊게 이해하려고 기꺼이 시간을 내겠다는 사람이라면, ASD 미팅이나 컨퍼런스에 데려갈 수도 있습니다. 터놓고 공개하고 다른 사람이 ASD를 편안히 느끼도록 돕고 싶으면, 관련 자료(예: ASD와 관련한 책)를 당신 집에서 눈에 잘 띄는 곳에 놓으면 좋습니다. 이렇게 하면 토론의 장이 열릴 것입니다. 하지만 이 주제를 꺼낼지는 방문자에 달렸습니다.

다른 사람에게 ASD에 관해 가르치는 더 사적인 방법은, 당신 자신의 용어로 ASD가 무엇을 의미하는지 설명하고, 당신과 당신 가족이 어떤 경험을 했는지 공유하는 것입니다. 이것은 이야기나 시, 대화처럼 당신이나 자녀에게 편안한 매체를 통해 전달할 수 있습니다. ASD 어린이가 있는 대부분 가정에서 추가 정보를 공유한다는 것은 민감한 결정입니다. 그들은 다른 사람이 이해하도록 돕고 싶어 합니다. 하지만 눈길을 끌거나 지나치게 강요하는 것처럼 보일까봐 걱정합니다. 우리는 다른 사람이 ASD을 배워야 한다고 강요받는 것처럼 느끼지 않으면서도, 당신에게 ASD에 관한 정보가 많고, (관심이 있는 사람에게) 당신이 ASD를 배울 기회를 줄 수 있다는 것을 분명히 하라고 권합니다.

공개 카드나 예행연습 대본은 ASD인 성인 자녀가 장애를 드러내도록 도울 수 있습니다.

"나는 ASD가 있습니다. 이것은 사회적 이해에 관한 감각에 영향을 미치는 장애입니다. 나는 때때로 사회적 상황에서 어떻게 행동하거나 말할지 모릅니다. 이해해 주셔서 감사합니다."

9.2.3 성적 발달 *Sexual Development*

정상 자녀를 둔 부모도 종종 자녀와 성(sexuality)을 이야기하기 어렵습니다. 하지만 이것은 너무나 중요한 주제라서 피할 수 없습니다. 13~18세 청소년 대부분이 성(sex)에 대해 자주 생각합니다, 이 가운데 50%는 18세 이전에 성관계를 맺는다고 합니다. ASD 청소년은 감정적이나 사회적으로는 발달이 뒤떨어질 수는 있지만, 생물학적 욕구는 대부분 제때 발달합니다. ASD인 사람은 보통 사적인 문제를 잘 말하지 않습니다. 하지만 이 주제를 의논하려고 자녀에게 접근하는 것은 ASD인 자녀의 부모에게는 평범한 부모보다 훨씬 중요한 일입니다. ASD인 자녀의 부모는 종종 사회성 발달과 사회적 관심 발달이 느린 탓에 성(sexuality)과 사춘기(puberty) 정보를 늦게 전달해도 된다고 생각합니다. 하지만 이것은 오해입니다. 우리는 이런 정보를 ASD가 아닌 어린이와 같은 시기에, 심지어 더 일찍 제공할 것을 권합니다. 성(sexuality)을 논의하는 것은 '하게 되면(if)'의 문제가 아니라 '언제(when)'의 문제입니다. 우리 대답은 '일찌감치'입니다. 위기 상황이 일어날 때까지 이 중요한 논의를 미루지 마십시오. 다루어야 할 것은 성관계, 피임, 몽정, 유방과 고환의 자가 검진, 자위, 생리 등입니다.

자녀와 성 발달을 논의할 때는 구체적으로 하십시오. 사실적이고 정확한 정보를 이해하기 쉽고 직설적으로(straightforward) 제공하십시오, 그림책 같은 것을 참고하십시오. 예를 들면 월경 관련 위생에 관한 구체적 체계와 일정을 설정하십시오. 당신은 딸에게 사용해야 할 용품과 사용 방법을 보여주어야 합니다. 또 각 단계가 수행되는 순서를 보여주는 그림이나 사진들을 제공할 수도 있습니다. 딸이 패드나 탐폰을 얼마나 자주 바꿔야 하는지 구체적으로 알려주십시오. 그녀가 휴대 전화로 타이머나 알람을 사용하여 화장실 방문이 필요할 때를 상기하도록 도우십시오. 딸의 월경 주기가 규칙적이면 달력에 표시하거나 월별 알림을 설정하여 언제 생리용품을 챙겨야 하는지 알려주십시오. 화장실 사용을 요청하기 위해 수업 시간에 사용할 대본을 작성하십시오.

자위도 청소년과 논의할 중요한 주제입니다. 자위는 발달하는 성(sexuality)을 탐구하는 자연스러운 방법입니다. 자위하거나 자위 이야기를 언제 어디서 하는 것이 적절한지 구체적인 규칙을 자녀에게 가르치십시오. 우리가 아는 어떤 청소년은 자위하는 것을 발견했을 때 너무 흥분해서 모든 친구에게 자신의 놀라운 발견을 이야기했습니다. 부모는 그가 그 주제를 꺼내기 전에, 그와 논의를 하지 않은 것을 후회했습니다. 인터넷에 있는 그래픽 이미지와 동영상을 사용할 수 있는지 살펴보십시오. 대부분의 인터넷 브라우저는 포르노 웹 사이트 방문을 막는 자녀 보호 기능이 있습니다. 유용한 옵션이지만 항상 완벽하지는 않습니다. 이러한 안전장치가 있더라도, 자녀가 인터넷에서 접근해도 괜찮을 정도의 정보를 자녀와 함께 논의하십시오. 수위는 가족마다 다를 수 있습니다. 어떤 엄마는 자신의 십대 아들을 위해 예술적인 누드 웹 사이트를 북마크 했습니다. 그녀는 이런 이미지에 접근을 제공하는 것이 자녀가 도색적이거나 하드코어적인 것을 우연히 만나는 것보다 낫다고 생각했습니다. 이것이 이 가족에서는 올바른 결정이었지만, 다른 가족에게는 두 이미지가 다를 게 없는 것처럼 보일 수도 있습니다. 우리가 다룬 다른 주제와 마찬가지로 자녀와 논의할 때, 당신 자신의 가치와 편안함의 수준을 고수하십시오. 하지만 명시적이고 구체적이어야 합니다.

특히 사춘기 소년에게서 성적 흥분은 예측할 수는 없지만, 눈에 잘 띌 수 있습니다. 따라서 자녀가 그런 상황을 관리하도록 돕는 행동 계획을 마련하는 것이 좋습니다. 예를 들어 당신 아들에게 발기하면 자리에서 일어서지 말고 앉아 있거나, 화장실에 가라고 가르칠 수 있습니다. 십대에서 저절로 발기가 일어나는 시기가 다가올 때 취해야 할 한 가지 조치는 학교에 갈 때 특정한 형태의 바지를 입히지 않는 것입니다. 예를 들어 추리닝 바지(sweat pants)는 성적 흥분이 일어날 때 심하게 두드러져 보이게 합니다. 자녀와 성(sexuality)에 관한 이야기를 주기적으로 재논의하여 자녀가 성(sexuality)을 둘러싼 사회적 규칙을 철저히 이해하도록 해야 합니다. 이렇게 하는 가장 좋은 방법은 자녀가 이러한 문제를 당신과 이야기하는 것이 괜찮다는 걸 알도록 하는 것입니다. 기꺼이 말하려 하지 않는 자녀에게는 공식적인 업데이트를 위해 몇 달에 한 번씩 성에 관한 이야기를 해야 할 수도 있습니다. 이런 영역에 오해가 있으면 ASD인 사람이 성범죄의 피해자가 되거나, 자신도 모르게 성범죄자가 되는 최악의 경우로 이어질 수 있습니다. 당신이 이런 주제를 이야기하는 것이 불편하면, 소아청소년과 의사나 심리사, 다른 건강 전문가의 도움을 받으십시오.

9.2.4 연인 관계 *Romantic Relationships*

많은 부모는 사회적 관심이 제한된 자녀가 친밀한 연인 관계를 맺으려 한다는 것을 잘 상상하지 못합니다. ASD인 사람은 연인 관계에 대한 관심 정도가 다양합니다. 어떤 사람은 신체적 성 발달과 함께 로맨스와 성적 관계에 대한 관심도 평범한 또래만큼 발달합니다. 어떤 사람은 로맨스의 복잡한 감정적 측면 탓에 청소년기 후반이나 성인기까지 친밀한 관계에 대한 관심 발달이 늦어질 수 있습니다. 우리 환자 가운데 일부는 로맨스에 대한 관심이 커져 나중에 연인 관계를 맺거나 결혼했습니다. 이러한 관계는 서로 도움이 될 때 성공합니다. ASD인 파트너는 지지를 받고, 평범한 파트너는 놀라운 정직과 정절, 헌신이 있는 동반자를 얻습니다. 관계가 성공하지 못하는 것은 대개 ASD인 사람에게 있는 감정적 친밀감의 어려움, 상대방을 거슬리게 하는 관심사와 몰두 때문입니다.

어떤 ASD인 사람은 연인 관계에 대한 관심을 키우지 못합니다. Temple Grandin 같은 많은 사람에게는 배우자가 없는 생산적인 삶을 사는 것이 더 매력적이고 덜 복잡합니다. 어떤 사람은 자폐 스펙트럼이 있는 같은 처지인 사람과 결혼할 수 있습니다. 어떤 사람은 평범하게 발달하는 사람이나 다른 어려움이 있는 사람과 사랑하는 관계를 찾을 것입니다. ASD인 자녀의 부모로 당신의 멘토링은 자녀가 관련 사항을 이해하고, 이 영역에서 독립된 개인으로서 정보에 기초한 선택을 하도록 돕는 것입니다. 당신 자녀가 성적인 느낌을 갖게 되면, 다른 사람에 대한 성적 관심을 나타내고, 친밀한 관계에 대한 열망을 키울 것입니다. 당신이 십대 때 겪었던 로맨스가 일으킨 불확실성과 혼란, 당혹감을 떠올려 보십시오. 기본적인 사회적 상호 작용을 이해하는 데 어려움을 겪는 자녀에게는 이러한 로맨스의 복잡성은 엄청나게 큰일일 수 있습니다. 당신은 자녀에게 매력을 느끼는 사람을 대하는 구체적인 규칙을 제공하여, 자녀가 이러한 생소한 영역에서 더 편안해지게 할 수 있습니다. 적절하고 부적절한 행동의 사례와 이런 행동이 대상인 사람에게 어떤 영향을 줄 수 있는지를 알려주십시오.

자녀에게 이런 관점 취하기 연습을 하려는 동기가 생길 수 있습니다. 자신이 반한 사람에게 잘못된 인상을 주고 싶지 않은 까닭입니다. 명시적 지침을 수립하는 것이 중요할 잠재적 문제 영역은 신체적 접촉하기, 응시하기, 이야기를 따라가기(following), 전화 통화하기, 방문하기, 질문의 형태와 주제 등입니다. 평범한 청소년들이라도 답해진 반응에 포함된 관심이나 무관심의 모든 신호를 능숙하게 알아내는 사람은 극소수일 것입니다. ASD인 아이들은 미묘한 사회적 단서를 잘 해석하지 못해 이 영역이 특히 어렵습니다. 관심이 있거나 없다는 것을 나타낼 수 있는 행동을 해석할 기본적인 지침을 제공하십시오. 이것은 자녀의 로맨틱한 기댐(leaning)이 다른 사람을 불편하지 않게 하는 데 중요한 역할을 할 것입니다.

최신 기술은 당신이 젊었을 때는 없었던 다양한 기회와 어려움을 가져왔습니다. 카메라와 비디오가 있는 휴대 전화는 자녀에게 많은 혜택을 제공하지만, 나쁜 결정을 내리거나 이용당할 위험도 제공합니다. 문자 메시지의 내용이나 사진이나 비디오 찍는 것에 관한 명시적인 규칙을 마련하십시오. ASD와 관련된 사회적 취약성으로 ASD인 십대는 속기 쉽습니다. ASD인 십대가 다른 사람을 얼마나 신뢰하고 사랑하는지와 상관없이, 다른 사람이나 자신이 성적(sexual) 사진이나 비디오를 찍거나 찍게 하면 안 된다는 것을 분명히 하십시오. 과거에는 십대의 사소한 잘못(foibles)이 관련자의 당혹스러운 기억에만 존재했지만, 이제는 한 번의 충동적 행동이라도 인터넷에서 영원히 존재할 수 있습니다.

소년 Angelo는 열네 살 때 처음으로 짝사랑에 빠졌습니다. 그의 흠모 대상은 Ella라는 사랑스러운 젊은 여성이었습니다. 그녀는 ASD인 Angelo를 친구로 좋아했지만, 그의 구애에는 불편함을 느꼈습니다. 그녀가 다른 사람과 이야기하면, Angelo는 그녀를 방해하곤 했습니다. 그가 오랫동안 그녀를 응시했기에, 그녀는 종종 불편했습니다. 그녀가 이런 일을 학교 당국에 알렸을 때, Angelo는 치욕감을 느꼈고 자신이 무슨 잘못을 했는지 알고 싶었습니다. 그와 부모는 자신의 행동이 적절한지 확인하는 데 도움이 되는 지침을 만들었습니다. Ella를 만지는 것은 적절하지 않다는 것을 분명히 했고, 그녀가 대화하거나 자습실에서 책을 읽을 때처럼 다가가기에 적절치 않은 상황을 적었습니다. 그들은 미래를 생각했고 빤히 쳐다보는 것과 일상적인 시선 접촉을 구분하는 구체적인 규칙을 만들었습니다(초 단위로 시간으로 구분하여). 또 다른 사람이 자신의 접근에 관심이 있는지, 없는지를 인식할 수 있는 몇 가지 분명한 단서를 논의했습니다. Angelo는 Ella와의 관계가 이루어지지 않아 실망했지만, 앞으로의 로맨스를 기대하게 되었습니다.

9.2.5 자기 인식과 자존감, 정체성의 발달

Self-Awareness, Self-Esteem, and Identity Development

“나는 누구인가?”, “나는 어디에 알맞나?”, “나는 무엇이 될 것인가?”와 같은 질문을 심사숙고하며, ASD 어린이가 정체성을 형성하기 시작하는 첫 번째 시기가 청소년기입니다. 청소년 발달의 이런 측면은 ASD인 젊은 사람에게 의미 있는 일련의 도전이 됩니다. 이러한 영역 가운데 하나는 자기 개념의 정의입니다. 연구 결과는 소년과 소녀가 자기 개념을 결정하는 데 다른 전략을 사용한다고 말합니다. 소녀에서 자기 개념은 종종 신체적 매력의 지각과 관련이 있습니다. 사회적 장악, 인기가 높아지면 스스로 매력이 있다고 느끼게 됩니다. 사회적 장악, 인기를 얻기 어려운 ASD인 젊은 여성은 자신의 매력을 인식하기 어렵습니다. 따라서 자기 개념을 형성하는 데 어려움을 겪을 수 있습니다. 소년에서는 신체적 기량이 자기 개념의 중요한 측면을 구성합니다. ASD인 아이에게는 운동 협응 문제가 자주 일어납니다(2장과 3장 참고). 운동 협응 문제가 있으면 신체적 기량을 제대로 나타낼 수 없습니다. 따라서 ASD인 소년도 자기 개념을 이루는 데 어려움을 겪을 수 있습니다.

자기 개념과 밀접한 관련이 있는 것은 자존감입니다. 많은 청소년이 자존감이 낮은 기간을 경험합니다. ASD인 자녀의 부모도 똑같은 것을 예상할 수 있습니다. ASD인 자녀에서 낮은 자존감의 근본 원인은 사랑받고 싶고 친구도 있었으면 좋겠지만, 그렇게 될 방법을 모르는 것과 관련이 있습니다.

도덕성(morality)은 ASD인 자녀에게 종종 문제가 되는 청소년기 정체성 발달의 또 다른 측면입니다. ASD인 자녀의 강한 도덕적 신념은 주목할 장점일 수 있습니다. 하지만 그것은 사회적 어려움을 불러올 수 있습니다. 겉으로만 분명한 도덕 지침이나 상호 작용이 미묘하고 복잡해지면, 청소년기에 자녀가 잘못된 판단을 하도록 이끌 수 있습니다. 많은 평범한 청소년과 마찬가지로 ASD인 자녀도 이러한 모호성에 반응하여 강력한 종교적 또는 정치적 신념을 키울 수 있습니다. 고기능 ASD인 한 젊은 여성은 고기 포장 산업에 관한 책을 읽은 다음에 고기를 먹는 것은 건강에 좋지 않다고 결정했습니다. 그녀는 단순히 자신의 식단을 바꾸는 것을 뛰어넘어, 비(非) 채식주의 메뉴가 일으킬 것 같은 모든 건강의 위험을 지적하며 반 친구와 학교 카페테리아 직원에게 영향을 주려고 했습니다.

정체성과 자존감 발달과 관련한 문제는 ASD인 자녀와 그들의 가정에 어려움이 될 수 있습니다. 하지만 당신이 이것을 다룰 몇 가지 전략이 있습니다. 8장 끝부분과 5장에서 말한 것처럼 자녀의 장점과 특별한 특징을 강조하면, 자녀가 긍정적 자존감을 키우는 데 도움이 됩니다. 예를 들어 자녀의 기억력이 뛰어나면, 그는 "기억의 달인(Memory Master)"이 될 수 있습니다. 자녀가 이런 기술(기억력)을 나타낼 때 이런 별명으로 부르면, 그가 방금 특별한 일을 해냈다는 것을 분명히 하고, 쉽게 확인할 수 있는 자신을 긍정적으로 보는 방식을 그에게 주게 됩니다.

ASD인 많은 십대와 젊은 성인은 어색함과 자신이 적합하지 않다는 느낌을 자신만의 것으로 생각합니다. 그들은 거의 모든 사람이 어느 순간에는 이런 경험을 하고, 이런 느낌이 흔하다는 것을 잘 깨닫지 못합니다. 놀림이나 거절을 당하는 경험을 하지 않고 성인이 되는 사람은 아주 드뭅니다. 자녀가 이런 경험은 당연하다는 것을 이해하도록 도와주십시오. 당신의 십대 경험을 자녀와 공유하면, 자녀가 모든 사람은 십대일 때 자기 회의감을 경험한다는 것을 이해하는 데 도움이 될 것입니다. 또 자녀가 경험할지 모르는 자신에 대한 불안을 어느 정도 덜어줄 수 있습니다. 당신 자녀는 자폐 스펙트럼을 통해 다른 사람과 관계를 맺으며 혜택을 얻을 수 있습니다. ASD인 사람을 돕는 많은 지지 그룹과 인터넷 커뮤니티가 있습니다. 전 세계와 지역 아스퍼거 증후군 파트너십(www.grasp.org)은 자신을 옹호하는 사람들의 활발한 커뮤니티입니다. 스펙트럼에 있는 많은 사람이나 비슷한 어려움을 겪는 다른 사람과 연결되는 것은 자신감을 높이고 힘을 얻는 일입니다. 또 자기 정체성 탐구를 도우려고 만든 책이 있습니다. Peter Vermeulen의 'I Am Special'과 Catherine Faherty의 'Asperger's... What Does It Mean to Me'입니다(자세한 내용은 이 책 뒷부분 자료들(Resources) 참고).

9.2.6 우울과 불안 *Depression and Anxiety*

과거에는 사회적 연결이 부족하다는 것을 의식하지 못했거나, 심지어 그것에 만족했었더라도 많은 자녀가 청소년기에(때로는 더 일찍) 그로 인한 고통을 겪기 시작합니다. 아동기에는 대부분 우정이 오로지 "놀이 친구"로 행동하고, 스포츠나 비디오 게임 같은 활동에 함께 참여하는 것으로 이루어집니다. 하지만, 청소년기에는 우정의 본질이 여러 방식으로 변하여, ASD인 어린 사람을 어렵게 할 수 있습니다. 우정은 더 정교하고 복잡해지며, 차츰 신뢰나 사적 정보의 상호 공유, 공통적이거나 존경할 만한 성격 특징에 중점을 두게 됩니다. 우정의 성격이 이렇게 바뀌며 ASD인 청소년이 겪는 사회적 어려움이 커집니다. 또 청소년기에 급격히 발달하는 자기 인식과 자기와 남을 비교하는 능력은 이런 문제를 더 나쁘게 합니다. 배제된 느낌이나 해결할 수 없는 지점에 도달했다는 느낌은 ASD인 청소년을 우울증으로 이어지게 할 수 있습니다. ASD인 청소년에서 종종 우울증이 생깁니다. 실제이거나 지각된 또래와의 격차는 ASD인 청소년의 자존감을 떨어뜨리고, 우울증에 빠지게 합니다. 불안 장애도 ASD인 십대와 성인이 흔히 겪는 정신과적 장애입니다.

아직 과학은 이러한 기분 문제가 ASD를 관리하며 일어나는 자연스러운 심리적 결과인지, ASD와 관련한 생물학적 성향의 결과인지를 분명하게 밝히지 못했습니다. 아마도 어울리려고 노력하다가 얻은 만성적인 스트레스, 거절의 고통, 감정 문제에 대한 생물학적 취약성의 조합일 것입니다. 어떤 연구는 기분 장애가 ASD인 사람의 가족에서 발생한다고 말합니다. 가족 구성원의 우울증과 불안 장애가 대개 ASD 어린이가 태어나기도 전에 일어나는 것으로 볼 때, 이것이 특수한 필요가 있는 어린이를 키우는 스트레스로 생긴 단순한 반응 같지는 않습니다, ASD와 우울증 환자에게 신경 전달 물질(뇌세포가 소통하는 것을 돕는 뇌 화학 물질)인 세로토닌 수치가 변한 것은 또 다른 증거입니다. 따라서 ASD와 우울증은 여러 가지 까닭으로 자주, 함께 발생합니다. 당신은 자녀의 기분에 주의를 기울여야 하고, 이 책에서 제안한 개입이 그것을 해결할 수 있는지를 모니터링해야 합니다. 여의치 않으면 당신은 자격이 있는 임상 심리사나 경험 있는 소아정신과 의사와 상담해야 합니다. 최근의 연구 결과는 8장에서 설명했듯이 인지 행동 치료 같은 지시적이고 구체적인 형태의 심리 요법이 ASD인 사람의 불안 증상을 개선하는 데 효과적이라고 말합니다. 또 어려운 시기에 자녀를 도울 효과적인 약물이 있습니다.

9.2.7 간질 *Seizures*

ASD인 사람이 청소년기에 직면할 또 다른 문제는 간질입니다. ASD인 사람의 약 25%가 간질을 경험하는데, 청소년기는 특별히 취약한 시기입니다. 의식을 잃고 온몸에 심한 경련이 일어나는 것처럼, 어떨 때는 간질 증상(activity)이 분명합니다. 하지만 증상이 분명하지 않은 발작도 있습니다. 이럴 때는 자녀에게 반응하지 않는(이름을 불러도 응답이 없거나, 주위에서 일어나는 일에 반응하지 않는) 짧은(단지 몇 초) 기간이 있을 수 있습니다. 자녀는 반응 대신 허공을 멍하니 응시하거나, 눈을 반복해서 깜박이거나, 특이한 운동 행동(예: 신발의 발가락 부분으로 땅을 반복적으로 빗질하는 등)을 할 수 있습니다. 자녀에게 간질이 일어난다고 의심하면, 임상 뇌파 검사를 하는 신경과 전문의에게 진료를 받아야 합니다. 간질 장애는 대부분 약물로 잘 치료됩니다.

9.3 독립성을 키울 계획
PLANNING FOR INCREASING INDEPENDENCE

부모와 자녀가 미리 독립을 잘 준비해야 합니다. 전환 계획은 보통 일상생활 기술(예: 자기 관리나 집안일 하기)이나 취업 또는 직업 관련 기술처럼 성인으로 자급자족(self-sufficient)하는데 필요한 능력에 중점을 둡니다. 학교에서 개별 교육 프로그램(IEP)을 받는 ASD인 사람(7장 참고)은 법적으로 14세에 시작하는 개별화된 전환 계획(Individualized Transition Plan)을 받을 권리가 있습니다. 7장에서 설명한 것처럼 장애인 교육법과 미국 장애인법은 이런 사실을 규정하였습니다. 전환 계획은 평가로 시작합니다. 평가는 능력과 관심사를 평가하는 표준화된 검사 같은 형식일 수도 있고, 가족 구성원이나 돌보는 사람에게 학생의 능력에 관한 정보를 듣는 것처럼 형식이 없을 수도 있습니다. 이 계획은 대중교통을 이용(navigate)하거나 빨래하는 것처럼 자급자족 능력을 키울 구체적인 목표를 강조해야 합니다. 고용과 관련해서는 바라는 정도(desirability)나 적절함, 가용성, 접근성 측면에서 다양한 일자리를 고려해야 합니다. 기술의 개발 목표(goal)를 계획해야 하고, 이것을 이용할 수 있는 직업과 연결해야 합니다. 목표는 시장성이 있는 기술을 가르치는 것과 직장에서의 행동을 가르치는 것을 모두 포함해야 합니다. 직업 표본(Job sampling)은 학생들이 직업 경험을 얻는 수단입니다. 이것은 자녀가 학교에서 배우는 새로운 기술을 실제 직장 환경에서 연습하게 하여 자녀를 도울 수 있습니다. 또 직업 표본(Job sampling)은 자녀가 좋아하는 것과 싫어하는 것을 분명히 알게 하고, 이것이 직장이나 직업의 특별한 측면과 어떻게 연결되는지 알게 할 것입니다. 개별화한 전환 계획을 마련할 때 학교 시스템이 개입하지 않는 시기인, 자녀가 21세를 넘긴 다음에는 자녀 지원에 관여할 사례 관리자나 다른 지원 인력이 참여해야 합니다.

9.4 대학 COLLEGE

특정 관심사에 집중하는 것을 인정받는 것부터 별난 점을 용인하기까지(심지어 지지하기도) 했던 고등학교의 잇점은 대학에서 더 커집니다. 물론 몇 가지 중요한 어려움이 있습니다. 많은 젊은이는 대학에 다니며 지금까지 없었던 방식인, 스스로 살아야 합니다. 자녀의 학업 수행에 당신의 직접 감독이 적어진다는 것은 자녀의 어려움이 간과될 수 있다는 뜻입니다. 다음은 이럴 때 효과적인 보충 전략입니다. 이 조언 가운데 일부는 아스퍼거 증후군으로 대학 교육을 받은 성인이며, '아스퍼거 증후군이 아닌 척하다(Pretending to Be Normal)' 의 저자인 Liane Wiley의 이야기에 기반합니다. 또 우리는 당신이 7장에서 설명한 교육 편의 옵션을 검토할 것을 권합니다. 초등학교에서 고등학교(high school)까지 자녀를 도왔던 많은 기법이 대학에서도 도움이 될 것입니다.

9.4.1 진단을 공개하기 *Disclosing*

당신과 자녀는 앞에서 설명한 진단명 공개의 장단점을 고려해야 할 것입니다. 하지만 대학에서 교수(professor)와 조언자(adviser), 지도교수(tutor)와 진단 사실을 공유할 때 많은 잠재적 지원 원천이 열린다는 것을 명심하십시오. 이 전문가들이 ASD인 다른 사람과 일한 경험이 있을 수도 있습니다. 또 생소하고 종종 어려운 환경에 있는 자녀에게 훌륭한 지침과 지원을 주는 원천이 될 수 있습니다. 자녀가 진단명 공개를 불편하게 생각하면, 장애(disability) 학생에게 서비스를 제공하는 센터 직원(모든 대학 캠퍼스에서 이용할 수 있음)처럼 공개해도 될 만큼 신뢰가는 사람을 선택할 수도 있습니다. 이러면 학교에서 지원 인력을 적어도 한 명 확보할 것입니다. 자녀가 자신의 학업과 관련 있는 사람에게 공개하는 것을 망설이면, 정신건강 전문가나 지역 사회의 다른 사람으로 지원인력을 대신할 수도 있습니다. 당신은 성인 자녀에게 장애라는 현상을 정상화하여(normalize) 공개에 관한 불편을 줄일 수 있습니다. 학교에 난독증이나 주의력 문제 같은 장애가 있는 학생이 수백, 수천 명 있다는 것을 자녀가 알게 하십시오. 이들 대부분이 교수에게 진단명을 공개하고, 법에서 정한 학교의 장애 학생 서비스를 이용합니다. 예를 들어 알려진 장애가 있는 사람은 누구나 장애 센터에서 조용하고 스트레스가 덜한 조건에서 여분의 시간을 받으며 시험을 볼 수 있습니다. 지금은 많은 대학이 ASD인 학생을 지원하는 자원을 마련했습니다. 이러한 서비스에 접근하려면 학생의 진단 사실을 밝히는 것이 필요할 수 있습니다. 일부 대학은 ASD인 젊은 성인이 대학 생활의 독립성과 엄격함에 적응하도록 돕는 특수 프로그램을 마련했습니다. 이런 경우에 진단 사실을 대학과 공유하면, 자녀가 대학 생활에 성공할 확률이 더 커집니다.

9.4.2 강좌 선택하기 *Selecting Classes*

성인 자녀가 강좌를 선택할 때, 특히 새로운 환경에 처음 적응할 때는 자녀의 장점에 맞고 어려운 영역을 우회하도록 충고하고 안내하십시오. ASD인 젊은 남성 Ralph가 대학에 등록했을 때, 그가 수강한 첫 강좌는 철학이었습니다. 그는 구체적인 사고자(thinker)여서 과제로 주어진 미묘한 지문으로 힘든 시간을 보냈습니다. 때때로 그는 철학 질문들이 왜 고려할 만큼 중요한지 이해하기 어려웠습니다. 그는 이런 어려움을 엄마와 상의한 다음에, 구체적 정보에 초점을 맞추고 많은 정보를 암기하는 수업 위주로 수강하기로 했습니다. 그는 철학책을 팔아 버렸고, 화학 전공 수업으로 학업 성공을 경험했습니다.

심지어 많은 ASD인 사람에게 특별히 어려운 학업 요건이라면, 면제해 달라고 학교에 요청하는 것을 고려할 수도 있습니다. 예를 들어 고기능 ASD인 많은 젊은 성인이 외국어 학습을 특히 어려워합니다. 학교의 학생 장애 센터에 연락하는 것은 이러한 요건 가운데 어느 것이 면제될 수 있는지 조사하는 좋은 방법입니다.

7장에서 제안했듯이 당신 자녀는 교수에게 관심을 더 받을 소규모 수업이나 인기가 없어서 교수가 학생을 유지할 동기가 큰 강의에 등록할 수도 있습니다.

9.4.3 교수 선택하기 *Selecting Teachers*

학생들의 평가를 검토하고, 다른 학생에게 자문하여 이해심이 많고 성격이 유연한 교수를 찾으십시오. 공감을 잘하는 교수는 어려움에 부닥친 자녀를 도울 확률이 높습니다. 많은 대학에서 교수 평가가 포함된 강좌 안내서를 발행합니다. 또 대학은 교수를 선택하는 결정에 도움이 되도록 전공 상담실(advising office)에서 강좌 안내서를 이용하게 합니다.

9.4.4 편의를 요청하기 *Requesting Accommodations*

자녀에게 대학 경험을 더 편안하고 덜 위협적이게 하는 구체적인 아이디어가 있으면, 대부분 대학은 기꺼이 편의를 제공하여 자녀를 도우려 할 것입니다. ASD인 사람에게 도움이 되는 편의는 그룹 과제를 면제하는 것, 청각과 시각 민감성에 맞게 선호하는 좌석을 우선 배정하는 것, 강좌 일정 변경 시 사전 통지를 받는 것 등입니다. 시각적 사고자(visual thinker)는 교수에게 강의와 강좌 자료를 처리하는 데 도움이 되는 시각 보조물을 달라고 요청할 수 있습니다. 운동 협응에 어려움이 있는 학생은 필기시험 시간

연장이나 구술시험, 필기에 노트북이나 녹음기를 사용하는 것을 요청할 수 있습니다. 많은 대학에서는 필기가 어려운 인지적 또는 신체적 특징이 있는 사람에게 필기 서비스를 제공합니다.

9.4.5 강좌 일정을 계획하기 *Planning a Class Schedule*

시간표를 짤 때 지나치게 많은 강좌보다는 지나치게 적은 강좌로 시작하는 것이 좋습니다. ASD인 일부 학생에게는 대학으로의 전환이 몹시 어려운 것이라 꽉 채운 강좌(full course load) 일정을 감당하기 어렵습니다. 처음에는 천천히 시작하고 점차 시간표를 채워 가면, 대학 생활에 동반하는 많은 변화에 적응할 시간을 얻을 수 있습니다. 또 이러면 자녀가 학업을 끝내고, 사회적 접촉을 수립하고, 사회 활동을 계획하고 참여하는 데 쏟을 시간을 얻게 됩니다. 자녀가 일정을 계획하도록 도울 때는 자녀의 수면 습관을 명심하십시오. 자녀가 잠드는 시간이거나 정신이 혼미한(groggy) 시간일 때는 하루에 한 시간이라도 수업을 잡는 것을 피하려고 노력하십시오. 시각적 일정표를 자녀 방에 붙여, 자녀가 옆에 두고 수업 시간과 장소를 시각적으로 상기하도록 하십시오. 고등학교와 달리 대학에서는 하루 가운데 어떤 자유 시간대를 가질 것입니다. 구조와 루틴 안에서 잘 해나가는 ASD인 사람에게는 이러한 자유 시간대를 차단하고, 지정된 목적(예: 공부 시간, 여가 시간, 신체 운동 시간)을 구체화하는 것이 좋습니다. 이러한 구조와 예측 가능성을 추가하면 ASD인 사람 대부분에서 대학 생활이 더 편해지고, 전환이나 일정 변화와 관련한 불안이 줄어들 것입니다.

9.4.6 마감일을 모니터링하기 *Monitoring Deadlines*

숙제 마감일 뿐 아니라 등록이나 수강 취소 마감일을 적을 공간이 충분한 휴대용 학사 일정표를 마련하십시오. 자녀에게 매일 아침 이것을 보며 당일 일정뿐 아니라 어떤 마감일이 다가오는지 확인하라고 하십시오. 자녀를 지원하는 사람과 중요한 마감일을 공유하면, 그들이 자녀가 기억하도록 도울 수 있습니다. 또 전자 달력이나 휴대 장치의 자동 알림은 자녀가 마감일과 일정을 추적 관리하는(keep track of) 데 도움이 됩니다.

9.4.7 학습 기술 증진 *Promoting Study Skills*

일관성은 좋은 학습 습관에 아주 중요합니다. 다시 말하지만 학습 시간을 특정하게 나누어 계획하고 그것을 일정표에 적으면 학생이 공부한다는 것을 기억하게 되고 한정된 목표가 생깁니다. 학습 시간은 자녀가 생산적이고 깨었다고 느끼는 시간에 이루어지도록 계획해야 합니다. 자녀는 평화와 조용함을 안정적으로 제공하는 도서관이나 학생 센터, 컴퓨터실에서 "학습할 장소(study spot)"를 찾아야 합니다. 학생들은 여러 환경을 시험하여 자신의 스타일에 맞는 장소를 찾아야 합니다. 예를 들어 어떤 학생은 주위에 자료가 흩어져 있고, 불빛이 흐린 공간에서 더 편하게 느낍니다. 어떤 학생은 밝고 잘 정리된 학습 장소를 선호합니다. 또 전체 학습 시간 동안 한 과목만 공부하는 사람도 있고, 여러 과목을 공부하는 사람도 있습니다. 자녀가 후자라면, 좋아하는 과목을 마지막에 공부하게 하는 것이 도움이 됩니다. 이러면 자녀가 다른 주제를 버틸 동기를 얻고, 에너지가 높고 주의가 가장 집중되는 동안에 공부하기 어려운 과목을 다룰 수 있습니다. 캠퍼스 학습 센터나 학습 기술에 관한 책은 ASD를 포함한 모든 학생이 공부에 적용할 수 있는 조언을 줍니다. 대부분 대학은 장애 학생을 지원하는 센터에서 조직화 기술의 영역을 돕는 지원(assistance)을 제공합니다.

9.4.8 사회적 기회를 증진 *Promoting Social Opportunities*

대학은 당신의 성인 자녀에게 사회 기술을 키울 기회를 많이 제공할 것입니다. 대학에는 학술적 수준에서 사회 기술을 가르치는 많은 환경이 있습니다. 예를 들어 화법(speech communication)과 연극 수업은 최선의 의사소통 방법, 감정을 동반하는 방법, 당신에 대한 다른 사람의 반응을 읽는 방법을 강조합니다. 사회학과 심리학 수업은 다른 사람이 일하는 방식과 인간 행동의 바탕에 있는"규칙"에 대한 통찰을 제공합니다. 대학에는 록 그룹 팬클럽에서 천문학 동우회까지 특별한 관심이 있는 집단이 풍부하여 관심사 영역이 주는 편안함 속에서 사회성을 키울 기회가 많습니다. 많은 대학의 행정 사무실이나 학생회는 ASD인 학생 증가에 대응하여 ASD인 학생의 친목과 지지 그룹을 개발하고 있습니다.

9.5 주거 형태 LIVING ARRANGEMENTS

어떤 가족은 ASD인 성인 자녀와 계속 함께 사는 것을 선호합니다. 어떤 가족은 여러 가지 까닭으로 ASD인 성인 자녀가 공동체에서 살기를 원합니다. 이런 경우에는 몇 가지 옵션이 있습니다. 일부 고기능 ASD 성인은 가족과 따로 산다는 생각을 불편해합니다. 하지만 많은 ASD 성인은 이러한 기회를 원합니다. 이들은 이런 기회를 형제나 또래와 같은 발달 단계(milestone)에 도달하여 자신의 경험을 "정상수준으로 돌릴(normalize)" 방법이라고 생각합니다. 하지만 집안일과 집 유지 보수, 요리, 쇼핑, 운송수단 이용, 공과금 수납 같은 수많은 실제적 문제가 ASD인 성인의 독립적인 삶을 어렵게 할 수 있습니다. 적절한 생활환경(situation)을 선택할 때는 자녀가 최소한의 감독 아래서 이런 과제를 혼자서 수행할 능력이 어느 정도인지 고려해야 합니다. 당신이 자녀가 독립적으로 살 능력이 있는지 걱정한다면, 지지를 많이 받는 수준에서 시작하게 하십시오. 미리 자녀가 독립성을 키우도록 준비시키면, 전환이 덜 압도적일 수 있습니다. 또 어떤 결정도 돌이킬 수 없는 것이 아니란 걸 기억하십시오.

대부분의 가족과 따로 사는 주거 형태는 주 정부 기관을 통해 접근할 수 있습니다(자립 생활을 제외하고). 이러한 주거 형태를 찾는 첫 번째 단계는 자녀가 주 정부 서비스를 받을 자격이 있는지 아는 것입니다. 주거 서비스를 제공하는 기관 이름은 주마다 다르지만, 보통 장애인에 대한 임시

위탁(respite)이나 직업 재활 및 기타 서비스를 제공하는 기관에서 합니다. 그들은 종종 "발달 장애과(Division of Developmental Disabilities)"나 "발달 서비스부(Department of Developmental Services)" 같은 이름으로 불립니다. 지금은 많은 주에 ASD인 사람에게 서비스를 제공하는 것을 목적으로 하는 특정 부서가 있습니다. 당신 자녀를 진단한 의사나 주 정부 자폐협회, 심지어 지역의 소아청소년과 의사와 심리사도 올바른 접촉을 결정하는 데 도움을 줄 수 있습니다. 이런 부서는 주 정부 웹 사이트에서 링크된 지정 웹 페이지가 있습니다. 당신 자녀가 서비스받을 자격이 있는지 결정하는 평가 절차를 시작할 때는, 자녀가 일상생활 활동을 독립적으로 수행하는 데 제한이 있다는 것을 강조하십시오. 때로는 주 정부가 장애 서비스 지원을 거부하는데, 심한 ASD나 정신지체인 사람과 비교해 이들의 장애 수준이 약하다고 생각하기 때문입니다. 하지만 자녀가 혼자 먹고사는 것 같은 필수 활동을 할 수 없다는 것(쇼핑이나 금전 관리 또는 자녀에게 없는 다른 기술을 필요로 하므로)과 다른 사람이 돕지 않으면 개인위생(daily hygiene)을 해결할 수 없다는 것을 강조하면, 주거 지원 옵션을 받을 자격이 있다고 판정할 확률이 높습니다.

9.5.1 자립 생활 *Independent Living*

자립 생활이란 성인 자녀가 직업적 지원이나 의미 있는 가족의 지원이 없이 자립해서 사는 것을 말합니다. 하지만 자립 생활에서 지원받을 수 있는 원천에 룸메이트는 포함될 수 있습니다. 독립적으로 살아가는 ASD인 성인에서 지원 인력은 특별히 중요합니다. 당신 자녀는 다양한 종류의 지원을 위해 접촉할 수 있는, 가까이 사는, "도움을 얻기 위해 찾을(go-to)" 사람이 있어야 합니다. 독립적으로 생활할 수 있는 ASD인 사람도 여전히 주택 소유주 보험이나 세입자 보험, 생명 보험을 선택하거나 재정 문제 같은 중요한 결정을 내리는 영역에서는 전문적인 도움이 필요할 수 있습니다. Liane Willey는 ASD인 성인으로 생활한 체험을 바탕으로, 자립 생활을 하는 ASD인 사람을 돕는 몇몇 조직화 전략을 제안했습니다. 그녀는 또한 당신의 성인 자녀가 이러한 전략을 수립하고 실행하도록 지원 인력이 도우라고 권합니다.

• 잡지, 청구서, 서신 등 유형에 따라 우편물 함을 색깔별로 분류하십시오. 특정 요일이나 특정 시간을 정하여, 청구서 통을 살펴보고 만기 청구서를 지급하게 하십시오. 이러한 구조와 루틴은 청구서를 빠뜨리지 않고 마감 기한을 놓치지 않게 합니다. 달마다 조치를 하지 않아도 되도록, 자녀와 함께 청구서를 전자 자동 지급 방식으로 설정할 수도 있습니다. 독립성을 떨어뜨리지만, 당신이 자녀의 전자 계정에 접속하여 자녀의 청구서를 지급할 수도 있습니다.

• 신용 카드, 자동차 정비 및 자동차 보험, 수표, 가족 유언장 및 관련 법률 문서, 재정 기록, 주택 또는 생명 보험, 가전제품 설명서 및 보증 정보, 건강 기록 관련 정보를 문서로 만들고 저장하기 위해 색깔 별로 표시한 종이나 컴퓨터 파일에 유지 관리(maintain)하십시오. Evernote 같은 소프트웨어 프로그램을 사용하면, 중요한 문서를 간단하게 촬영하여(예: 휴대 전화 카메라로) 텍스트를 인식하고 쉽게 검색할 수 있는 데이터베이스에 넣을 수 있습니다. 이런 프로그램은 검색이 쉬워 조직화할 필요를 줄이는데, 집행 기능에 어려움이 있는 개인에게는 커다란 도움이 됩니다.

• 전자 달력을 사용하여 모든 집안일(household responsibility)이나 관련 약속을 주간 또는 월간 일정에 기록하십시오. 인터넷 "클라우드" 지원을 사용하면, 당신과 자녀를 포함한 여러 사람이 각자의 장치에서 전자 달력 정보를 보고 수정할 수 있습니다. 주간 또는 월간 달력을 인쇄하여 주변의 눈에 잘 띄는 장소에 두는 것도 도움이 됩니다. 휴대용 달력은 자녀가 가지고 움직일 수 있어 편리합니다. 하지만 달력과 비교할 때 크기가 작아 시각적으로 두드러지지 않고, 자녀가 정기적으로 접근하지 않으면 도움이 되지 않습니다.

• 중요한 일회성 알림이 있으면, 욕실 거울에 접착 후면이 있는 메모를 붙이십시오. 그러면 하루 중이나 아침에 일정을 준비할 때 놓치지 않을 것입니다. 다시 말하지만 모바일 장치 알람을 알림으로 사용할 수 있습니다.

• 모바일 장치의 위치 기반 알림도 도움이 됩니다. 예를 들어 자녀가 아침에 집을 떠날 때 노트북 컴퓨터 가방을 가져가는 것을 상기하려고 휴대 전화 알람을 설정할 수 있습니다.

독립성을 키우는 데 쓰는 수단들

- 다른 설정에서 "찾아갈(go-to)" 사람들: 학교나 직장, 스포츠팀, 동호회, 사교 모임 등
- 공개(disclosure) 카드나 연습 대본
- 로맨틱하거나 성적인 행동에 대한 명시적 규칙
- 시각적 달력과 모바일 장치에서 자동화하는 알람이나 위치 기반 알림
- 책이나 지지 집단, 온라인 커뮤니티를 통해 자폐증이나 자기 정체성, 자기 수용에 관해 탐구함
- 기분과 불안 문제에 대한 약물치료나 인지 행동 치료
- 대학에서의 교육적 편의
- 서류 작업을 돕는 조직화 시스템이나 이미지를 스캔하고 텍스트를 인식할 수 있는 데이터베이스 소프트웨어 사용
- 온라인 식료품 주문과 배달 서비스
- 대학이나 직장으로 전환할 개별화한 계획
- 온라인에서의 일자리 조달과 취업 기회
- 직업 코치
- 서비스받을 자격을 결정하는 주 정부 기관을 통한 주거 생활 옵션

압도하는 감각 자극과 붐비는 사람은 많은 ASD인 사람에게 쇼핑을 어렵게 하는 요인입니다. 카탈로그와 인터넷 쇼핑 덕분에 자녀는 집을 떠나지 않고도 식료품을 포함한 많은 품목을 구할 수 있습니다. 자녀가 심부름

이나 쇼핑해야 할 때, 지원 인력에게 함께 가달라고 요청하십시오. 또 어떤 심부름이 덜 두렵거나 재미있다는 것을 발견한 성인 자녀는 그 심부름은 자신이 하고, 지원 인력에게 자신이 어려운 과제를 부탁할 수 있습니다.

9.5.2 감독이 있는 집단 거주 *Supervised Group Living*

자립 생활보다 더 많은 지원을 제공하는 거주 옵션은 감독이 있는 집단 거주입니다. 감독이 있는 집단 거주의 한 가지 유형은 장애가 있는 사람 몇 명이 거주하는 시설인 그룹 홈입니다. 그룹 홈은 보통 개인적 돌봄(personal care)이나 요리, 가사 같은 분야에서 인근 지역 주민을 돕는 훈련받은 전문가가 근무하는 주택입니다. 그룹 홈은 다양한 장애가 있는 사람에게 서비스를 제공합니다. ASD인 사람을 전문적으로 돕는 곳을 찾는 것이 좋습니다.

두 번째 유형은 감독이 있는 아파트입니다. 이곳에서는 더 적은 인원이 생활하며, 전문가는 일주일에 두어 번만 방문합니다. 이런 방식은 거주자에게 더 많은 독립성과 책임감을 부여합니다. 따라서 종종 자립 생활을 준비하는 훌륭한 수단입니다.

9.5.3 기술 개발 가정 *Skill Development Homes*

기술 개발 가정이란 ASD인 사람이 다른 가정과 함께 거주하는 곳입니다. 이 가정은 이 사람을 보살피는 기관에서 대가를 받습니다. 그 가족 구성원은 ASD인 사람과 함께 살도록 훈련받았습니다. 이들이 자기 돌봄 기술과 집안일(housekeeping)에 도움과 지침을 줄 것입니다.

9.6 취업 EMPLOYMENT

적절한 직업을 얻는 것은 현실적인 면에서 중요할 뿐 아니라 개인의 자존감을 높이고 사회적 기회를 제공하는 중요한 수단입니다. 자녀가 사춘기에 접어들면, 당신은 자녀가 실제로 직업 시장을 두드리기 전에 자녀의 최종 직업을 잘 계획하고 싶을 것입니다. 이렇게 하면 자녀가 직장에서 만날 어려움을 준비하고, 직업 시장에서 필요한 기술을 개발하도록 도울 시간을 얻을 수 있습니다. ASD인 많은 사람에게 취업 준비는 앞에서 설명한 개별화한 전환 계획의 일부일 것입니다.

9.6.1 고용 옵션 *Employment Options*

고용 환경에는 여러 형태가 있습니다. 독립성과 자급자족의 정도가 큰 것부터 설명하겠습니다.

9.6.1.1 경쟁적 고용 Competitive Employment

경쟁적 고용은 대부분 사람이 직업을 얻으려고 경쟁하는 전형적인 형태입니다. 이런 직업은 평범한 직장 환경으로 ASD인 성인 자녀를 위한 지원을 제공하지 않습니다. 따라서 옵션 가운데 가장 독립적입니다. ASD인 일부 사람은 자신의 장점을 특별히 발휘하거나 요구하는 대인 관계 접촉이 아주 적은 직업을 선택할 때, 경쟁적 고용에서 성공합니다. 또 경쟁적 고용 영역 안에서도 자녀 스스로 자영업을 하거나 부모인 당신이 사업을 운영할 때 성공 확률이 높습니다. 이것은 조직화의 요구가 높아진다는 것을 뜻할 수도 있습니다. 하지만 당신의 성인 자녀가 자신의 취향이나 필요에 맞게 규칙을 만들고 설정하는 것을 허용합니다. 또 자녀의 관심사에 직업을 맞출 기회를 제공할 수 있습니다. 일부 ASD인 사람은 직접적인 대인 관계 접촉과 사회적 요구를 줄일 수 있기에, 인터넷으로 사업을 운영하는 옵션을 선택합니다. 우리가 아는 한 젊은이는 중고 책 판매를 중개하는 웹사이트를 운영했습니다.

9.6.1.2 지원 고용 Supported Employment

"지원 고용"이란 장애인이 지역 사회에서 유급 직장을 얻도록 지원하는 시스템입니다. 지원 고용의 형태는 개별 배치(individual placement), 무리(clustered)나 기업내 소수집단(enclave) 배치 모델 이동작업자(mobile crews)모델이나 기업(entrepreneurial) 모델입니다. "개별 배치"는 직업 코치가 특정한 사람을 위해 특정한 직업을 개발하는 모델입니다. 또한 이 전문가는 그 사람이 그 직업을 잘하는 데 필요한 기술을 개발하도록 돕습니다. "무리(cluster)"나 "기업내 소수집단 배치(enclave placement)"도 비슷하지만, 여기서 직업 코치는 직장 현장에 있는 사람들의 집단과 함께 일합니다. 이동작업자(mobile crews)모델은 소규모 개인 집단과 직업 코치 한 명으로 구성되는데, 개인들은 각기 다른 현장에서 다른 고용인을 위해 일합니다(예: 지역 사회에서 집이나 사무실을 청소). 기업(entrepreneurial) 모델에서는 장애인을 채용하려고 어떤 작은 사업을 개발합니다. North Carolina에 있는 ASD 지원 센터인 TEACCH(4장에서 설명)와 Division에서는 전문가가 ASD 증상을 측정하는 검사 키트를 만드는 데 필요한 자료를 작성하는 것을 포함하여, ASD인 사람이 근무할 몇몇 사업을 개발했습니다.

9.6.1.3 안정적 고용 Secure Employment

"안정적 고용"이란 개인이 (보통) 구조화한 환경에서 기초적 과제를 수행하는, 일자리를 보장받는 시설 기반의 취업 배치입니다. ASD인 사람은 안정적 고용 환경에서 더 독립적이며 경쟁적인 근무 환경을 준비하기 위해 업무기술 훈련과 행동 훈련을 받습니다.

9.6.1.4 보호 작업장 Sheltered Workshops

안정적 고용과 마찬가지로 보호 작업장은 많은 장애인에게 고용 훈련을 제공하는 정부 기관과 관련한 취업 서비스입니다. 하지만 보호 작업장 환경에 배치하면 더 독립적인 직업 환경으로 나아가는 데 필요한 훈련을 충분히 제공하지 못할 수도 있습니다. 따라서 보통은 안정적 고용(Secure Employment) 환경이 보호 작업장보다 바람직합니다.

9.6.2 직업 선택하기 *Choosing a Job*

직업 선택에서는 자녀의 선호와 능력 측면의 타고난 장점을 이용해야 합니다. 앞에서 우리는 많은 ASD인 사람에게 있는 관심사를 추구하는 열정과 신념, 선호하는 주제에 지식을 축적할 수 있는 능력을 설명했습니다. 이 열정과 능력을 직장에 적용하는 것은 ASD인 사람이 성공하도록 돕는 이상적인 수단입니다. 예를 들어 버스 노선과 버스 일정에 푹 빠진 사람은 운송 부서에 어울리는 후보자일 것입니다. 5장에서 설명한 것처럼 역사에 관심이 많은 사람은 기록물 부서에서 일하는 것을 좋아할 것입니다. 물론 취업 성공에는 직무에 관한 관심 말고도 많은 것이 필요할 것입니다. 하지만 직업에서 다루는 것에 기울이는 열정은 직업에 있는 어려움에 맞설 훌륭한 동기를 제공할 것입니다.

높은 수준의 루틴과 질서가 필요한 직업을 고려하십시오. "규칙을 따르는(rule-governed)" 사람은 회계 부서나 도서관, 데이터 입력을 수행하는 사업처럼 규칙이나 절차, 루틴이 분명하게 규정된 직업에서 성공할 확률이 높습니다. 다른 사람과의 직접적인 상호 작용이 적거나, 재택 컴퓨터 근무로 작업을 수행하거나, 주로 컴퓨터 지향적인 책임으로 이루어진 직업은 대인 관계 상호작용이 불편한 사람에게 적절할 수 있습니다

고기능 ASD 성인인 Rupert는 작은 사무실용 빌딩에 근무하며, 그곳에서 일하는 사람들에게 우편물을 전달했습니다. 그는 루틴을 좋아했고, 작업이 예상대로일 때 편해진다는 것을 알았습니다. 날마다 그는 감독관과 함께 일정과 우편물의 경로를 설정했습니다. 이런 일정을 고수할 수 있고, 이용할 수 있는 "조언자"가 있어 상황이 변할 때도 Rupert가 직장에서 성공할 수 있었습니다.

자녀의 강력한 시각화 기술이나 기억 기술을 활용하는 직업을 찾으십시오. 시각적 사고의 장점에 어울리는 직업을 찾은 훌륭한 예는 Temple Grandin입니다. 그녀는 시각적 마음을 사용하는 탁월한 능력을 활용하여 소(cow)를 처리하는 시설을 건설하고 시험했습니다. 요리나 정리하기, 컴퓨터 프로그래밍처럼 분명하게 보이는 과제를 다루는 직업은 시각적 용어(term)로 생각하는 경향이 있는 사람에게 적합할 것입니다. 재고(inventory) 관리나 도서관 업무처럼 세부 정보나 사실에 지식이 많이 필요한 직업은 강력하고 기계적인 암기력이 있는 ASD인 성인에게 잘 어울릴 것입니다.

먼저 자녀가 좋아하고 선호하는 것의 목록을 작성하는 것이 좋습니다. 창의적으로 생각하십시오. 예를 들어 공예품에 대한 관심은 장식용 품목을 판매하는 웹 사이트로 이어질 수 있습니다. 야구에 대한 관심은 야구 기념품 거래와 판매로 나아갈 수 있습니다. 이때 사람 사이의 접촉 수준과 신체적 요구 사항, 감각 자극, 작업장 안 활동 수준, 작업 일정의 유연성 같은 것을 고려해야 합니다. 자녀가 이러한 작업 환경의 측면을 즐기거나 견딜 수 있는지 생각하십시오. 적절한 직업은 엔지니어, 컴퓨터 프로그래머, 플로리스트, 의무기록사, 예술가나 장인, 음악가, 공장 노동자, 건축가, 전자수리공, 사서, 골동품 및 수집품 상인, 기록보관원 등입니다. 물론 이것은 절대로 완전한 목록이 아닙니다. 고급 학위가 필요한 것부터 고등학교만 졸업해도 할 수 있는 것까지 단순히 나열했을 뿐입니다. 하지만 모두 훌륭한 시각적 기술이 필요합니다. 또 높은 수준의 루틴이나 순서와 관련이 있고, 추상적이지 않고 직접 해 봐야 하는 것입니다.

직업을 얻도록 지원하는 컴퓨터 기반 자원이 있습니다. Attainment Company (www.attainmentcompany.com)는 이러한 목적의 소프트웨어를 판매합니다. 그 웹 사이트에서 당신은 자녀의 특성을 다루고, 이것이 직업 관련 요건이나 취업 관련 사회 기술과 얼마나 어울리는지 알도록 돕는 소프트웨어를 꼼꼼히 살펴볼 수 있습니다. Autism Speaks를 비롯한 많은 지원 단체는 실제로 지원이 있는 일자리(supported job) 기회를 지원할 뿐 아니라 취업과 전환 전략에 관한 구체적인 정보가 있는 웹 페이지를 운영합니다.

특히 첫 직장이라면 반드시 성공 확률이 높은 것을 골라야 합니다. 그래야 당신의 성인 자녀가 직업 경험에 적응하며 실패를 걱정하는 일이 줄어듭니다. 또 자녀가 직장에서 성공하고 돈을 번다는 강화 특성을 직접 체험할 기회가 됩니다.

9.6.2.1 면접 Interviewing

면접 기술은 모든 직업 지원자에게 중요합니다. 따라서 성인 자녀와 구체적인 노력을 기울여 이 기술을 키워야 합니다. 부적절한 행동과 적절한 행동의 특징적이고 구체적인 목록을 작성하십시오. 헛기침하거나 상처 딱지를 떼는 것처럼 자녀에게 부적절한 습관이 있으면 목록에 넣으십시오. 면접관이 질문할 것 같은 질문과 적절한 대답을 포함하는 대본을 작성하십시오. 자녀와 역할극으로 대본을 연습하면, 자녀가 대답을 잘 외우게 되고 면접 상황에서 더 편안해집니다. 면접관과 자녀 사이에 일어날 비언어적 의사소통에 주의를 기울이십시오. 중요한 비언어적 행동은 만나고 헤어질 때 인사하기, 시선 접촉, 목소리의 크기와 속도, 감정이나 불안감의 표시, 적절하게 옷 입기, 단정한 차림새, 적절한 자세 등입니다. 면접 동안 면접관이 말하는 모든 것에 주목하는 것이 얼마나 중요한지 자녀에게 강조하십시오. 면접에서 도움이 될 행동 유형에 대한 자세한 정보는 직장 지원서와 면담의 자세한 내용(interviewing particulars)을 다루는 책을 참고하십시오.

자녀가 이런 기술을 연습하고, 지원 인력과 함께 역할극 하는 것을 편안하게 느끼면, "버리는(throw-away)" 면접시험이 도움이 될 것입니다. 이때는 면접에는 참가하지만, 바람직하지 않거나 자녀의 선호도가 낮은 직업에 지원하십시오. 덜 긴장해도 되는 면접시험은 자녀가 실제 상황에서 면접 기술을 연습할 좋은 기회입니다. 이러면 나중에 자녀가 진짜로 원하는 직업에서 면접시험을 볼 때 불안감과 생소함이 줄어들 것입니다.

9.6.2.2 직장 편의 Workplace Accommodations

직장에서 편의를 요청하기 전에 자녀가 자신의 진단 사실을 공개할지 결정해야 합니다. 편의는 여러 영역에서 이루어질 수 있습니다. 작업 공간의 조정은 감각이나 운동 특성에 도움이 될 것입니다. 직업 기술을 가르치려면 시각적 접근을 사용하십시오. 일련의 서면 지침이나 완성 제품 그림(picture diagram)처럼 직장에서 시각적 "지지물(supports)"을 만들면, 시각적 사고자에게 도움이 됩니다. 집단으로 협력해야 하는 작업이라면, 특별한 고려를 요청해야 할 수도 있습니다. 편의를 규정함은 루틴의 정도를 높이거나 요구되는 작업들의 예측 불능성을 줄이는 것일 수 있습니다. 또 직장에서 일어날 수 있는 위기를 관리하고 해결하려고 고용주와 함께 계획을 세우는 것도 중요합니다.

9.7 끝으로 덧붙이는 말 A FINAL WORD

이 책에서 우리의 목표는 자녀가 충만하고 행복한 삶을 살도록 당신이 최선의 기회를 제공하게 돕는 것이었습니다. 당신이 ASD와 관련한 장점을 더 이해할수록, ASD의 어려움을 정복하는 당신의 능력이 향상될 것입니다. 또 당신은 자녀의 장애가 가져온 어려움을 극복하며 당신의 독특한 자녀가 주는 선물과 기쁨을 축하(celebrate)하게 될 것입니다. 어려움이 완전히 사라지는 일은 없을 것입니다. 하지만 당신의 이해와 적절한 치료가 되도록 일찍 이루어지면, 당신 자녀와 가족은 수년 동안 많은 개선을 기대할 수 있습니다. 우리가 고기능 ASD를 더 많이 알수록, 실제로 자녀가 충만하고 행복한 삶을 누릴 확률이 높아집니다.

자료들(Resources)

BOOKS ON ASD

General Information on Autism SpectrumDisorder

Attwood, Tony. (2007).*The complete guide to Asperger's syndrome.* London:Kingsley. (아스퍼거 증후군, Tony Attwood 저, 시그마프레스, 2010)

Baron-Cohen, Simon. (2008). *Autism and Asperger syndrome*: The facts. Oxford, UK: Oxford University Press.

Romanowski Bashe, Patricia & Kirby, Barbara. (2010). The OASIS *guide to Asperger syndrome: Completely revised and updated: Advice, support, insight, and inspiration.* New York: Random House.

Bernier, Raphael, & Gerdts, Jennifer. (2010). *Autism spectrum disorders: A reference handbook. Santa Barbara,* CA: ABC-CLIO.

Chawarska, Katarzyna, Klin, Ami, &Volkmar, Fred R. (Eds.).(2010). *Autism spectrum disorders in infants and toddlers.* New York: Guilford Press.

McPartland, James C., Klin, Ami, &Volkmar, Fred R. (Eds.). (2014). *Asperger syndrome: Assessing and treating high-functioning autism spectrum disorders* (2nd ed.). New York: Guilford Press.

Mesibov, Gary B., Shea, Victoria, &Schopler, Eric. (2004). *The TEACCH approach to autism spectrum disorders.* New York: Springer.

Sicile-Kira, ChantaL (2014).*Autism spectrum disorders: The complete guide to understanding autism* (rev. ed.). New York: Penguin.

Siegel, Bryna. (2007). *Helping children with autism learn: Treatment approaches for parents and professionals.* Oxford, UK: Oxford University Press.

Parenting, Family Issues, and Parents' Perspectives

Brooks, Robert, & Goldstein, Sam. (2012). *Raising resilient children with autism spectrum disorders: Strategies for helping them maximize their strengths, cope with adversity, and develop a social mindset.* New York: McGraw-Hill.

Cook O'Toole, Jennifer. (2013). *Asperkids: An insider's guide to loving, understanding, and teaching children with Asperger's syndrome.* London: Kingsley.

Doyle, Barbara T., & Iland, Emily Doyle. (2004). *Autism spectrum disorders from A to Z.* Arlington, TX: Future Horizons.

Fling, Echo. (2000). *Eating an artichoke: A mother's perspective on Asperger syndrome.* London: Kingsley.

Harris, Sandra L., &Glasberg, Beth A. (2012). *Siblings of children with autism: A guide for families.*(장애아동의 가족을 위한 안내서, 시그마 출판사) Bethesda, MD: Woodbine House.

Hughes-Lynch, Claire. (2010). *Children with high-functioning autism: A parent's guide. Austin*, TX: Prufrock Press.

LeComer, Laurie F. (2006). *A parent's guide to developmental delays: Recognizing and coping with missed milestones in speech, movement, learning and other areas.* Bellevue, WA: Perigee.

Naseef, Robert A. (2013). *Autism in the family: Caring and coping together.* Baltimore: Brookes.

Park, Clara. (2002). *Exiting nirvana:A daughter's life with autism.* Boston: Back Bay Books.

Rapee, Ronald M., Wignall, Ann, Spence, Susan H., Cobham, Vanessa, &Lyneham, Heidi. (2010). *Helping your anxious child: A step-by-step guide for parents.* Oakland, CA New Harbinger.(불안하고 걱정 많은 아이 어떻게 도와줄까, 이정윤 역, 시그마프레스, 2002)

Rosenblatt, Alan, & Carbone, Paul S. (Eds.). (2012). *Autism spectrum disorders:What every parent needs to know.* Washington, DC: American Academy of Pediatrics.

Schilling, Shonda. (2010). *The best kind of different: Our family's journey with Asperger's syndrome.* New York: HarperCollins.

Volkmar, Fred R., &Wiesner, Lisa A. (2009).*A practical guide to autism: What every parent,family member, and teacher needs to know.* New York: Wiley.

Willey, Liane. (2001). *Asperger syndrome in the family: Redefining normal.* London: Kingsley.

Education and Related Issues

Chalfant, Anne M. (2011). *Managing anxiety in people with autism: A treatment guide for parents, teachers, and mental health professionals.* Bethesda, MD:Woodbine House.

Cumine, Val, Dunlop, Julia, & Stevenson, Gill. (2009). *Asperger syndrome: A practical guide for teachers.* London: Fulton.

Eason, Anne I., &Whitebread, Kathleen.(2006). *IEP and inclusion tips for parents and teachers (handout version).* Verona, WI: Attainment Company.

Freedman, Santa. (2010). *Developing college skills in students with autism and Asperger's syndrome.* London: Kingsley.

Gibb, Gordon, &Dyches, Tina Taylor. (2007). *Guide to writing quality individualized education programs (IEP5): What's best for students?* Boston: Allyn& Bacon.

Hodgdon, Linda A. (2011). *Visual strategies for improving communication:*

Practical supports for school and home. Troy, Ml: QuickRoberts.

Lentz, Kirby. (2005). *Hopes and dreams:An IEP guide for parents of children with autism spectrum disorders.* Lenexa, KS: Autism Asperger Publishing Company.

Moyes, Rebecca, & Moreno, Susan. (2001). *Incorporating social goats in the classroom: A guide for teachers and parents of children with high-functioning autism and Asperger syndrome*. London: Kingsley.

Myles, Brenda Smith, Adreon, Diane, & Gitlitz, Dena. (2006). *Simple strategies that work: Helpful hints for all educators of students with Asperger syndrome, high-functioning autism, and related disabilities*. Lenexa, KS: Autism Asperger Publishing Company.

Reaven, Judy, Blakely-Smith, Audrey, & Nichols, Shana. (2011). *Facing your fears*. Baltimore: Brookes.

Siegel, Lawrence. (2011). *The complete IEP guide: How to advocate you're your special ed child (7th ed.)*. Berkeley, CA: Nob Press.

Silverman, Stephan M., & Weinfeld, Rich. (2007). *School success for kids with Asperger's syndrome:A practical guide for parents and teachers*. Austin, TX:Prufrock Press.

Tanguay, Pamela, &Rourke, Byron. (2001). *Nonverbal learning disabilities at home: A parent's guide*. London: Kingsley.

Wright, Peter W. D., Darr Wright, Pamela. (2007). *Wrightslaw: Special education law* (2nd ed.). Hartfield, VA: Harbor House Law Press.

Wright, Peter W. D., Darr Wright, Pamela, & Webb O'Connor, Sandra. (2010). *Wrightslaw: All about IEPs*. Hartfield, VA: Harbor House Law Press.

Social Skills Training and Other Social Interventions

Bellini, Scott. (2006). *Building social relationships:A systematic approach to teaching social interaction skills to children and adolescents with autism spectrum disorders and other social difficulties*. Lenexa, KS: Autism Asperger Publishing Company.

Bondy, Andy, & Weiss, Maryjane. (2013). *Teaching social skills to people with autism: Best practices in individualizing interventions*. Bethesda, MD:Woodbine House.

Elman, Natalie Madorsky, & Kennedy-Moore, Eileen. (2003). *The unwritten rules of friendship: Simple strategies to help your child make friends*. New York: Little, Brown and Company.

Garcia-Winner, Michelle. (2002). *Inside out: What makes aperson with social cognitive deficits tick?* San Jose, CA Winner Publications (www.socialthinking.com).

Gray, CaroL (2010). (사회성 이야기 158, 학지사) *The new social storybook, revised and expanded 10th anniversary edition*. Arlington, TX: Future Horizons.

Ingersoll, Brooke, &Dvortcsak, Anna. (2010). *Teaching social communication to children with autism: A manual for parents*. New York: Guilford Press.

Koenig, Kathleen. (2012). *Practical social skills for autism spectrum disorders: Designing child-specific interventions*. New York: Norton.

Laugeson, Elizabeth A., & Frankel, Fred. (2010). *Social skills for teenagers with developmental and autism spectrum disorders: The PEERS treatment manual*. New York: Routledge.

McClannahan, Lynn E., &Krantz, Patricia. (2010). *Activity schedules for children with autism: Teaching independent behavior.* Bethesda, MD: Woodbine House.

Tubbs, Janet. (2007). *Creative therapy for children with autism, ADD, and Asperger's: Using artistic creativity to reach, teach, and touch our children.* Garden City Park, NY: Square One Publishers.

Teasing and Bullying

Dubin, Nick. (2007). *Asperger Syndrome and bullying: Strategies and solutions.* London: Kingsley.

Garrity, Carla, Bans, Mitchell, & Porter, William. (2000). *Bully-proofing your child:A parent's guide.* Longmont, CO: Sopris West.

Garrity, Carla, Jens, Kathryn, Porter, William, Sager, Nancy, & Short-Camilli, Cam. (2000). *Bully-proofing your school: A comprehensive approach for elementary schools.* Longmont, CO: Sopris West.

Garrity, Carla, Porter, William, &Bans, Mitchell. (2000). *Bully-proofing your child: First aid for hurt feelings.* Longmont, CO: Sopris West.

Heinrichs, Rebekah. (2003). *Perfect targets: Asperger syndrome and bullying—Practical solutions for surviving the social world.* Lenexa, KS: Autism Asperger Publishing Company.

Developing Self-Identity

Faherty, Catherine. (2000). *Asperger's ... What does it mean to me:A workbook explaining self-awareness and life lessons to the child or youth with high-functioning autism orAsperger's.* Arlington, TX: Future Horizons.

Shore, StephenM. (2004). *Ask and tell: Self-advocacy and disclosure for people on the autism spectrum.* Lenexa, KS: Autism Asperger Publishing Company.

Vermeulen, Peter. (2008). *I am special: Introducing children and young people to their autism spectrum disorder.* London: Kingsley.

Behavioral and Sensory Issues

Baker, Bruce L., &Brightman, AlanJ. (2003). *Steps to independence: A skills training guide for parents and teachers of children with special needs.* Baltimore: Brookes.

Biel, Lindsey, &Peake, Nancy. (2009). *Raising a sensory smart child: The definitive handbook for helping your child with sensory processing issues.* New York: Penguin.

Durand, V. Mark. (2013). *Sleep better!: A guide to improving sleep for children with special needs.* Baltimore: Brookes.

Kranowitz, Carol Stock. (2006). *The out of sync child: Recognizing and coping with sensory integration dysfunction.* Bellevue, WA: Perigee.

Myles, Brenda Smith, Cook, Katherine, & Miller, Louann. (2002). *Asperger syndrome and sensory issues: Practical solutions for making sense of the world.* Lenexa, KS: Autism Asperger Publishing Company.

Myles, Brenda Smith, & Southwick, Jack. (2005). *Asperger syndrome and difficult moments: Practical solutions for tantrums, rage, and meltdowns.* Lenexa, KS: Autism Asperger Publishing Company.

O'Neill, Robert, Albin, Richard, Storey, Keith, Homer, Robert, & Sprague, Jeffrey. (2014). *Functional assessment and program development for problem behavior: A practical handbook.* Pacific Grove, CA: Brookes/Cole.

Preschool Treatment Models

Ball, James. (2008). *Early intervention and autism: Real-life questions, real-life answers.* Arlington, TX: Future Horizons.

Bricker, Diane. (2004). *An activity-based approach to early intervention.* Baltimore: Brookes.

Greenspan, Stanley, & Wieder, Serena. (2009). *Engaging autism: Using the Floortime approach to help children relate, communicate, and think.* Cambridge, MA: Perseus Press.

Harris, Sandra L., & Weiss, Mary Jane. (2007). *Right from the start: Behavioral intervention for young children with autism: A guide for parents and professionals.* Bethesda, MD: Woodbine House.

Rogers, Sally J., Dawson, Geraldine, & Vismara, Laurie A. (2012). *An early start for your child with autism: Using everyday activities to help kids connect, communicate, and learn.* New York: Guilford Press.

Rogers, Sally J., & Dawson, Geraldine. (2009). *Early Start Denver Model for young children with autism: Promoting language, learning, and engagement.* New York: Guilford Press.(어린 자폐증 아동을 위한 ESDM, 언어, 학습, 사회성 증진시키기;정경미 등 역, 2018 학지사)

Sher, Barbara. (2009). *Early intervention games: Fun,joyful ways to develop social and motor skills in children with autism spectrum or sensory processing disorders.* New York: Wiley.

Adulthood and Employment

Bissonnette, Barbara. (2013). *The complete guide to getting a job for people with Asperger's syndrome: Find the right career and get hired.* London: Kingsley.

Endow, Judy, &Myles, Brenda Smith. (2013). *The hidden curriculum of getting and keeping ajob: Navigating the social landscape of employment: A guide for individuals with autism spectrum and other social-cognitive challenges.* Lenexa, KS: Autism Asperger Publishing Company.

Howlin, Patricia. (2004). *Autism and Asperger syndrome: Preparing for adulthood.* London: Routledge.

Krouk-Gordon, Dafna, & Jackins, Barbara D. (2013). *Moving out: A family guide to residential planning for adults with disabilities.* Bethesda, MD: Woodbine House.

Meyer, Roger N., & Attwood, Tony. (2001). *Asperger syndrome employment workbook: An employment workbook for adults with Asperger syndrome.*

London:Kingsley.

Sicile-Kira, Chantal, & Sicile-Kira, Jeremy. (2012). *A full life with autism: From learning to forming relationships to achieving independence.* New York: Palgrave Macmillan.

Volkmar, Fred, Reichow, Brian, & McPartland, James C. (2014). *Adolescents and adults with autism spectrum disorder.* New York: Springer.

Wehman, Paul, Smith, Marcia, & Schall, CaroL (2008). *Autism and the transition to adulthood: Success beyond the classroom.* Baltimore, MD: Brookes.

Personal Accounts

Cook O'Toole, Jennifer. (2012). *Asperkids secret book of social rules: The handbook of not-so-obvious social guidelines for tweens and teens with Asperger syndrome.* London: Kingsley.

Grandin, Temple. (2006). *Thinking in pictures, expanded edition: My life with autism. New York Vintage Books.*(나는 그림으로 생각한다, 홍한별 역, 양철북 출판사, 2005.9.16)

Grandin, Temple, &Panek, Richard. (2013). *The autistic brain: Thinking across the spectrum.* Boston Houghton Mifflin Harcourt. (나의 뇌는 특별하다, 홍한별 역, 양철북 출판사, 2015.7.28)

Jackson, Luke. (2002). *Freaks, geeks, and Asperger syndrome: A user guide to adolescence.* London: Kingsley.(별종, 괴짜 그리고 아스퍼거 증후군, 이주현 역, 학지사, 2009.6.13)

Olinkiewicz, Alex, & O'Connell, Richard. (2012). *In my mind: A journey through my life with Asperger's/autism.* Charleston, SC: CreateSpace Independent Publishing Platform.

O'Neal, Jaylon V. (2013). *Autism: In my own words.* Bloomington, IN: Author-House.

Pulver, Marc William. (2012). *Living life with autism: The world through my eyes.* Indianapolis, IN: Dog Ear.

Robison, John Elder. (2008). *Look me in the eye: My life with Asperger's.* New York: Three Rivers Press.(나를 똑바로 봐 ,한창호 역, 아름드리미디어, 2009.)

SOFTWARE AND APPLICATIONS

AppyMall: Apps for kids
www.appymall.com

Attainment Company
www.attainmentcompany.com

AutisMate
https://www.youtube.com/watch?v=hJC6uWEo2DQ

Autism Speaks App Resource List
www.autismspeaks.org/autism-apps

Choiceworks
http://www.beevisual.com/

Do2 Learn
www.do2learn.com

Emotion and Feelings—Autism
http://touchautism.com/app/emotions-and-feelings-autism-social-story/

HandHold Adaptive (iPrompts, StoryMaker, SpeechPrompts)
www.handholdadaptive.com

I Get It!: Educational Applications for iPhone, iPad, and iPodTouch
http://igetitapps.com

The iMums: Reviews of Apps for Children
www.theimum.com

iTubeList
www.itubelist.net

Kid in Story
http://www.enuma.com/kidinstory/

Laureate Learning Systems
www.laureatelearning.com

LocuTour Multimedia
www.learningfundamentals.com

Mayer-Johnson
www.mayer-johnson.com

My PlayHome
www.myplayhomeapp.com

Pictello
https://www.assistiveware.com/products/pictello

The Planner Guide
https://www.autismspeaks.org/news/autism-speaks-special-needs-financial-planner-app-launches

Scientific Learning
www.scilearn.com

Technology in (SPL) Education
www.techinspecialed.com

Touch Autism
http://touchautism.com/app/autism-apps

WEBSITES FOR ASD RESOURCES

Asperger Autism Spectrum Education Network (ASPEN)
www.aspennj.org

Association for Science in Autism Treatment

www.asatonline.org

Autism Consortium
www.autismconsortium.org

Autism Link
https://www.autismlinks.co.uk/

Autism Research Institute
www.autism.com

Autism-Resources
www.autism-resources.com

Autism Science Foundation
www.autismsciencefoundation.org

Autism Shop: Products for Children and Adults with Autism www.autismshop.com
Autism Society of America
http://www.autism-society.org/

Autism Speaks
https://www.autismspeaks.org/

Autism Today
www.autismtoday.com

Children's Friendship Training
www.semel.ucla.edu/socialskills

Families for Early Autism Treatment
www.feat.org

Future Horizons
www.fhautism.com

Generation Rescue
www.generationrescue.org

Global and Regional Asperger Syndrome Partnership
www.grasp.org

Global Autism Collaboration
http://www.autismwebsite.com/gac/policy.html

The Help Group
https://www.thehelpgroup.org/autism-spectrum-disorders-schools-programs/

Interactive Autism Network
https://www.iancommunity.org/

MIND Institute
https://health.ucdavis.edu/mindinstitute/

National Autistic Society
www.nas.org.uk

Online Asperger Syndrome Information & Support Services for Autism & Asperger Syndrome (OASIS) *http://www.aspergersyndrome.org/*

Oops ... Wrong Planet Syndrome
https://wrongplanet.net/

Sibling Support
https://www.siblingsupport.org/sibshops

Simons Foundation Autism Research Initiative
https://www.sfari.org/

Special Needs.com
www.SpecialNeeds.com

WEBSITES FOR ADULTS WITH ASD

Autism Journals: Asperger's Pride Websites
www.rdos.net/eng

Autism Network International
http://autreat.com/

The Global and Regional Asperger Syndrome Partnership
http://grasp.org

WEBSITES FOR FAMILIES AND FRIENDS

Camphill Communities
https://www.camphill.org/

Families of Adults Affected by Asperger's Syndrome (FAAAS)
www.faaas.org

Family Support
http://www.patientcenters.com/autism-news-stress_family-html/

Planned Lifetime Advocacy Network
www.plan.ca

Sibling Support Project
www.siblingsupport.org

WEBSITES FOR ASSOCIATED LEARNING DISABILITIES

The ARC
www.thearc.org

Children and Adults with Attention-Deficit/Hyperactivity Disorder
www.chadd.org

Learning Disabilities Association of America
https://ldaamerica.org/

Learning Disabilities Online

www.ldonline.org

Nonverbal Learning Disability Line
http://www.nldline.com/

Our-Kids: Devoted to Raising Special Kids with Special Needs
http://www.our-kids.org/

ACADEMIC MEDICAL CENTERS AND CLINICS

Boston University Autism Center
www.bu.edu/autism/current-research/autism-center-of-excellence

Carolina Institute for Developmental Disabilities
www.cidd.unc.edu

Center for Children with Special Needs
https://www.ccsnct.org/

Center for Excellence in Autism Research at the University of Pittsburgh
http://www.cefar.pitt.edu/

Children's Evaluation and Rehabilitation Center at the Albert Einstein College of Medicine
http://www.einstein.yu.edu/centers/childrens-evaluation-rehabilitation/

Children's Hospital of Philadelphia Center for Autism Research
https://www.centerforautismresearch.org/

Cody Center for Autism and Developmental Disabilities
https://neuro.stonybrookmedicine.edu/centers/autism

Douglass Developmental Disabilities Center at Rutgers
http://dddc.rutgers.edu/

Duke Center for Autism and Brain Development
Duke University School of Medicine
2608 Erwin Road, Suite 300
Durham, NC 27705
919-687-4686, Ext. 240

Indiana Resource Center for Autism
https://www.iidc.indiana.edu/index.php?pageId=32

Kennedy Krieger Institute
https://www.kennedykrieger.org/patient-care/conditions/autism-spectrum-disorders-asd-and-pervasive-developmental-disorders-pdd

Lurie Center for Autism at MassGeneral Hospital for Children
https://www.massgeneral.org/children/services/treatmentprograms.aspx?id=1614

Marcus Autism Center
www.marcus.org

New York-Presbyterian Center for Autism and the Developing Brain
http://nyp.org/autism

Rush University Medical Center Autism Resource Center
https://www.rush.edu/services-treatments/psychiatry/autism-resource

Seattle Childrens Autism Center
https://www.seattlechildrens.org/clinics/autism-center/

Seaver Autism Center at Mount Sinai
https://icahn.mssm.edu/research/seaver

Southwest Autism Research and Resource Center
www.autismcenter.org

UC Davis MIND Institute
https://health.ucdavis.edu/mindinstitute/

UCLA Center for Autism Research and Treatment (CART)
https://www.semel.ucla.edu/autism

UCLA Peers Clinic
https://www.semel.ucla.edu/peers

UCSB Koegel Autism Center
https://education.ucsb.edu/autism

UCSF Autism and Neurodevelopment Program
https://psych.ucsf.edu/autism

University of Cambridge Autism Research Center
https://www.autismresearchcentre.com/

University of Louisville Autism Center
https://louisville.edu/autism

University of Miami Center for Autism and Related Disabilities
www.umcard.org

University of Michigan Autism and Communication Disorders Center
http://webservices.itcs.umich.edu/drupal/chgddev/umacc

University of North Carolina at Chapel Hill Division TEACCH
http://teacch.com

UT Southwestern Autism Center
https://www.utsouthwestern.edu/labs/cadd/projects/autism

University of Washington Autism Center
http://depts.washington.edu/uwautism/index.php

Vanderbilt Treatment and Research Institute for Autism Spectrum Disorders
https://vkc.mc.vanderbilt.edu/vkc/triad/training/

Virginia Tech Center for Autism Research
www.vtcar.science.vt.edu

Waisman Center at the University of Wisconsin—Madison
www.waisman.wisc.edu/clinics-asd-dd.htm

Yale Child Study Center Autism Program
www.autism.fm

참고문헌

American Psychiatric Association. (1994). *Diagnostic and statistical manual of mental disorders* (4th ed.). Washington, DC: Author.

American Psychiatric Association. (2013). *Diagnostic and statistical manual of mental disorders* (5th ed.). Arlington, VA: Author.

Anagnostou, E., & Taylor, M. J. (2011). Review of neuroimaging in autism spectrum disorders: What we have learned and where we go from here. *Molecular Autism, 2*(1), 4.

Asperger, H. (1944/1991). "Autistic psychopathy" in childhood.In U. Frith (Ed.), *Autism and Asperger syndrome* (pp. 37-92). New York: Cambridge University Press.

Bailey, A., Palferman, S., Heavey, L., & LeCouteur, A. (1998). Autism: The phenotype in relatives. *Journal of Autism and Developmental Disorders, 28*,369-392.

Ballan, M. S. (2012). Parental perspectives of communication about sexuality in families of children with autism spectrum disorders. *Journal of Autism and Developmental Disorders, 42*, 676-684.

Baribeau, D. A., & Anagnostou, E. (2014). An update on medication management of behavioral disorders in autism. *Current PsychiatryReports*, 16(3),437.

Baron-Cohen, S. (2000). Is Asperger syndrome/high-functioning autism necessarily a disability? *Development and Psychopathology*, 12,489-500.

Baron-Cohen, S., Bolton, P., Wheelwright, S., Short, L., Mead, G., Smith, A., et al.(1998). Autism occurs more often in families of physicists, engineers, and mathematicians. Autism: *The International Journal of Research and Practice,2*, 296-301.

Baron-Cohen, S., Ring, H. A., Wheelwright, S., Builmore, E., Brammer, M.., Simmons, A., et al. (1999). Social intelligence in the normal and autistic brain: An fMRI study. *European Journal of Neuroscience, 11*, 1891-1898.

Bryan, L. C., &Gast, D. L. (2000). Teaching on-task and on-schedule behaviorsto high-functioning children with autism via picture activity schedules. *Journal of Autism and Developmental Disorders, 30*, 553-567.

Case-Smith, J., Weaver, L. L., &Fristad, M. A. (2014, January 29). A systematic review of sensory processing interventions for children with autism spectrum disorders.Autism. Published online before print: *http://aut.sagepub.com/content/early/2014/01/29/1362361313517762.full*

Centers for Disease Control and Prevention.(2014). Prevalence of autism spectrum disorders. *MMWR Surveillance Summaries, 63*, 1-24.

Chaste, P., &Leboyer, M. (2012). Autism risk factors: Genes, environment, and gene-environment interactions. *Dialogues in Clinical Neuroscience, 14*(3),281-292.

Courchesne, E., Pierce, K., Schumann, C. M., Redcay, E., Buckwalter, M. A., Kennedy, D. P., et al (2007). Mapping) early brain development in autism. *Neuron, 56*(2), 399-413.

Courchesne, E., Redcay, E., & Kennedy, D. P. (2004). The autistic brain: Birth through adulthood. *Current Opinions in Nez.iroscience, 17*(4), 489-496.

Crosland, K., & Dunlap, G. (2012).Effective strategies for the inclusion of children with autism in general education classrooms.*Behavior Modification,36*,251-269.

Damasio,A. R., & Mauler, R. G. (1978). A neurological model forchildhood autism. *Archives of Neurology, 35*, 777-786.

Dawson, G., & Bernier, R. (2013). A quarter century of progress on the early detection and treatment of autism spectrum disorder. *Developmental Psychopathology, 25*,145 5-1472.

Dawson, G., Carver, L., Meltzoff, A. N., Panagiotides, H., &McPartland, J. (2002). Neural correlates of face recognition in young children with autism spectrum disorder, developmental delay, and typical development. *Child Development, 73*, 700-717.

Dawson, G., Jones, E. J., Merkle, K., Venema, K., Lowy, R., Faja, S., et aL (2012). Early behavioral intervention is associated with normalized brain activity in young children with autism. *Journal of the American Academy of Child and Adolescent Psychiatry, 51*(11), 1150-1159.

Dawson, G., Rogers, S., Munson, J., Smith, M, Winter, J., Greenson, J., et al. (2010). Randomized controlled trial of an intervention for toddlers with autism: The Early Start Denver Model. *Pediatrics, 123*, 1383-1391.

Dawson, G., Webb, S. J., & McPartland, J. (2005).Understanding the nature of face processing impairment in autism: Insights from behavioral and electrophysiological studies. *Developmental Neuro psychology, 27*(3), 403-424.

Diamond, A., & Lee, A. (2011).Interventions shown to aid executive function development in children 4 to 12 years old. *Science, 333*,959-964.

DiCicco-Bloom, E., Lord, C., Zwaigenbaum, L., Courchesne, E., Dager, S. R., Schmitz, C., et al. (2006).The developmental neurobiology of autism spectrum disorder. *Journal of Neuroscience, 26*(26), 6897-6906.

Farmer, C., Thurm, A., & Grant, P. (2013). Pharmacotherapy for the core symptoms in autistic disorder: Current status of the research. *Drugs, 73*, 303-314.

Folstein, S., & Rutter, M. (1977). Infantile autism: A genetic study of 21 twin pairs. *Journal of Child Psychology and Psychiatry, 18*(4), 297-321.

Frankel, F., & Whitham, C. (2011). Parent-assisted group treatment for friendship problems of children with autism spectrum disorders. *Brain Research,1380,* 240-245.

Frith, U. (2004). Confusions and controversies about Asperger syndrome. *Journal of Child Psychology and Psychiatry, 45*,672-686.

Gantman, A., Kapp, S. K., Orenski, K., &Laugeson, E. A. (2012). Social skills training for young adults with high-functioning autism spectrum disorders: A randomized controlled pilot study. *Journal of Autism and Developmental Disorders, 42*(6), 1094-1103.

Gardener, H., Spiegelman, D., & Buka, S. L. (2011). Perinatal and neonatal risk factors for autism: A comprehensive meta-analysis. *Pediatrics, 128*(2),344-355.

Grandin, T. (2009). How does visual thinking work in the mind of a person with autism?: A personal account. *Philosophical Transactions of the Royal SocietyB,364*, 1437-1442.

Helt, M., Kelley, E., Kinsbourne, M., Pandey, J., Boorstein, H., Herbert, M., et al. (2008). Can children with autism recover?: If so, how? *Neuropsychology Review, 18*, 339-366.

Howlin, P., Moss, P., Savage, S., &Rutter, M. (2013). Social outcomes in mid- to later adulthood among individuals diagnosed with autism and average nonverbal IQ as children. *Journal of the American Academy of Child and Adolescent Psychiatry, 52*(6), 572-581.

Howlin, P., Savage, S., Moss, P., Tempier, A., &Rutter, M. (2014). Cognitive and language skills in adults with autism: A 40-year follow-up. *Journal of Child Psychology and Psychiatry, 55*(1), 49-58.

Kanne, S. M., Randolph, J. K., & Farmer, J. E. (2008). Diagnostic and assessment findings: A bridge to academic planning for children with autism spectrum disorders. *Neuropsychology Review, 18*, 367-384.

Kanner, L. (1943). Autistic disturbances of affective content. *Nervous Child, 2*,217-250.

Karkhaneh, M., Clark, B., Osina, M. B., Seida, J. C., Smith, V., &Hartling, L. (2010). Social stories to improve social skills in children with autism spectrum disorder: A systematic review. *Autism, 14*, 641-662.

Kasari, C., Locke, J., Guisrud, A., & Rotheram-Fuller, E. (2011). Social networks and friendships at school: Comparing children with and without ASD. *Journal of Autism and Developmental Disorders, 41*, 533-544.

Kenworthy, L., Anthony, L. G., Naiman, D. Q., Cannon, L., Wills, M. C., LuongTran, C., et al. (2014). Randomized controlled effectiveness trial of executive function intervention for children on the autism spectrum. *Journal of Child Psychology and Psychiatry, 55*(4), 374-383.

Lord, C., & Jones, R. M. (2012). Re-thinking the classification of autism spectrum disorders. *Journal of Child Psychology and Psychiatry, 53*,490-509.

Lord, C., Petkova, E., Hus, V., Gan, W., Lu, F., Martin, D. M., et al. (2012). A multisite study of (the clinical diagnosis of different autism spectrum disorders. *Archives of General Psychi atry, 69*, 306-313.

Lovaas, 0. I. (1987). Behavioral treatment and normal educational and intellectual functioning in young autistic children. *Journal of Consulting and Clinical Psychology, 55*, 3-9.

Mari-Bauset, S., Zazpe, I., Mari-Sanchis, A., Llopis-González, A., & Morales-Suárez-Varela, M. (2013). Food selectivity in autism spectrum disorders: A systematic review. *Journal of Child Neurology*. Published online before print: *http://jcn.sagepub.com/content/early/201 3/10/03/0883073813498821 .long*

Maximo, J. 0., Cadena, E. J., & Kana, P.. K. (2014). The implications of brain connectivity in the neuropsychology of autism. *Neuropsycho logy Review, 24*(1), 1-16.

Mazef sky, C. A., McPartland, J. C., Gastgeb, H. Z., & Minshew, N. J. (2013). Comparability of DSM-IV and DSM-5 ASD research samples. *Journal of Autism and Developmental Disorders, 43*, 1236-1242.

Miller, 3. N., &Ozonoff, S. (1997). Did Asperger's cases have Asperger disorder? *Journal of Child Psychology and Psychiatry, 38*, 247-251.

Narzisi, A., Muratori, F., Calderoni, S., Fabbro, F., &Urgesi, C. (2013). Neuropsychological profile in high functioning autism spectrum disorders. *Journal of Autism and Developmental Disorders, 43*, 1859-1909.

Onore, C., Careaga, M., & Ashwood, P. (2012). The role of immune dysfunction in the pathophysiology of autism. *Brain, Behavior, and Immunity, 26*, 383- 392.

Ozonoff, S., Young, G. S., Carter, A., Messinger, D., Yirmiya, N., Zwaigenbaum, L., et al. (2011). Recurrence risk for autism spectrum disorders: A baby sib- lings research consortium study. *Pediatrics, 128*(3), e488-e495.

Politte, L. C., Henry C. A., & McDougle, C. J. (2014). Psychopharmacological interventions in autism spectrum disorder. *Harvard Review of Psychiatry, 22*(2), 76-92.

Regier, D. A., Narrow, W. E., Clarke, D. E., Kraemer, H. C., Kuramoto, S. J., Kuhi, E. A., et al. (2013). DSM-5 field trials in the United States and Canada: Part II. Test-retest reliability of selected categorical diagnoses. *American Journal of Psychiatry, 170*, 5 9-70.

Reichow, B., Steiner, A. M., & Volkmar, F. (2012). Social skills groups for people aged 6 to 21 with autism spectrum disorders. *Evidence-Based Child Health, 7*,266-315.

Reichow, B., & Volkmar, F. R. (2010). Social skills interventions for individuals with autism: Evaluation for evidence-based practices within a best evidence synthesis framework. *Journal of Autism and Developm en tat Disorders, 40*(2), 149-166.

Rimland, B. (1964). *Infantile autism: The syndrome and its implicationsfora neural theory of behavior.* New Yoric Appleton-Century-Crofts.

Rogers, S. J., & Dawson, G. (2010). *The Early Start Denver Modelfor young children with autism:Promoting language, learning, and engagement.* New York: Guilford Press.

Rogers, S. J., Dawson G., & Vismara, L. (2012). *An early start for your child with autism.* New York: Guilford Press.

Ronemus, M., Iossifov, I., Levy, D., & Wigler, M. (2014). The role of de novo mutations in the genetics of autism spectrum disorders. *Nature Reviews Genetics, 15*(2), 133-14 1.

Rosti, R. 0., Sadek, A. A.., Vaux, K. K., & Gleeson, J. G. (2014). The genetic landscape of autism spectrum disorders. *Developmental Medicine and Child Neurology, 56*(1), 12-18.

Scahill, L., McDougle, C. J., Aman, M. G., Johnson, C., Handen, B., Bearss, K., et aL (2012). Effects of risperidone and parent training on adaptive functioning in children with pervasive developmental disorders and serious behavioral problems. *Journal of the American Academy of Child and Adolescent Psychiatry, 51*(2), 136-146.

Schipul, S. E., Keller, T. A., & Just, M. A. (2011). Inter-regional brain communication and its disturbance in autism. *Frontiers in Systems Neuroscience, 5*(10), 1-11.

Schmidt, R. J., Ozonoff, S., Hansen, R. L., Hartiala, J., Allayee, H., Schmidt, L. C., et al. (2012). Maternal periconceptional folic acid intake and risk for ASD in the CHARGE case-control study. *Amen can Journal of Clinical Nutrition, 96,* 80-89.

Schultz, R. T., Gauthier, I., Klin, A., Fuibright, R. K., Anderson, A. W., Volkmar, F., et al. (2000). Abnormal ventral temporal cortical activity during face discrimination among individuals with autism and Asperger syndrome. *Archives of General Psychiatry, 57,* 33 1-340.

Shattuck, P. T., Narendorf, S. C., Cooper, B., Sterzing, P. R., Wagner, M., & Taylor, J. L. (2012). Postsecondary education and employment among youth with an autism spectrum disorder. *Pediatrics, 129,* 1042-1049.

Shelton, J. F., Tancredi, D. J., & Hertz-Picciotto, I. (2010). Independent and dependent contributions of advanced maternal and paternal ages to autism risk. *Autism Research,* 3(1), 30-39.

Siegel, M., & Beaulieu, A. A. (2012). Psychotropic medications in children with autism spectrum disorders: A systematic review and synthesis for evidence-based practice. *Journal of Autism and Developmental Disorders, 42,* 1592-1605.

Simonoff, E., Pickles, A., Charman, T., Chandler, S., Loucas, T., & Baird, G. (2008). Psychiatric disorders in children with autism spectrum disorders: Prevalence, comorbidity, and associated factors in a population-derived sample. *Journal of the American Academy of Child and Adolescent Psychiatry, 47,* 92 1-929.

Sparks, B. F., Friedman, S. D., Shaw, D. W, Aylward, E. H., Echelard, D., Artru, A. A., et al. (2002). Brain structural abnormalities in young children with autism spectrum disorder. *Neurology, 59*(2), 184-192.

Sterzing, P. R, Shattuck, P. T., Narendorf, S. C., Wagner, M., & Cooper, B. P. (2012). Bullying involvement and autism spectrum disorders. *Archives of Pediatric and Adolescent Medidne, 166*, 1058-1064.

Sukhodolsky, 1). G., Bloch, M. H., Panza, K. E., & Reichow, B. (2013). Cognitive-behavioral therapy for anxiety in children with high-functioning autism: A meta-analysis. *Pediatrics, 132*(5), el 341-el 350.

Virues-Ortega, J., Julio, F. M., & Pastor-Barriuso, R. (2013). The TEACCH program for children and adults with autism: A meta-analysis of intervention studies. *Clinical Psychology Review, 33*, 940-953.

Vollcmar, F., Reichow, B., & McPartland, 3. C. (2014). *Adolescents and adults with autism spectrum disorder*. New York: Springer.

Warren, Z., McPheeters, M. L., Sathe, N., Foss-Feig, 3. H., Glasser, A., et aL (2011). A systematic review of early intensive intervention for autism spectrum disorders. *Pediatrics, 127*, el 303-el 31 1.

Wiley, L. H. (1999). *Pretending to be normal: Living with Asperger's syndrome*. London: Kingsley. (아스퍼거 증후군이 아닌 척하다, 리안 할러데이 윌리, 시그마프레스, 2014)

Wing, L. (1981). Asperger's syndrome: A clinical account. *Psychological Medicine, 11*, 115-129.

Wolft,J.J., Gu, H., Gerig, G., Elison, T. T., Styner, M., Gouttard, S., et al. (2012).

Differences in white matter fiber tract development present from 6 to 24 months in infants with autism. *American Journal of Psychiatry, 169*, 589- 600.